HEYNE

Das Buch
Dieses Buch will Frauen ermutigen, wieder den ureigenen Weg zum Frausein zurückzufinden. Sich zu befreien von Erwartungshaltungen anderer, von starren Konzepten und festgefahrenen Rollenmustern. Sich die Freiheit zu nehmen, ganz Frau zu sein, zu wählen, zu denken und zu wollen, was dem eigenen inneren Selbst entspricht.
Susanne Hühn behandelt verschiedene zentrale Lebensthemen (spirituelles Wachstum, Partnerschaft & Sexualität, Gesundheit, Alltag etc.) und zeigt praktische Wege auf, wie frau ungelöste seelische Konflikte überwinden, sich mit der Vergangenheit aussöhnen und sich wieder rundum wohlfühlen kann.

Die Autorin
Susanne Hühn, geboren 1965, ist psychologische Lebensberaterin und ganzheitliche Physiotherapeutin. Sie schreibt spirituelle Selbsthilfebücher und gibt Lebensberatung, Channelings sowie Meditationskurse für Erwachsene und Kinder. Seit 1986 begleitet sie Menschen auf ihrem Weg zur Gesundung und Selbstfindung. Mit dem Schreiben begann sie 1992. Zuerst schrieb sie spirituelle Romane, dann vermittelte sie ihr Wissen in Sachbüchern und auf CDs, die sie mittlerweile in großer Zahl veröffentlicht hat.
www.susannehuehn.de

Susanne Hühn

Sei du selbst,
dann bist du richtig

Der weibliche Weg
zu wahrer Selbstbestimmung und Erfüllung

WILHELM HEYNE VERLAG
MÜNCHEN

Die Hardcover-Ausgabe erschien 2012 unter dem Titel
Aphrodites Apfel im Integral Verlag, München,
in der Verlagsgruppe Random House GmbH.

Das vorliegende Buch ist sorgfältig erarbeitet worden.
Dennoch erfolgen alle Angaben ohne Gewähr. Weder
Autor noch Verlag können für eventuelle Nachteile
oder Schäden, die aus den im Buch gemachten praktischen Hinweisen resultieren, eine Haftung übernehmen.

Verlagsgruppe Random House FSC® N001967
Das für dieses Buch verwendete FSC®-zertifizierte Papier
Holmen Book Cream liefert Holmen Paper, Hallstavik, Schweden.

Taschenbucherstausgabe 10/2015

Copyright © 2012 by Ansata Verlag, München,
in der Verlagsgruppe Random House GmbH
Copyright © 2015 dieser Ausgabe by Wilhelm Heyne Verlag,
München, in der Verlagsgruppe Random House GmbH
Alle Rechte sind vorbehalten. Printed in Germany 2015
Umschlaggestaltung: Guter Punkt, München,
unter Verwendung eines Motivs von © megainarmy/shutterstock
Redaktion: Dr. Diane Zilliges
Satz: Greiner & Reichel, Köln
Druck und Bindung: GGP Media GmbH, Pößneck

ISBN 978-3-453-70279-0

http://www.heyne.de

*Für Lilly, meine wunderschöne, scheue,
geliebte Zauberkatze.*

*Für meine Mutter, die mir dieses so wundervolle Leben
schenkte.*

*Für meine Ahninnen und für alle Frauen, für das Kollektiv
und für die göttliche weibliche Flamme.*

Inhalt

Vorwort – 9

Eine kleine Geschichte zum Einstieg – 16

In Frieden kommen – 24
Die Göttinnen in dir versöhnen – 33
Das Leben meistern, wie es ist – 41
Emotionale Selbstbestimmung – 49
Süchtige Emotionen – 64
Dein Verstand – 70
Die Kraft des Positiven Denkens – 84
Das Spiegelgesetz – 91
Vom Mangel in den Frieden – 103
Deine spirituelle Intelligenz – 116
Innerer Frieden und echte Gelassenheit – 138
Die Erlösung der dunklen Drachen – 147
Deine innere Frau nähren und ermutigen – 154
Deine männliche und deine weibliche Kraft – 163
In Frieden kommen mit deinem Körper – 169
Das sexuelle Selbst und die innere Frau – 180

Sexuelle Freiheit für Maria — 200

Der Kreislauf der Energien — 205

Dein lustvolles Selbst rufen — 209

Die Märchenprinzessin — 216

Die Sehnsucht nach dem Mann — 227

Männer sind anders – und wir auch … — 229

Das innere Kind in Beziehungen — 235

Die Schlange am Busen — 249

Loslassen, wenn du nicht mehr nähren kannst — 252

Auszeit für Engel — 257

Dein Erdungsstrahl — 266

Der kategorische Imperativ — 277

Nachwort — 287

Anhang
Über die Autorin — 295
Bücher und Meditations-CDs
von Susanne Hühn (Auswahl) — 297

Vorwort

Liebe Leserin, gerade hatte ich zusammen mit meinem Partner Mike ein ziemlich schwieriges und tief gehendes Buch über Partnerschaft und Beziehungen *(Schatz, ich muss dir was sagen ... Wenn die Liebe ein Wunder braucht)* zu Ende geschrieben, da holte mich bereits das nächste Vorhaben ein: »Das innere Kind in Beziehungen«. Ich gab mir eine Woche Zeit zum Ausruhen, dann begann ich mit dem Manuskript zu diesem Thema ...

... und trat es nach einem Tag in die elektronische Mülltonne.

Ich habe genug. Ich habe genug Schmerzen, tiefe Prozesse und Schattentransformation erlebt. Ich habe genug darüber geschrieben, und ich habe überhaupt keine Lust mehr, mich in die nächste Niederung der Emotionen – beim inneren Kind ist es vor allem Scham – zu begeben, damit ich angemessen über dieses neue Thema schreiben kann. Vielleicht nächstes Jahr. Im Moment habe ich einfach die Nase voll. Ich will Frieden, ich will Fülle, ich will meine innere Frau nähren und streicheln, ich will die Gemeinschaft mit Frauen teilen und vom ewigen Konkurrenzdenken und Konkurrenzverhalten befreit werden. Ich bin wie so viele von uns sehr tief vom Weiblichen verletzt worden, das Schneewittchen-Syndrom wirkt innig und nachhaltig. Auch ich habe das Weibliche verletzt – und es ist genug. Das Jahr der Venus begann im Frühjahr 2011 und es wird Zeit für echten Frieden. Nicht für diesen Kuschelfrieden, der letztlich doch nur auf Co-Abhängigkeiten und Angst vor Auseinandersetzungen basiert. Nein, für echten Frieden, der Auseinandersetzungen und Unterschiedlichkeiten, Abgrenzungen und verschiedene Ansichten erlaubt. Frieden mit mir selbst, mit dem Weiblichen auch in all den anderen Formen und Ausprägungen, Frieden vor allem mit meinem Körper und mit dem, was ich bin und was ich nicht bin.

Ich bin müde von all den Prozessen und auch vom Greifen nach den Sternen. Ich möchte es leichter haben, den Dienst der emotionalen und auch spirituellen Fronarbeit quittieren, zumindest für den Moment. Und ich glaube, es geht dir genauso. So wird dieses Buch ein Wohlfühlbuch für Frauen. Geschichten, Erfahrungen, Gedanken, Meditationen und die eine oder andere Übung laden dich ein, Frieden mit dir und allem, was das Weibliche ausmacht, zu schließen.

Ich möchte dir ein vielschichtiges Buch anbieten, in das du dich hineinkuscheln kannst, das dich vielleicht zum Lächeln, zum Aufatmen, zum Nachdenken oder Nachspüren anregt, dir vor allem aber Frieden mit den vielen Facetten deiner Weiblichkeit schenkt. Es kann sein, dass es ein sehr persönliches Buch wird. Ich bin eine Frau und ich lebe wie wir alle die weiblichen Themen. Bitte sieh es mir nach und überspring einfach, was dich nicht interessiert. Lass dich durch die Kapitel treiben und von immer genau dem inspirieren, was dich gerade anzieht.

Gestern war ich in Basel, ich hielt dort einen Vortrag über *Die kleine wilde Frau* während eines Frauen-Symposiums. Eine Tanztherapeutin eröffnete die Veranstaltung, sie sang mit uns ein Mantra, in dem das Weibliche in uns und in allen anderen Frauen geehrt wird – das spirituelle Weibliche, aber auch die weibliche sexuelle Kraft. Ich habe sehr geweint, denn gerade meine sexuelle Kraft wurde vom Weiblichen verraten, beschämt, hintergangen. Ich konnte den anderen Frauen fast nicht in die Augen schauen, so klar wurde mir bewusst, wie sehr ich dem Weiblichen misstraue, ohne es zu wollen. Das war nicht immer so. Ich habe gespürt, wie sehr ich mich wieder nach Hause sehne, in mein eigenes Weibliches hinein. Und das kennst du vielleicht auch. Ich schreibe dieses Buch, um mich selbst zu heilen, und ich möchte den Raum der Heilung mit dir und allen anderen Frauen teilen.

Wir lügen uns gegenseitig in die Taschen, wenn wir die Verantwortung für unsere Verletzungen auf das Männliche schieben. Nein! Wir selbst verletzen das Weibliche immer wieder, wir selbst werten uns ab. Es sind nicht die Männer, wir tun das selbst. Bitte, lass uns damit aufhören, besonders damit, uns selbst immer wieder zu verletzen.

In der Physik gibt es den sehr spannenden Begriff der Verschränkung. In einfachen Worten ausgedrückt – und sicher aus quantenmechanischer Sicht nur sehr unzureichend beschrieben – bedeutet Verschränkung, dass sich Teilchen, die einmal in Wechselwirkung miteinander gestanden haben, nicht mehr als getrennte Objekte betrachten lassen, selbst wenn sie räumlich weit voneinander entfernt sind. Schießt man einen Laserstrahl auf einen Kristall und teilt den Laser dadurch in zwei Strahlen, die in unterschiedliche Richtungen zeigen, so stehen diese Strahlen dennoch in unmittelbarem Kontakt zueinander. Stört man die eine Hälfte des Strahles beispielsweise durch eine Verwirbelung, so zeigt die andere Hälfte des Strahles augenblicklich das gleiche Phänomen. Was dem einen geschieht, geschieht zeitgleich dem anderen. Das Wort »zeitgleich« stimmt hier allerdings nicht unbedingt, ich schreibe es nur um des besseren Verständnisses Willen. In der Dimension, in der die Kommunikation zwischen den Teilchen stattfindet, gibt es vielleicht gar keine Zeit. Die atomare Wirklichkeit besteht demnach aus ausgedehnten »Quantenobjekten«, die nur als Ganzheit beschrieben werden können – allerdings lassen sich Verschränkungen, das heißt, die »Programmierung des Einsseins«, auch wieder aufheben. Das könnte zum Beispiel erklären, warum systemische Aufstellungsarbeit oft verblüffende Wirkungen zeigt, ist doch das System, das wir in der Aufstellungsarbeit mit Stellvertretern klären und »richtigstellen«, mit sich selbst verschränkt.

Wir können wohl nicht übersehen, dass wir Frauen miteinander verschränkt sind, denn wir haben alle die gleiche Quelle, wenn wir das Urweibliche einmal als solche zugrunde legen. Was also einer Frau widerfährt, widerfährt allen. Deshalb brauche ich dich und du mich. Wie ich mit mir umgehe, hat Einfluss auf dich. Deine Art, dich zu lieben oder eben nicht zu lieben, verändert auch mein Leben. Wir sind verschränkt, stehen in unmittelbarem Kontakt miteinander durch die weibliche göttliche Kraft. Aber ich möchte dir auch zeigen, wie du diese Verschränkung aufheben kannst, damit du frei wirst zu wählen. Sie bleibt nämlich nicht einfach immer so bestehen und wirksam, sondern wird unentwegt erneuert. Und genau da kannst du eingreifen.

Ich möchte dich mit diesem Buch ermutigen, dir selbst und damit uns allen nur das Beste zukommen zu lassen. Ich möchte dich ermutigen, in Frieden mit dir, deinem Körper und deinem Leben zu kommen, in Freude und Spaß, in Sinnlichkeit und Wohlgefühl.

Wir sind leistungsorientiert, wir sind erfolgreich, wir sind schön und tapfer, wir sind sexy und wohlgeformt – und sind wir es nicht, schämen wir uns voreinander und besonders vor uns selbst. Wir tun beinahe alles, um diesen Zustand zu ändern. Wir schämen uns, wenn wir dick oder dünn sind, wenn wir betrogen oder verlassen werden, wenn wir uns um das Haus und die Kinder kümmern, statt einem bezahlten Beruf nachzugehen – und wir schämen uns genauso, wenn wir, statt uns um das Haus und die Kinder zu kümmern, eben jenen bezahlten Beruf ausüben, wenn wir unglückliche Beziehungen – und dazu gehören auch Freundschaften – verlassen und uns um uns selbst kümmern. Wir schämen uns, wenn wir Kinder haben, weil sie eventuell nicht gut, intelligent, reif oder kreativ genug sind und unser Bauch ein wenig oder auch ein wenig mehr hängt – und wir schämen uns, wenn wir keine Kinder haben und unserem biologischen Auftrag nicht nachgekommen sind.

Übrigens: Wusstest du, dass in jeder Gesellschaft stabil mindestens zehn Prozent der Frauen keine Kinder haben, egal, welche Gesellschaftsform herrscht? Es regelt sich offensichtlich von allein, dass ein gewisser Prozentsatz Frauen voll und ganz zur Verfügung steht und die weibliche Energie wirken kann, ohne dass ein großer Teil durch das Muttersein in die Familie fließt. Wenn du jetzt auch noch weißt, dass zehn Prozent einer Gesellschaft genügen, um einen Bewusstseinswandel hervorzurufen, dann kannst du mit mir staunen, wie perfekt sich der Kosmos (griechisch; deutsch: »Ordnung«) selbst organisiert.

Wir schämen uns sogar, wenn wir Kinder verloren haben. Wir schämen uns, wenn wir im Mangel sind, aber auch, wenn es uns gut geht. Vielleicht wird es doch ein Buch über Scham. Wenn auch nicht über die Scham des inneren Kindes, so doch über die Scham des Weiblichen über sich selbst ...

So viel Scham! Ist das zu fassen? Wer hat uns denn so beschämt und wozu? Nun, *wer* uns beschämt hat, ist ziemlich klar, und es ist erst recht klar, *wozu* das geschehen ist. Lassen wir die Kirche, welche auch immer, im Dorf, hören wir auf der Stelle auf, darüber zu reden. Nähren wir das Weibliche und achten und ehren wir die Göttin in uns und in allen Frauen, die uns begegnen.

Lass uns einen Raum erschaffen, den Raum der Liebe und der Weiblichkeit, einen Raum, in dem Mitgefühl, Trost und Lebendigkeit wirksam sind. Komm, wie du bist, setz dich her, sei willkommen im Kreise der Frauen, lass dich nähren und bewundern, lass dich feiern, lass dich in den Arm nehmen, trösten, achten und ehren, lass dich halten und lass dir Mut machen. Du bist ein einzigartiger Ausdruck der Göttin und wir anderen begrüßen dich voller Glück in unserer Runde. Setz dich, entspann dich, leg die Füße hoch und lausche der Stimme deines Herzens. Du brauchst hier niemandem zu gefallen und für niemanden zu sorgen. Ruh dich aus.

Wo auch immer du dieses Buch liest, stell dir jedes Mal vor, du betrittst einen Raum, der so gemütlich, sicher und tröstlich ist, wie du es dir nur ausmalen kannst. Lies dieses Buch an diesem friedlichen Rückzugsort. Nimm dir Zeit, ihn zu betreten, bevor du das Buch aufschlägst.

Sei willkommen!

Sicherlich kennst du diese Zerrissenheit, der Kopf sagt etwas anderes als das Herz, deine innere Stimme spricht eine andere Sprache als dein Körper, die innere Frau will etwas anderes als das innere Kind – und dann gibt es da noch die Anforderungen von außen. Erlauben wir den Anteilen und Göttinnen in uns selbst, sich zu versöhnen und in Frieden miteinander zu kommen. Es ist eine sehr hohe Kunst, alle inneren Anteile zu hören und auch das äußere Leben mit einzubeziehen, zwar dem Herzen zu folgen, aber dennoch Steuern zu zahlen und für ein warmes Bett zu sorgen. Doch es muss kein Spagat sein, du brauchst dich nicht zu zerreißen, um alles zu schaffen. Je besser die verschiedenen Aspekte in dir selbst in Harmonie miteinander sind, je größer dein Verhaltensspektrum ist und je ehrlicher du Wertungen, Urteile und Vorstellungen immer wieder überprüfst und auf den neuesten Stand bringst, desto harmonischer zeigt sich deine innere Einheit mit dir selbst auch im äußeren Leben.

So wirst du in diesem Buch vielen verschiedenen Aspekten des Frauseins begegnen – wir sind wie bunte Frühlingswiesen, die immer wieder neue Formen und Blüten hervorbringen und damit dem Leben dienen, es nähren und mit ihrer Vielfalt bereichern. Genauso bunt und vielfältig, blühend und einladend will auch dieses Buch sein. Such dir immer wieder den Platz darin aus, der jetzt zu dir passt, der dir jetzt Freude oder Geborgenheit, Zuspruch oder angenehme Herausforderung ist. Zuerst möchte ich dir eine Geschichte anbieten. Vielleicht erkennst du dich in der einen oder anderen Situation wieder.

Viel Spaß beim Lesen!

Eine kleine Geschichte zum Einstieg

Fluchend wuchtete Annette die schweren Einkaufstüten auf die Küchenzeile, während Moritz, ihr schwarzer, heiß geliebter Kater, um ihre Beine strich. Natürlich war er ein Kindersatz, wie ihr eine gute Freundin weise nickend verkündet hatte, sie machte gar keinen Hehl daraus. Was sollten Haustiere denn sonst sein, wenn nicht genau das? Sie stöhnte und hob auch die letzte Tasche mit Schwung hoch. Nie war ein Mann da, wenn man mal einen brauchte!

Jeden Samstag träumte sie dieses Bild: Fröhlich und mädchenhaft radelte sie zum Markt, die Haare wehten im Wind und ihr Baumwollkleid verrutschte gerade so weit, das man eine wohlgeformte, von der Sonne vergoldete Schulter sah. Der Weidenkorb quoll über von Blumen, Äpfeln und selbstverständlich frischem Brot, wenn sie ihn leichthändig nach Hause trug ... Und jedes Wochenende kehrte sie genervt nach Hause zurück, die Plastiktüten schnitten ihr in die Hände, der Weidenkorb nervte, weil er so unförmig war, und alles, was aus ihm herausquoll, waren Katzenfutterdosen. Den empfindsamen und doch starken Kerl, der ihr oft biologisch angebaute Äpfel und Kartoffeln verkaufte und ihr dabei bedeutungsvoll in die Augen schaute, hatte sie wieder nicht getroffen.

Man sollte meinen, sie würde dazulernen, dachte sie und hievte den Sack mit der Katzenstreu ins Bad, packte die erste der Tüten aus, verstaute ihre Einkäufe, füllte die Obstschale und nahm sich einen Apfel.

»Ach, Moritz!« Jetzt war sie über das bescheuerte Vieh gestolpert und der Apfel kullerte weit unter die Küchenzeile. Den konnte sie abhaken, dachte sie, sie würde sich ganz sicher nicht auf den klebrigen Küchenboden knien, um ihn unter dem Küchenschrank hervorzuwühlen. Wer wusste schon, was ihr dabei alles in die Hände fallen würde? Putzen sollte sie mal wieder, die Woche war anstrengend gewesen und sie hatte ihre Wohnung wirklich vernachlässigt.

»Was willst du denn?« Sie kramte eine Packung Katzenfutter aus dem Korb und riss sie auf. Moritz schnurrte lauter, als wolle er sie positiv bestätigen. Es klappt jedes Mal, dachte Annette, dieser Kerl hatte sie voll im Griff, das musste sie einfach zugeben.

Es war ganz klar, warum sie keinen Mann kennenlernte, dachte sie. Ihre Seele passte einfach zu gut auf sie auf. Denn sie würde auf der Stelle ihr eigenes, sorgfältig gezüchtetes Leben verlassen und mit fliegenden Fahnen in sein Lager wechseln, all ihre Werte – Unabhängigkeit und das ganze Blabla – aufgeben, um ihm zu Diensten zu sein. Wenn sie sich nicht einmal gegen ihren Kater abgrenzen konnte, wie sollte sie jemals sie selbst bleiben, wenn mal wirklich ein Prinz daherkam?

Sie riss sich zusammen. Und überhaupt – gestern Abend hatte sie einen Mann kennengelernt, nett, gut aussehend, er hatte mit ihr getanzt und sie für heute Abend ins Kino eingeladen. So weit, so gut. Wenn sie nur nicht so absolut sicher wäre, dass es irgendwo eine Exfreundin gab, die mit Argusaugen über ihn wachen würde. Wenn sie es nur nicht dieses eine Mal zu oft erlebt hätte, dass ein Mann, der sie mochte und mit dem alles wundervoll lief, nach ein paar Monaten plötzlich spurlos von der Bildfläche verschwand, weil er sich nicht wirklich auf eine Beziehung einlassen konnte – sprich, auf eine Beziehung mit ihr. Annette hatte sehr wohl verstanden, dass Männer, die nicht anriefen, nicht an ihr interessiert waren, und dass kein Mann der Welt »noch nicht so weit war«, um sich zu verlieben, wenn nur die richtige daherkam. Sie seufzte. All die Mühe, das viele Rasieren, all das Gezupfe, der ganze Aufwand, um natürlich und frisch auszusehen – war es das wert? Woher wusste sie, dass sich auch dieser Mann nicht nach ein paar Monaten so abrupt aus dem Staub machen würde, dass es nicht zu fassen war?

Natürlich wusste sie es nicht und natürlich hatte sie keine Wahl, als sich einfach darauf einzulassen und zu sehen, was das Leben ihr diesmal servierte.

Oder?

Annette stand auf, strich sich den Rock glatt und pulte einen kleinen Zettel aus der Jeans, die sie gestern Abend vor die Waschmaschine geworfen hatte. Hier war seine Telefonnummer, sie hatte es in der Hand. Der erste Abend, das aufmerksame Zuhören, das Sich-in-Szene-Setzen, zu viel Wein, ein vorsichtiger Kuss – wie fühlte er sich an? Dann kamen die Stunden, Tage des Wartens, würde er sich melden? Schon diese Frage war ihr viel zu anstrengend, konnten sie beide diese nervige Kennenlernphase nicht einfach überspringen und gleich mit Pizza und Tatort weitermachen?

Sex, zunächst ein bisschen scheu, dann vertraut, die ersten Meinungsverschiedenheiten – und spätestens jetzt ihre Selbstaufgabe. Sie wusste, dass sie es nicht schaffen würde, zu sich selbst zu stehen und zu sagen, was sie wollte. Und selbst dann würde sie sich lieber die Zunge abbeißen, als ein Nein zu riskieren. Sie seufzte wieder. Ihr Anlehnungsbedürfnis war echt peinlich, als hätte sie selbst überhaupt keine Kraft, für sich zu sorgen, was sie zugleich aber sehr wohl tat.

Nein, entschied sie. Sie würde nicht auf diese Versuchung hereinfallen. Sie konnte einfach nicht noch mal auf eine SMS warten, die nicht kam, sie konnte nicht noch einmal versuchen, zu erspüren, warum er sich nicht mehr meldete, und sie hatte einfach die Nase voll davon, dass letztlich immer die anderen Frauen den Sieg davontrugen. Allein die Idee, das Herz eines Mannes zu erobern wäre eine Art von Sieg, war schon völlig absurd, und doch empfand sie es so, auch wenn es ihr mehr als widerstrebte.

Sie war zu müde, sich noch einmal auf diese riskante Angelegenheit »Liebe« einzulassen. Wenn es jemals mit einem Mann klappen sollte, wenn es einen gab, der für sie bestimmt war, dann müsste er sich zu ihr durchschlagen. Das war unfair, total bescheuert und ein absurder Anspruch, das war ihr klar, aber anders ging es nicht. Sie konnte keinen einzigen Schritt mehr gehen. Es würde nur noch einen geben, den richtigen, oder eben gar keinen mehr. Trauer und Schwere umwölkten ihr Herz bei diesem Gedanken, aber sie spürte auch Ruhe und Gelassenheit. Es war einfach genug und der Preis war zu hoch. Sie würde sich nie wieder das Herz aus der Brust reißen lassen. Liebe war eben nicht diese leichte Angelegenheit, als die sie so oft verkauft wurde. Ihr Herz war das Wertvollste, was sie hatte, und bevor sie das wieder in die Waagschale legte, würde sie sehr genau prüfen, wer da vor ihr stand.

Sie klappte ihr Handy auf, tippte ein paar Worte und schickte ihm die Absage für heute Abend und den Rest ihres Lebens.

Erledigt.

»Was hast du gemacht? Bist du noch zu retten?« Brigitte stand wie jeden Samstag nach dem Joggen wippend in Annettes Küche, alles an ihr atmete Bewegung, Dynamik und Lebensfreude. Sie dehnte ihre Wade und streckte sich dann.

»Jetzt guck ihn dir halt mal an, was spricht denn gegen einen

schönen Abend? Wenn er nicht zu dir passt, dann nimm doch wenigstens das an, was das Leben dir schenkt!«

Annette schüttelte den Kopf, Brigitte konnte das nicht verstehen. Sie war leichter, freier, manchmal auch berechnender – oder einfach unabhängiger?

»Warte, ich guck mal, was das soll.« Brigitte hatte die wunderbare Kunst des Familienstellens erlernt und nervte nun jeden damit. Sie schob ein paar Gegenstände auf dem Küchentisch herum und schaute konzentriert auf den Salzstreuer.

»... was dahintersteckt ...«, murmelte sie und trank einen Schluck Kaffee. »Ach, ich sehe es. Es ist deine Angst vor der Enttäuschung und du befürchtest, dass er nicht der Richtige ist. Du bist einfach müde, kannst keine Enttäuschungen mehr ertragen, das sehe ich ganz deutlich. Aber weißt du was? Was ist, wenn du dich irrst?« Sie schaute triumphierend auf.

»Ach, tatsächlich. Dann hab ich eben Pech gehabt. Ich will einfach nicht mehr.« Was gab es sonst Neues, dachte Annette.

»Das heißt für uns beide Weiberabend?«

Annette schüttelte den Kopf. Sie konnte die wirklich sehr hilfsbereite, aber manchmal ein wenig zu dynamische Brigitte heute nicht ertragen.

»Sei nicht böse, ich brauche meine Ruhe. Ich muss Wunden lecken, von denen ich gar nicht wusste, dass ich sie überhaupt habe.«

Brigitte schaute sie prüfend an. »Aphrodites Apfel«, sagte sie dann erneut triumphierend.

»Ja, der auch ... wie bitte?« Annette schaute zu Boden, vielleicht war der Apfel unter dem Schrank hervorgekullert. Und tatsächlich, Moritz spielte mit ihm, schob ihn ihr geradezu vor die Füße.

Brigitte schenkte sich eine Tasse Kaffee aus der stets gefüllten Thermoskanne nach und setzte sich an den Tisch.

»Kennst du diese Geschichte? Paris, der Apfel, dieser Kram?«

»Nur noch vage, was meinst du denn?« Annette machte es sich ebenfalls bequem.

»Die ultimative Frauenverletzung. Die Teilung in die verschiedenen Aspekte. Die Konkurrenz zwischen uns Frauen … Also gut. Zeus, der Göttervater, gab Paris, einem wunderschönen Jüngling, einen Apfel. Er sagte ihm, er solle zwischen den drei Göttinnen Aphrodite, Hera und Pallas Athene wählen und der schönsten den Apfel geben. Und weißt du, warum? Weil die Menschen Pallas Athene statt Zeus zur Schutzgöttin über ihre Stadt auserkoren – nichts als verletztes männliches Ego. Nun stell dir bitte folgende Szene vor.«

Brigitte stellte drei in verschiedenen Farben glitzernde Teelichtgläser, die den Tisch schmückten, in eine Reihe.

»Rot: Aphrodite, die Göttin der Liebe in ihrer sexuellen Form, die Göttin der Anziehung, aber auch der Verstrickung und der Begierde, zumindest stand sie in Griechenland dafür. Gold: Hera, auch eine Göttin der Liebe, die für Familie, Haus und Hof stand. Und weiß: Pallas Athene, die Liebe in ihrer höchsten Form, Weisheit, spirituelle Erleuchtung, reine Liebe, die dem Wachstum dient. Wunderschöne Göttinnen, die nicht getrennt werden dürfen, die alle ihren sehr wichtigen Platz haben und zwischen denen niemand wählen sollte. Und was macht Paris, der Blödmann? Hechel, hechel, er gibt Aphrodite den Apfel. Und erschuf wahrscheinlich auch gleich noch den Playboy. Wunderst du dich noch? Was meinst du, wie sich Hera und Athene fühlten? Und wir stehen immer noch da und glotzen dem blöden Apfel hinterher, wollen zwar auch gewinnen, aber die anderen Göttinnen nicht verraten. Also tun wir es heimlich, schminken uns wie Aphrodite, und reden daher wie Pallas Athene, faseln von Freiheit und wahrer, reiner Liebe, versuchen Paris aber beim

Schopf zu packen. Hera wartet brav zu Hause und kocht schon mal vor, bis wir den Kerl in unserer Küche sitzen haben, und dann lassen wir auch sie aus dem Sack. Geht's eigentlich noch?«

Annette nickte. »Du hast völlig Recht, das hab ich so noch nie gesehen. Und was machen wir jetzt?«

Brigitte nahm einen Apfel aus der Schale, zog das größte Messer aus dem Holzblock auf der Anrichte und hieb ihn energisch in drei Teile. Sie legte je ein Stück vor jedes Teelichtglas. Annette atmete tief durch, das fühlte sich leicht an, befreit.

»Und wo der wächst, gibt's noch mehr davon«, sagte Brigitte und schob sich ein Drittel in den Mund. Ein zweites Drittel reichte sie Annette.

»Und der Rest?«, fragte diese, während sie den Apfel kaute.

Brigitte brach das dritte Drittel in zwei Teile.

»Es ist doch nur ein Apfel, den teilen wir uns. Wir stellen uns erst gar nicht mehr zur Wahl. Wer sind wir denn, dass wir uns überhaupt auswählen lassen? Wir essen unsere Äpfel, wann wir wollen, und erlauben einfach erst gar nicht, dass wir miteinander in Konkurrenz treten. Verstehst du? Hätten sich diese drei Göttinnen geeinigt und Paris den Vogel gezeigt, dann hätten wir jetzt kein Problem. So aber haben wir uns in drei Teile gespalten, Hera steht für die Mutter, Aphrodite für die Frau und Geliebte und Pallas Athene für die Weise, die Hohepriesterin oder wie immer du diesen Anteil nennen magst. Das ist doch absurd. Schluss damit. Stell dir vor, es ist Wahl und keiner geht hin. So machen wir das.«

Sie schob die drei Gläser zusammen, überlegte einen Moment, holte einen weiteren Apfel und gruppierte die Gläser um diesen herum.

»So, jetzt zünden wir die Kerzen an und jede Göttin leuchtet in ihrer vollen Strahlkraft, okay? Und für dich zur Erinnerung

machst du das jetzt ein paar Tage lang ganz bewusst, bis die drei Teile in dir wieder vereint sind, ja? Nimm den Apfel als Sinnbild für deine eigene Einheit mit dir selbst.«

Annette lachte.

»Und dann treffe ich den Mann meines Lebens?«, fragte sie.

»Weiß ich nicht. Vielleicht willst du ihn dann gar nicht mehr. Zumindest aber bist du dann in der Lage, ihn zu erkennen. Und brauchst dir keinen zu suchen, den du heilen, verführen, therapieren oder erobern musst, nur um den Kampf um diesen blöden Apfel endlich doch noch zu gewinnen.«

Annette nickte nachdenklich. Dann griff sie zum Handy und tippte eine Nachricht ein.

Als das Telefon kurz darauf piepte und sie »☺, 19.00 vor dem Kino? lg, dein abgewiesener Verehrer« las, lächelte sie und spürte auf einmal, wie Glücksvögelchen in ihrer Brust zu hüpfen begannen.

Gucken konnte sie ja mal ...

In Frieden kommen

🍎 Ich mache immer wieder die Erfahrung, dass bei all den tiefen, teilweise sehr schmerzhaften Prozessen ein Werkzeug ganz besonders gut funktioniert: Die Kraft des In-Frieden-Kommens. Und nein, das heißt nicht, dass du nun total erleuchtet alles über dich ergehen lässt. Ich weiß selbst nicht genau, was es bedeutet, aber die Erfahrung zeigt, es macht den Weg frei für Wunder. Oft genug können wir im Außen nichts ändern, zumindest nicht, wenn wir nicht alles, was wir uns aufgebaut haben, zerstören wollen. Kali (Sanskrit: die Schwarze), die Göttin der Zerstörung und damit der Transformation, denn auf diese Art und Weise kann das Leben weiterfließen, hat nicht immer die richtigen Werkzeuge.

Zunächst gestehe dir bitte ein, dass überhaupt ein Schmerz in dir lauern könnte. Denn nur, wenn du diesen Schmerz wirklich spürst und zulässt, gibt ihn dein System frei. Es ist, als hättest du entschieden, eine bestimmte Erfahrung zu machen, koste es, was es wolle. Wahrscheinlich, um Mitgefühl in dir zu entwickeln. Doch erst, wenn du bereit bist, diesen Schmerz tatsächlich zu fühlen, schließt du diese Erfahrung ab, denn erst dann hast du sie wirklich auf jeder Ebene erlebt!

Du kannst dir vieles vorstellen, doch Mitgefühl entsteht im Herzchakra. Und das erreichst du nur, wenn du das Herz so weit öffnest, wie es dir nur möglich ist, egal, wie sehr das schmerzt. Sonst kannst du zwar »Mitwissen«, aber nicht »Mitfühlen«.

 *Komm in den Kreis*

Die nachfolgenden Themen hast/haben du oder deine Ahninnen womöglich durchlebt.

Kannst du erkennen, dass wir alle diesen Schmerz mit dir teilen?

So stell dir bitte vor, wir sind bei dir. Wir halten dich, nehmen dich in den Arm, haben das Gleiche erlebt.

- *Du bist vielleicht für dein Frausein abgewertet worden.*
- *Du hast voller Verachtung, gar Hass und Verzweiflung auf deinen Körper geschaut.*
- *Du hast dich prostituiert.*
- *Du schämst dich für dein sexuelles Verlangen und/oder bist sexuell immer wieder unerfüllt.*
- *Du wurdest vom Weiblichen verraten und verkauft.*
- *Du wurdest betrogen oder hast andere – vielleicht sogar dich selbst – betrogen.*
- *Auch du hast vielleicht ein Kind verloren, hast oder bist unglückliche, überforderte, verletzte Mutter.*
- *Du musstest deinen sehnlichen Wunsch nach einem Kind loslassen, weil du nicht schwanger wurdest und hast womöglich deine Kinder verlassen.*
- *Du hast deine Weisheit verleugnet, um zu gefallen oder um nicht aufzufallen.*
- *Du wurdest aus dem heiligen Tempel deiner Göttin vertrieben, hast deine spirituelle Kraft verleugnet oder gar vergessen.*
- *Auch du wurdest für deine göttliche Kraft verbrannt oder auf andere Weise getötet und vom Männlichen verletzt, zurückgewiesen oder betrogen.*
- *Du wurdest womöglich krank, weil deine weibliche, nährende und liebende Kraft nicht frei fließen durfte.*

- *Du musstest deine weibliche Stärke und Sanftheit kontrollieren, hast deine eigene Sexualität missbraucht, um zu gefallen.*
- *Womöglich gehörst du zu denjenigen, die ihre Sexualität unterdrückt und verleugnet haben.*
- *Hast du vielleicht durch deine Sexualität andere Frauen verletzt oder du bist durch die sexuelle Kraft anderer Frauen verletzt worden.*
- *Bist du für dein Muttersein abgewertet worden, hast du dein eigenes Muttersein missbraucht?*

Ein wichtiges Thema könnte sein, dass du nicht vom Weiblichen genährt wurdest und dich deshalb dem Männlichen zugewandt hast, tief enttäuscht wurdest von deiner Mutter oder anderen Frauen, die dir nahe stehen. Dadurch kann es passieren, dass du das Weibliche in dir verachtest oder fürchtest.

Eine weitere Frage: Schämst du dich für dein Frausein, für deinen weiblichen Körper, deine Gefühle, dein Blut?

Auch das teilst du mit vielen Frauen.

Lass dich halten und lass dir sagen, wir teilen deinen Schmerz, wir sind voller Mitgefühl mit dir und wir sehen dich. Und ich bitte dich, halte dich selbst, nimm dich innerlich in den Arm, sag dir, dass du bei dir bist und lass uns durch die Zeilen hindurch bei dir sein. WIR sehen deinen Schmerz, wir, all die weiblichen Energien und Kräfte, mit denen ich beim Schreiben verbunden bin, sehen deinen Schmerz, ich hoffe, du spürst es.

Wir sehen den Schmerz von Aphrodite, Hera, Pallas Athene und all den anderen Göttinnen-Aspekten. Und wir verneigen uns vor deinem Schicksal.

Du hast deinen Schmerz gespürt, das ist die notwendige Voraussetzung dafür, dass er heilen kann. Aber noch nicht die hinreichende.

Schau, ob du bereit bist, auch wenn du noch nicht weißt, WIE du mit diesen Erfahrungen in Frieden kommen kannst. Lass dich atmen und spüre, wo der Schmerz in deinem Körper verankert ist, auf welche Weise dein Körper diese Gefühle gespeichert hat. Atme Frieden in diese Bereiche.

Eine einfache, sehr wirksame Methode, sich selbst immer wieder ins Gleichgewicht zu bringen und in Frieden zu kommen, ist folgende:

Übung: Frieden atmen

Wann immer du etwas hörst, siehst, erlebst oder fühlst, das dich in Schwierigkeiten bringt, das deinen Energielevel senkt und dir Kummer, Scham oder Schmerzen bereitet, erlaube dir, zu erkennen, wo und auf welche Weise du deine Gefühle im Körper erlebst. Was geschieht mit der Atmung? Verspannt sich der Nacken, der Rücken, der Bauch? Ballst du die Fäuste, drückst du deine Fingernägel in die Handflächen? Krallst du die Zehen, verzieht sich das Gesicht, verspannt sich der Kiefer? Jedes Gefühl hat einen körperlichen Ausdruck zur Folge, und sei es, dass einfach die Atmung flacher und mühsamer wird.

Nimm wahr, auf welche Weise dein Körper reagiert. Und dann, ohne zu analysieren, was woher kommt, atme Frieden in den entsprechenden Körperteil. Denke Frieden, stell dir Frieden wie eine Farbe vor, rufe eine weiße Taube oder die Engel des Friedens – welches Symbol auch immer dir nützlich erscheint, atme es in deinen Körper hinein, dahin, wo der Schmerz und der Kummer gerade wirken.

Mit dieser Übung nimmst du deine eigene Resonanz mit dem Thema heraus. Hmm, denkst du vielleicht, sollte ich mich nicht lieber bemühen, Abhilfe zu schaffen? Ja, natürlich, wenn du es kannst. Manchmal aber haben wir keinen Einfluss auf das, was geschieht, zum Beispiel, weil es bereits vergangen, aber die Erinnerung an den Schmerz noch stark wirksam ist. Wann immer du also an einen Schmerz erinnert wirst, egal ob er dir persönlich zugestoßen ist oder ob du Zeuge warst, atme Frieden. Wann immer dir Scham die Kehle zuschnürt, atme Frieden. Wann immer Wut dafür sorgt, dass du deine Fäuste ballst, atme Frieden. Frieden zu atmen ist kein Ersatz dafür, in die Handlung zu kommen und zu ändern, was zu ändern ist. Es ist ein Werkzeug, eines von vielen.

Warum schreibe ich »Frieden«, nicht »Liebe«? Weil zumindest mir Frieden zu atmen leichter fällt als Liebe. Wenn ich »Liebe« atmen will, dann erwarte ich von mir ein bestimmtes Gefühl im Herzen, das alles umfasst und mich in einen gesegneten Zustand bringt. Ich erwarte eine Handlung, eine innere Reaktion. Ich erwarte von mir, den Zustand der Liebe zu erzeugen, wenn ich »Liebe« atmen will. Genau das kann ich aber nicht, wenn ich wütend, traurig, beschämt oder voller Schmerz bin. Atme ich dagegen »Frieden«, so weiß ich, dass ich diese Kraft nicht selbst erzeugen kann. Ich öffne mich dafür, dass sie in mich einfließt. Ich kann lediglich bereit werden, Frieden einströmen zu lassen, die Energie »Frieden« selbst ist ein Geschenk des Himmels. Das ist natürlich sehr subjektiv. Atme, was du willst und was für dich funktioniert: Segen … Gnade … Licht … Was immer dich in deine Mitte und ins Gleichgewicht bringt.

Und dann werde bereit, in Frieden zu kommen. Schau

dir den Schmerz an und entscheide dich dafür, mit diesem Schmerz in Frieden zu kommen, mit dieser Erfahrung Frieden zu schließen. Das Leben darf sich ändern, und es darf neue Lösungen geben. Es mag dir so erscheinen, als kapituliertest du vor der Erfahrung, und auf eine Weise stimmt das auch. Aber es ist eine gute Art von Kapitulation, jene Art, die dir neue Wege eröffnet.

Heute Morgen hatte ich diesen Schmerz wieder einmal. Es ist Weihnachten, ich bin emotional sowieso ein bisschen aufgelöst, einfach, weil das so eine emotionale Zeit ist und ich natürlich auch meine Verletzungen habe. Ich kam also mal wieder in einen bestimmten schmerzlichen Bereich meines Lebens, der noch in mir abgespeichert ist, obwohl er im Außen gar nicht mehr stattfindet. Aber das interessiert meinen Mandelkern wenig … Was das mit dem Mandelkern, diesem Teil des Gehirns zu tun hat? Im Mandelkern (auch Amygdala), der zweiteilig, also links und rechts im Gehirn angesiedelt ist, kommt jeder Impuls, jedes Ereignis, das in uns eine emotionale Reaktion bewirkt, zunächst an, wird bewertet und als gefährlich oder harmlos eingestuft. Im Mandelkern sind alle Ereignisse unseres Lebens emotional gespeichert. Jedes Mal, wenn du ein intensives Gefühl hattest, hinterließ es eine Spur im Mandelkern. Wenn du später etwas Ähnliches erlebst, weiß die Amygdala, wie sie zu reagieren hat, und schickt Impulse in die entsprechenden Hirnareale. Diese bilden Hormone und senden Signale in die Organe und Muskeln, eben dahin, wo deine körperlichen Reaktionen stattfinden. Du hörst vor Schreck auf zu atmen – der Mandelkern hat das entschieden. Dein Magen zieht sich zusammen, weil du Angst bekommst – der Mandelkern hat auf seine Erfahrungen zurückgegriffen und die Situation entsprechend eingeschätzt. Das ist lebensnotwendig, damit du ohne Zeitverzögerung reagieren kannst. Der Mandelkern passt auf dich auf und zeigt dir Gefahren, indem er sofort die nötigen Impulse in die jeweiligen Bereiche schickt. Er reagiert immer dann, wenn ein Ereignis für dich emotional spürbar wird, wenn es etwas in dir auslöst – denn dann ist es für dich wichtig, dein Mandelkern speichert es als erlebte Realität. Schon daran erkennst du, wie wesentlich unsere Gefühle sind. Durch deine emotionale Reaktion erkennt dein Gehirn ein Ereignis als wichtig genug, um es sich zu merken, eine Gedächtnisspur zu legen. Das ist durchaus physisch zu verstehen. Wenn das Gefühl einige Male wiederholt wird, bildet sich eine stabile Spur aus Eiweißketten.

Der präfrontale Cortex, um das hier gleich auch noch zu erklären, ist der Teil unserer Hirnrinde, in dem wir den Verstand, das logische Denken, finden. Er reagiert auch auf jedes Ereignis – aber später als der Mandelkern. Bis du bewusst denken kannst, hast du längst gefühlt, das kannst du nicht verhindern und du musst es auch nicht bewusst wahrnehmen. Deine körperlichen Reaktionen haben längst begonnen, wenn der Verstand einsetzt – das ist überlebensnotwendig.

Es gibt Verbindungen vom Mandelkern zum präfrontalen Cortex, aber nur wenige vom Verstand zur emotionalen Bewertung. Schon daran erkennst du, dass wir mit unseren Gedanken die Gefühle weitaus weniger beeinflussen können, als wir es uns vielleicht wünschen. Wir können positive, glückliche Gedanken denken, und natürlich beeinflusst das auch unser emotionales Erleben. Aber die im Mandelkern abgespeicherten emotionalen Reaktionen können wir damit nicht erreichen – die Amygdala lernt ausschließlich über das gefühlte Erleben.

Positive Ereignisse allerdings, die wir bewusst wahrnehmen, verändern die Struktur des Mandelkerns relativ rasch. Hier liegt unsere Chance: Die bewusste Absicht, das Positive zu bemerken und es als emotional wichtig einzuschätzen – nicht einfach nur neutral, wie wir das oft tun, denn auf »neutral« reagiert der Mandelkern nicht –, verändert unser Erleben. Die Aufgabe des Mandelkerns ist es, immer wieder neu zu entscheiden, was für unser Leben wichtig ist. Denn wie jedes andere System des Körpers geht es auch ihm nur darum, unser Leben zu schützen. Er ist wie ein Wächter, der darauf achtet, dass wir in Sicherheit sind oder die Gefahrenzone verlassen.

Dieser Mandelkern nun ist heute morgen bei mir aktiv geworden. Er kennt kein Pardon, er nimmt sich, was er kriegen kann, und nutzt den kleinsten Anlass, um ein Drama zu inszenieren. Er will mich beschützen, damit ich nicht wieder verletzt werde, kann aber nicht zwischen den Emotionen, die durch einen angsterfüllten Gedanken ausgelöst werden, und tatsächlicher Gefahr unterscheiden. Er ist durch viele Verletzungen programmiert worden und reagiert blitzschnell, selbst wenn in Wahrheit alles in Ordnung ist. Positive Gedanken helfen da nicht viel, zumal ich sie nicht wirklich glaube, denn ich kann nicht wissen, ob ich nicht doch wieder verletzt werde. Ich kann aber bereit sein, in Frieden zu kommen, egal was ist, und das programmiert ihn nachhaltig um.

Natürlich falle ich innerlich zunächst in die Kontrolle, das ist nun mal mein Schmerzmuster. Aber zum Glück nicht lange. Es ist ein echter spiritueller Kraftakt, aber der Erfolg ist einfach überwältigend. So auch heute Morgen: Ich ließ die Kontrolle los, atmete bewusst und entschied, mit der Situation in Frieden zu kommen, mit dem Schmerz, mit den Erfahrungen und mit dem, was diesen Schmerz ausgelöst hat. Ich entschied, in Frieden zu kommen, und kam wieder zu mir, war bei mir, konnte weitermachen und wieder unterscheiden, was tatsächlich stattfand und was mir mein geschockter Mandelkern suggerierte. Das mache ich immer wieder, wenn ich in einen Schmerz komme, ich schreibe es auch immer wieder, weil es so hilfreich ist, dass man es gar nicht oft genug sagen kann.

Werde bereit, in Frieden zu kommen.

Der Rest löst sich von allein. Tiefe Prozesse in allen Ehren, aber manchmal hilft es, einfach Frieden zu atmen und zu entscheiden, aus dem Schmerzthema auszusteigen, besonders, wenn es in Wahrheit gar keinen Anlass gibt.

Und wenn es doch einen Anlass gibt, hilft der Prozess genauso, denn nur wenn du im Frieden bist, bist du offen für wahre neue Impulse. Du versuchst nicht, alles zu tun, damit der Schmerz verschwindet, sondern kannst nach echten Lösungen Ausschau halten und die Verantwortung, die womöglich du selbst für die Situation trägst, erkennen und anerkennen.

Die Göttinnen in dir versöhnen

🍎 Neulich hörte ich bei einer Redaktionssitzung des *Engelmagazins* ein Gespräch darüber, wie unpolitisch die Jugend heute ist – was meines Erachtens nicht stimmt – und wie unpolitisch auch wir, die wir uns mit spirituellen Themen beschäftigen, daherkommen. Dem habe ich energisch und, ehrlich gesagt, ziemlich empört widersprochen. Was kann politischer sein, als sich selbst in den bestmöglichen Zustand zu bringen, als das Bewusstsein für die Zusammenhänge zwischen Körper, Seele und Geist zu entwickeln und dieses Bewusstsein in alles, was wir tun, einfließen zu lassen? Wir vollführen eine spirituelle weibliche Revolution. So sammle deine Göttinnen ein und nutze deine Macht!

Wo liegt deine Macht? In allem, was du tust. In jeder Sekunde. Die Wirtschaft ist auf Gedeih und Verderb uns, den Verbrauchern, zu Diensten, das ist ihre Aufgabe, davon lebt sie, deshalb existiert sie. Ohne uns läuft gar nichts. Deine wahre Macht ist dein Einkaufszettel und die Art, wie du selbst mit dir und der Welt umgehst – im Großen, aber auch im ganz Kleinen. Wenn wir einmal die griechischen Geschichten um göttliche Eifersucht und Gezänk beiseitelassen und uns die echte Kraft all der Göttinnen anschauen, dann haben wir machtvolle Schutzpatroninnen in uns und an unserer Seite. Wenn dir das nicht gefällt, dann such dir Kräfte deines Vertrauens. Dein Krafttier kann dir sehr hilfreiche Dienste leisten, auch Mutter Erde selbst informiert dich gern darüber, was dem Leben dienlich ist oder nicht – sogar dein ganz normaler, gesunder (!) Menschenverstand kann einiges, beispielsweise zu genmanipulierten Lebensmitteln, sagen. (Meiner erinnert sich an die Verschränkung. Wenn ich darum weiß, dann wissen es auch diejenigen, die in die Natur eingreifen. Woher wissen wir, womit diese Gene verschränkt sind und was diese Verschränkung bewirkt? Dennoch müssen wir natürlich mutig forschen, klar. Aber wir dürfen nicht so tun, als hätten wir alles im Griff, denn das ist einfach absurd und widerspricht jeder gelebten Erfahrung.)

Wähle! Nutze deine Kraft! Sei politisch, indem du das Leben liebst und immer weiter liebst, indem du keine Ausreden gelten lässt und in deiner ureigenen Kraft stehst! Dann bist du frei, nicht mehr manipulierbar und ganz sicher nie wieder ein Spielball sogenannter höherer Mächte. Die wahre höhere Macht hast du.

Auf welche Weise auch immer du von dir selbst getrennt sein magst, lass uns eine Reise zu der jeweiligen Energie unternehmen, um sie wieder zu kennen und um zu lernen, ihr ganz neu zu vertrauen. Denn welcher Göttin auch immer du dich nahe fühlst – der Begriff »Göttin« kann auch einfach ein bestimmtes Energiefeld, eine Kombination von Eigenschaften meinen, wenn du dich mit dem Wort »Göttin« nicht wohlfühlst –, irgendwann hast du dich abgetrennt, bist tief verletzt worden, wurdest aus ihrem Tempel vertrieben. Vielleicht bist du geopfert worden, verjagt, beschämt, vielleicht hast du die Kraft selbst verraten. Was immer geschehen ist, lass uns diese Teile einsammeln, heilen und den Atem des Trostes und des Mitgefühls darüber hauchen.

Der Tanz der Göttinnen

Geh in deiner Vorstellung durch ein Tor, das dich in genau jene Bewusstseinsebene führt, in der hier und jetzt Erlösung stattfinden möchte. Das kann jedes Mal, wenn du diese Meditation durchführst, eine andere sein. Vielleicht nimmst du eine Landschaft wahr, vielleicht Farben oder einen energetischen Raum. Lass es sein, wie es ist, und vertraue, dass sich dir genau die inneren Bilder oder Empfindungen zeigen, die jetzt richtig für dich sind. Geh ein wenig spazieren, sieh oder fühle dich um.

Nach einer kleinen Weile, in der du dich mehr und mehr entspannt hast, bemerkst du auf einmal einen Farbwirbel, einen Strudel aus verschiedenen Energien, die miteinander tanzen. Du näherst dich diesem Tanz der Energien und bemerkst, dass er womöglich unharmonisch verläuft, vielleicht dominiert eine Energie, der Wirbel tanzt zu schnell oder zu langsam, vielleicht spürst du auch, dass etwas fehlt, auch wenn du gar nicht weißt, was das sein könnte. Vielleicht spürst du Energien in diesem Tanz, die nicht dazugehören, die störend wirken. Lass dich diesen Strudel, diesen Wirbel wahrnehmen und, wenn du magst, dann fühle ihn. Woher kennst du dieses Gefühl, ist es dir vertraut?

Nun tritt einen Schritt zur Seite. Eine Lichtsäule entsteht, ein Strom aus reinem weißem oder farbigem Licht, der ruhig und kraftvoll zur Erde strömt oder in die Dimension, in der du dich gerade befindest, einfließt. Stell dich hinein in diese Lichtsäule, lass dich nähren, beruhigen und durchfluten von diesem Licht. Es öffnet dein Bewusstsein mehr und mehr, vielleicht, indem du in dieser Lichtsäule nach oben schwebst, vielleicht, indem du dich mehr und mehr eins fühlst mit dem Licht.

Du öffnest dich immer weiter und erreichst die Dimension der reinen weiblichen göttlichen Kraft, der weiblichen Energie, die noch ungeteilt in ihre verschiedenen Aspekte in einem sehr hohen Raum schwingt: die große Göttin. Du steigst auf in den höchsten dir zugänglichen Raum der unverletzten, intakten, heilen und heiligen weiblichen Kraft – wie immer du auch diese Kraft wahrnimmst.

Und auf einmal spürst du, du kennst diese Kraft, du warst hier schon, du hast bereits erlebt, wie es ist, voll und ganz in der weiblichen heiligen Kraft zu leben. Wenn es dir möglich ist, genieße diesen Zustand, in dem du dich heil und ungeteilt fühlst.

Vor deinem inneren Auge geschieht jetzt eine Rückführung in frühere Zeiten. Du erkennst mehr und mehr, wozu, warum und auf welche Weise du dich selbst aus der weiblichen Energie zurückgezogen hast. Vielleicht kommen auf einmal Bilder von Tempelvertreibungen, von Verbrennungen, von Krieg, von Opferungen. Lass sie sein, wie sie sind. Erlaube dir, voll und ganz zu spüren, warum es für dich womöglich sicherer und sinnvoll war, dich aus der weiblichen Energie zurückzuziehen. Vielleicht erkennst du, dass du Entscheidungen getroffen hast, die mit »Ich werde immer …«, »Ich werde nie …« oder »Ich werde nie wieder …« beginnen. Sprich sie erneut aus und stelle dich dem Schmerz. Du hattest sehr gute und gewichtige Gründe, diese reine, heilige, weibliche Energie zu verbannen, dich aus ihr herauszubewegen, sonst wäre es nicht geschehen.

Möglicherweise erkennst du auch, dass du dich einer Göttin verpflichtet hast, dass du einen heiligen Eid geschworen hast, einer bestimmten Energie und nur ihr zu dienen. Lass dir Zeit, um all die Bilder auftauchen zu lassen. Vertraue deinen Wahrnehmungen. Selbst wenn du Szenen aus Filmen siehst, haben sie mit dir zu tun, sie spiegeln die Kräfte und Erinnerungen, jene Energien, die dich von einem Teil deiner Kraft getrennt haben.

Vielleicht auch spürst du, dass du schon lange voll und ganz in deiner weiblichen Energie stehst, sie fühlt sich nur ganz anders an, als du es erwartet hast oder als du für richtig hältst.

In diesem hohen Raum kann alles geschehen. Während du diese inneren Bilder wahrnimmst, bitte um Erkenntnis und um Heilung. Bitte darum, erkennen zu dürfen, wozu diese Erfahrungen dienten und was du auf der hohen Ebene der seelischen Erkenntnis lernen und erfahren wolltest. Die Bilder und Geschichten ergeben nur dann einen heilenden Sinn, wenn du erkennst, worum es in Wahrheit ging, welche Erfahrungen du in Wahrheit machen wolltest.

So frage immer wieder, während du Stück für Stück die Geschichte erkennst: »Worum ging es wirklich, was wollte ich erfahren?« Oftmals ist das, was wir in Wahrheit zu erfahren planten, völlig anders als das, was wir dann tatsächlich erlebten – und auch das ist stimmig und richtig, denn wir wollten ja die irdische Dimension mit allen Sinnen erforschen. Lass dich also berühren, und schau dir an, auf welche Weise die weiblichen Energien in dir verletzt oder vertrieben wurden.

Bitte dann um Heilung. Bitte darum, dass sich jetzt genau die weiblichen Kräfte, die Göttinnen, deren Energie durch dich auf der Erde verwirklicht werden wollen, zu einem kraftvollen Energiestrom zusammenfinden, der einzigartig ist und nur durch dich verwirklicht werden kann. Bitte darum, dass jetzt deine und nur deine weiblichen Kräfte einen harmonischen Tanz zu tanzen beginnen. Vielleicht hast du einen Aspekt der weiblichen Energie verwirklicht, der gar nicht zu dir gehörte, hast im Auftrag deiner Ahninnen gehandelt. Bitte darum, dass sich all deine weiblichen Kräfte zu einem wundervoll harmonischen

Ganzen zusammenfügen. Nimm sie ganz und gar in dich auf, stelle dich hinein, atme sie, tanze deinen Tanz mit ihnen. Lass dich mehr und mehr von deiner eigenen weiblichen Kraft durchfluten, lass sie in deine Zellen fließen und alle Aspekte deines Lebens berühren.

Vielleicht überwiegt ein bestimmter Aspekt, vielleicht auch setzt sich deine Energie aus vielen verschiedenen Facetten zusammen. Lass es sein, wie es ist, und öffne dich dafür, mehr und mehr dieser Energie auf der Erde in deinem Leben zu verwirklichen und in die Tat umzusetzen. Nimm dir so viel Zeit, wie du magst, um all diese neuen Energien in dich aufzunehmen. Womöglich schenkt dir dieser weibliche Strom der Kraft ein neues Gewand, eine Krone, eine Muschel, ein anderes Zeichen deiner neu gewonnenen Kraft. Vielleicht bekommst du den inneren Auftrag, ein äußeres Zeichen für deine Weiblichkeit zu entdecken, dann könntest du einen schamanischen Spaziergang unternehmen, um ein zur Materie gewordenes Symbol deiner Kraft zu erhalten (dazu gleich mehr). Nimm an, was sich zeigt, genieße die Energie und deine neu gewonnene, einzigartige weibliche Kraft.

Wenn du so weit bist, durchschreite in der für dich angemessenen Zeit wieder ein Tor und komm mit all deiner Kraft in dein physisch gelebtes Leben zurück.

Für den schamanischen Spaziergang nimmst du dir etwas zu schreiben mit und gehst in die Natur. Stell dir zu Beginn des Weges vor, du durchschreitest ein Tor. Du öffnest dich dafür, die Welt nun mit anderen Augen zu sehen und ihre Zeichen zu erkennen. Der einzige Trick ist, den eigenen Wahrnehmungen voll und ganz zu vertrauen. Vielleicht begegnet dir ein Tier als Zeichen für dein Krafttier, vielleicht ein besonderer Baum, vielleicht et-

was, das du mitnehmen darfst. Du hast vielleicht Eingebungen und Ideen – nimm sie ernst, schreib sie auf. Am Ende des Spaziergangs gehst du symbolisch wieder durch ein Tor, um die Reise zu beenden. Schamanische Reisen dieser Art kannst du zu jeder Frage und für jeden Lebensbereich unternehmen, durchschreite dein Tor und bitte die Kräfte, die dir zur Verfügung stehen, um Einsichten und Antworten, um Kraft und um Ideen.

Was ergibt es eigentlich für einen Sinn, die inneren Göttinnen eben nicht miteinander vereint zu wissen? Immer dann, wenn wir aus der höchsten Ordnung in eine niedrigere fallen, bedeutet das, dass weniger Leben, weniger Freude, weniger Bewusstsein durch uns verwirklicht werden kann. Dann verlieren wir Macht und Einfluss. Wir werden zu weniger kraftvollen Frauen, als wir es sein könnten. Und das hat Vorteile: Zum einen sind wir dadurch natürlich von außen leichter zu lenken, nun gut. Das braucht uns weder zu stören noch zu lähmen, wir selbst können es ja auf der Stelle ändern, indem wir unsere Macht wieder zu uns zurücknehmen. Du hast in jeder Sekunde und in jeder Kultur die Wahl, zumindest ein Stück deiner Selbstbestimmung zu dir zurückzuholen – die Freiheit, zu denken und zu fühlen, was du wirklich fühlst, selbst wenn du es nicht aussprechen darfst. Außerdem hast du immer und in jeder Lage die Freiheit, zu beten und damit eine höhere Ordnung zu rufen. Sei sicher, das wirkt.

Von innen betrachtet aber brauchst du, wenn du nicht im Vollbesitz deiner spirituellen Kräfte bist, auch nicht die ganze Verantwortung für dich und dein Leben zu tragen – und das scheint einigen von uns tatsächlich ein Vorteil zu sein … Doch hören wir auf damit. Wir sind wundervolle, liebende, lebendige Wesen mit einem unendlich wertvollen Auftrag: Wir hüten das Leben und verwirklichen weibliche Energie. Tun wir das! Mischen wir uns ein! Wenn wir im Vollbesitz unserer Kräfte sind, können wir dem unerlösten Männlichen nicht mehr erlauben zu machen, was ihm gerade passt. Das erlöste Männliche hat natürlich den gleichen Auftrag, das Leben weiterzugeben und zu hüten, aber darum dürfen sich die Männer selbst kümmern – hier geht es um uns Frauen.

Das Leben meistern, wie es ist

🍎 Heute ist einer dieser Tage. Ich habe viel gearbeitet, meine Mutter musste ins Krankenhaus – was meinem inneren Kind Angst macht –, und ich war für sie da. Meine Katze Lilly nimmt plötzlich stark ab – was auch dem Rest von mir Angst macht –, und ich spüre, wie die meisten von uns, *gar nichts*, wenn es meine eigenen Angelegenheiten betrifft, sondern habe einfach Angst.

Steuernachzahlungen, Stromvorauszahlungen, die Wasserrechnung, ein Sprung in der Windschutzscheibe meines Autos, ein Besuch im Krankenhaus, ein Besuch beim Tierarzt – nichts Dramatisches. Einfach das Leben. Und doch fühle ich mich all den Anforderungen nicht gewachsen, zumindest heute nicht. Ich habe Angst, dass mir alles entgleitet, wenn ich mich für eine Minute innerlich ans Feuer setze und mich abwende, wenn ich die Kontrolle loslasse und das Ganze Gott überlasse. Vertraue ich nicht genug? Ja und nein. Es stimmt, ja, es geschehen schmerzliche Dinge, sehr rasch, sehr unerwartet, einfach so, egal, wie spirituell ich auch drauf sein mag. Eine Freundin, die als Tierkommunikatorin arbeitet, hat gerade erst eine gesunde, junge Katze verloren, sie ist von einer harmlosen Operation nicht mehr aufgewacht. Ohne Warnung, ohne Vorahnung, einfach so. War sie nicht aufmerksam genug? Nun, wie aufmerksam muss man sein? Und wird das nicht irgendwann eine fixe Idee, dass wir, wenn wir nur aufpassen, alles vorher spüren? Und ist nicht erst recht die Idee, wenn wir es spüren, dann können wir es auch verhindern, ein Irrtum? Ich erlebe es oft so: Ich spüre etwas im Voraus, weiß, eine Energie kommt auf mich zu, und ich kann nichts, aber auch gar nichts tun, um sie aufzuhalten, vor allem nicht, wenn sie andere betrifft. (Und nein: Ich ziehe es nicht deshalb an, sondern es ist auf dem Weg zu mir, und ich spüre es, bitte unterscheide das deutlich!) Sogar es auszusprechen und in einer Meditation hinzureisen ändert nichts, das Leben läuft durch wie ein Programm, wenn etwas sein soll. Ich kann nur um Schutz und Hilfe bitten und um die Kraft, mit dem, was ist, umgehen zu können. Das Leben ist so. Hülle es ins Licht und nichts kann geschehen – wenn das bei dir funktioniert, Glückwunsch. Bei mir nicht. Dinge geschehen. Gefühlte und echte Wunder genauso wie gefühlte und echte Katastrophen.

Was kann ich also tun, um mich wirklich sicher zu fühlen, um mich zu entspannen und voll und ganz auf einen guten Ausgang zu vertrauen? Ich befürchte: nichts. Mehr und mehr komme ich zu dem Glauben und zu der Einsicht, dass wir lernen dürfen, uns in diese Unsicherheit hinein zu entspannen. Mehr und mehr komme ich zu der Auffassung, dass ich mehr Sicherheit, als ich heute habe, hier auf der Erde nicht bekomme. Meine Sicherheit besteht darin, dass ich weiß: Egal, was geschieht, ich bin offen für Lösungen und für neue Wege. Egal, was geschieht, ich werde weitermachen.

Aber stimmt das? Heute ist so ein Tag, an dem ich das nicht weiß. Will ich weitermachen? Bin ich bereit, das Leben, so wie es ist, bedingungslos anzunehmen, oder sträubt sich etwas in mir, will nach Hause, hat sich das so schwer und anstrengend nicht vorgestellt?

Führt zum Beispiel Bärbel Mohrs Krebstod in der Blüte ihrer Jahre, in einer Zeit, in der sie mitten im Leben steht, erfolgreich ist, zwei Kinder und einen, wenn man ihren Büchern glaubt, offensichtlich liebevollen Mann hat, nicht unsere spirituelle Arbeit in eine Sackgasse? Was nutzt das ganze Bestellen, Meditieren und schamanische Reisen, wenn wir doch sterben, einfach so? Ich kannte Bärbel Mohr nicht. Ich weiß nicht, wie es in ihr aussah. Sie wird einen triftigen Grund gehabt haben, sich zu verabschieden, und es war sicher mit den Seelen all derer, die es betrifft, vereinbart und abgesprochen. Es war eben nicht die Blüte ihrer Jahre, auch wenn es so aussah. Ihre Erdenreise war zu Ende. Schmerz, Abschied und Leid hinterlässt ihr Tod dennoch. Also – was soll das alles? Machen wir uns nicht einfach etwas vor? Macht das Leben nicht doch, was es will?

Wir müssen die uralte Frage stellen:

Wie konnte das passieren?

Nun. Die wahre Frage ist, wie wir auf die Idee kommen, dass das, was geschehen ist, ausgeschlossen sei, dass so etwas nicht geschehen könne. Die Frage ist: Sind wir in der Lage, das Leben so, wie es ist, mit seinen kontrollierbaren Seiten, in denen wir uns Energien und Situationen schöpfen können, und mit seinen unwägbaren Seiten, in denen eine größere Ordnung zu wirken scheint, ob sie uns gefällt oder nicht, anzunehmen? Bin ich in der Lage, weiterzumachen, zu vertrauen, das Leben anzunehmen, auch wenn meine geliebte Katze Lilly wirklich sehr krank ist und ich es nicht ändern kann? Wir haben wohl keine andere Wahl.

Egal, wie achtsam, liebevoll, schöpferisch und energetisch

wertvoll wir auch handeln, wir leben in einer Zeit, in der die alten Systeme noch wirken. Und ich weiß nicht mal, ob das überhaupt stimmt, denn das bedeutet wieder, dass es irgendwann anders sein sollte, dass es nur ein Zwischenschritt zu etwas Besserem ist.

Leben wir nicht einfach in einer Dimension, die wir eben nicht kontrollieren können, zumindest nicht so, dass wir uns vollkommen sicher fühlen können? Genauso wie es Wunder gibt, diese wunderbaren Fügungen, so gibt es auch unglückliche Fügungen. Natürlich könntest du sagen, du hast die positiven Fügungen in dein Leben gezogen, aber dann musst du auch die Verantwortung für die unangenehmen Fügungen tragen. Mein Gefühl ist: Es gibt eine höhere Ordnung. (Natürlich weiß ich, dass das eine uralte Weisheit ist, aber ich *fühle* es immer mehr.) Wir richten uns aus, natürlich, wir tun alles, was in unserer Macht steht, um möglichst klar, eindeutig und lebendig zu leben. Und dennoch gibt es eine größere Ordnung, die uns dahin führt, wo wir wirklich gebraucht werden. Wir sind nun mal Teil eines größeren Ganzen und ein wenig Demut vor dieser höheren Ordnung, vor dem Leben selbst, stünde uns oft genug ziemlich gut.

Klingt das wie negatives Denken? Im Gegenteil! Gerade wenn ich erlaube, dass die Dinge so, wie sie sind, sein dürfen, und mich dennoch oder gerade deshalb entscheide, mit meiner ganzen Liebe, Hingabe, Schöpferkraft und Tatkraft zur Verfügung zu stehen, werde ich frei. Verstehst du? Durch das ganze Schöpfen, Vergeben, Ho'oponopono, Bestellen, Gedanken-Ausrichten leben wir in der Illusion, wir könnten den Lauf der Welt kontrollieren. Nun, wir alle haben einen freien Willen, und solange ein Mensch auf der Erde ist, der sich entscheidet, eine langsamere Schwingung zu verwirklichen, leben auch wir in einer gewissen Resonanz damit und spüren ihre Auswirkungen. Vor allem aber sind wir nicht einfach nur auf einem Planeten. Dieser Planet selbst lebt, er schüttelt sich, dehnt sich, verändert seine Atmosphäre, wird wärmer und kälter und bringt die verschiedensten Lebensformen hervor.

Wir dürfen wieder lernen zu unterscheiden, was wir ändern können und was nicht. Nicht umsonst beten die Anonymen Alkoholiker:

Gott gebe mir die Gelassenheit, die Dinge hinzunehmen, die ich nicht ändern kann; den Mut, die Dinge zu ändern, die ich ändern kann; und die Weisheit, das eine vom anderen zu unterscheiden.

Kann es sein, dass wir uns manchmal deshalb so schlecht fühlen, weil wir glauben, wir müssten alles im Griff haben und einem wahrhaft spirituellen Menschen würde das, womit wir uns den ganzen Tag herumschlagen, nicht passieren? Geht es beim Leben auf der Erde aber nicht um etwas ganz Anderes, nämlich um die Art und Weise, wie wir auf das, was uns das Leben anbietet, reagieren? Geht es nicht in Wahrheit darum zu lernen, aus den Zitronen Limonade zu machen, Stroh zu Gold zu spinnen?

Dann wird noch längst nicht immer alles gut. Aber du kommst in Frieden mit dem, was eben ist. In dir wird es wieder gut und du kannst weitermachen. Die Werkzeuge, mit denen du Stroh zu Gold spinnen kannst, erhältst du auf deinem spirituellen Weg, und ich bin sicher, du meisterst sehr viele davon. Stroh aber wirst du wohl immer wieder geliefert bekommen, denn gerade deshalb bist du ja hier – um Gold daraus zu erschaffen! Das Stroh sind die Ereignisse, mit denen du nicht klarkommst. Das Gold ist das Bewusstsein, das entsteht, wenn du die Situation meisterst und dich immer wieder neu für das Leben öffnest.

Habe ich das nicht schon tausendmal geschrieben? Ja. Ich vergesse es in meinem Leben immer wieder, deshalb muss ich es immer wieder schreiben. Weil ich perfektionistisch und leistungsorientiert denke und fühle, vergesse ich immer wieder, dass ich nicht alles im Griff haben kann und muss, auch wenn ich dann Angst bekomme. Vielleicht geht es dir ja ähnlich.

Ein kluger Mensch hat mal ein wenig spöttisch gesagt: Die meisten Menschen beschäftigen sich mit Spiritualität, weil sie Angst vor dem Leben haben. Ja, natürlich. Das ist doch der Sinn von Angst, oder? Wir haben Angst, damit wir uns genau an dieser Stelle mit einer anderen Sicht der Dinge beschäftigen. So klug kann dieser Mensch doch nicht gewesen sein, sonst hätte er nicht gespottet, sondern in Demut und Hochachtung vor der Weisheit der göttlichen Ordnung sein Haupt gesenkt.

Also: Nehme ich das Leben heute, wie es ist, repariere ich die Windschutzscheibe, öffne mich dafür, dass das nötige Geld schon kommt, besuche meine Mutter im Krankenhaus, halte die Angst um meine Katze aus und gehe mit ihr zum Tierarzt, bezahle meine Steuern inklusive erneuter emotionaler Öffnung für das nötige Geld, ohne gegen das Finanzamt zu wettern und mit Gott und der Welt zu hadern, bleibe ich gelassen und bitte die geistige Welt um Hilfe? Spinne ich also Stroh zu Gold, nutze meine Werkzeuge und lebe einfach weiter? Oder stelle ich mir wieder einmal die grundsätzliche Frage, was ich überhaupt auf dieser Erde mache, wenn die Dinge so schwierig sind, wie sie sind?

Wie wäre es, wenn ich nur heute einmal nicht hadere, sondern alles nehme, wie es ist, auch wenn es mir Angst macht? Wie wäre es, wenn ich mit dieser Angst weitergehe und tue, was zu tun ist? Ich kann Angst fühlen und dennoch tun, was nötig ist. Damit stärke ich meine Anbindung an die Erde und lerne, meiner eigenen Tatkraft zu vertrauen. Ich kann weiteratmen und ich kann weitermachen, einfach so, weil es ist, wie es ist – und dabei offen und in Liebe bleiben, weil ich mir erlaube, auch die Angst zu spüren. Und weil das so ist, darf ich anerkennen, dass ich Pflege brauche, dass ich Trost brauche, dass ich mich selbst nähren darf. (Nutzt du das Wort »verwöhnen«, wenn du dir selbst etwas Gutes tust? Nenn es mal »nähren« und fühle den Unterschied.)

Ich komme mehr und mehr zu dem Glauben, dass der wahre Aufstiegsprozess in uns selbst stattfindet. Ich komme zu der Einsicht, dass unser Schmerz darüber, auf der Erde zu sein, das ist, was in Wahrheit transformiert werden darf. Ich erlebe, dass wir lernen dürfen, die Erde und das Leben als Mensch bedingungslos anzunehmen, voller Hingabe und Tatkraft. Ich komme zu der Einsicht, dass unser Schmerz darüber, auf der Erde zu sein, überhaupt das Problem verursacht, das wir erlösen wollen. Hätte die Erde ohne uns ein Problem? Nein, natürlich nicht. Sie hat auch mit uns keines. Wir haben und wir sind das Problem zugleich, für uns selbst. Gäbe es Hass, Krieg, Gewalt, wenn wir uns nicht im Kollektiv inkarnieren würden und wenn unser Schmerz darüber, dass wir uns von unserer Sternenheimat abgeschnitten fühlen, nicht zu den absurdesten Verhaltensweisen führt? Das Leben hat eine eigene, unpersönliche Energie, die für sich selbst sorgt. Das griechische Wort *Kosmos* heißt auf Deutsch »Ordnung«. Das Ganze ordnet sich immer wieder selbst – entweder du bist bewusst Teil davon oder du wirst geordnet.

Ist nicht unser eigener Schmerz darüber, wie es sich anfühlt, auf der Erde zu sein, die Wurzel von allem, womit wir hadern und worunter wir leiden? Entweder ich höre auf, mich zu inkarnieren und den Schmerz darüber ins Kollektiv zu geben, es dem Kollektiv zuzumuten und damit andere im Schmerz zu halten, oder ich komme in Frieden mit dem, was ist, und erlöse die Welt von meinem Schmerz. Von *meinem* Schmerz. Mehr kann ich nicht tun, aber das ist sehr, sehr viel, ist es doch mein Schmerz, der alles Leid verursacht. Ich gelange zu der Erkenntnis, dass ich das, was ich mit all meiner Liebe erlösen will, am Ende selbst verursacht habe.

Ich glaube, das ist mit der Formulierung gemeint, »den Himmel auf die Erde zu bringen«. Wir verändern und transformieren unseren eigenen Schmerz und werden bereit, das Leben bedingungslos so anzunehmen, wie es ist, damit wir unser Bestes und Allerbestes geben können – immer und unter allen Umständen. Ich komme zu dem Glauben, dass es das ist, worum es in Wahrheit geht. Und weil das so ist, setze ich mich jetzt an mein Feuer und lasse mich von der Erde, von den Elementen nähren, trösten und mit Energie versorgen.

Doch zuvor bitte ich dich um Vergebung dafür, dass mein Schmerz den deinigen verstärkt, nährt und vielleicht sogar zum Teil mit verursacht. Ich verneige mich vor mir und meinem eigenen Schmerz, denn das ist es möglicherweise, was das Kollektiv wirklich heilt.

Emotionale Selbstbestimmung

🍎 Sag mal ganz ehrlich: Kannst du gut positiv denken? Ich nicht. Ich habe so viel Wasser im Horoskop, bin ein so gefühlsorientierter Mensch, wenn ich versuche, positiv zu denken, beginne ich nur, meine Gedanken zu kontrollieren, und dann verrenke ich mir das Gehirn.

Positives Denken kann nicht bei jedem funktionieren, und weißt du, warum? Weil vor dem Denken das Fühlen steht, weil vor dem präfrontalen Cortex der Mandelkern wartet. Das Gehirn nimmt jede Situation zunächst emotional wahr, dann erst schaltet sich das bewusste Denken dazu. Es kostet unglaublich viel Anstrengung, positiv zu denken, wenn du bereits negativ gefühlt hast. Und nein, es sind nicht die Gedanken, die dein Fühlen verursachen. Natürlich kannst du einen wundervollen Gedanken denken und gleich wirst du dich besser fühlen. Du kannst aber auch dein Gefühl anheben und gleich wirst du positivere Gedanken haben. Es bedingt sich gegenseitig, und für viele Menschen ist es leichter, sich auf das positive Fühlen zu konzentrieren, weil es für sie besser zugänglich ist als das Denken.

Das innere bewusste Ausrichten meine ich damit nicht, natürlich öffnest du dich immer wieder bewusst für ideale Lösungen und für das Beste, das überhaupt in der jeweiligen Situation möglich ist. Wenn du innerlich eng wirst, angsterfüllt denkst, deine emotionale Energie sinkt, dann atme tief durch und öffne dich für die wundervollsten Energien. Das ist ein ganzheitlicher Prozess, der im Körper, im Gefühl und im bewussten Ausrichten stattfindet und entsprechende Gedanken braucht, aber auch zur Folge hat.

Positives Denken ist etwas anderes, und es treibt wirklich manchmal seltsame Kontrollblüten. Neulich war ich bei einer Bekannten, einer spirituellen Lehrerin, die auch energetisierende kosmetische Behandlungen anbietet. Ich kam in den Genuss einer solchen Behandlung, wir sprachen über dies und das. Ich sagte: »Meine Haut reagiert oft mit Unreinheiten, wenn mir im wahrsten Sinne etwas unter die Haut geht oder ich hormonelle Schwankungen habe.« Das stimmt einfach, es ist ein Anzeiger für mich, wie es mir gerade geht. Ich leide weder darunter noch meine ich es negativ, ich habe das so beobachtet.

Puh, fuhr sie mich an: »Das darfst du doch nicht sagen, damit manifestierst du es doch! Du weißt doch: Wenn du etwas sagst, dann wird es Wirklichkeit!«

Ach ja?

Wer von uns beiden hat denn hier dramatisiert und mit sogenannter negativer Energie um sich geworfen? Ich habe meine Haut nicht bewertet, ich erkenne ihre Art einfach an. Ich kann sehr gut damit leben. Sollte ich spüren, dass sich da ein Muster festsetzt, dann gehe ich zu meiner Heilpraktikerin, weil ich erkenne, dass sich etwas erlösen will. So aber ist es einfach ein Verhalten meines Körpers, das ich völlig wertfrei anerkenne.

Bestimmt gehe ich nicht mehr zu dieser Bekannten, wenn ich nicht mehr sagen darf, was ich will, und unterstellt bekomme, ich wüsste nicht, wie die geistigen Gesetze funktionieren. Hätte sie mich gefragt, ob ich darunter leide, ob sich da ein Muster manifestiert oder ob ich es einfach so feststelle, wäre es anders. Aber sie hat mir sofort unterstellt, mich selbst negativ zu programmieren, und das mag ich nicht, das ist ein Übergriff – der mich übrigens beschämt und mir das Gefühl gibt, nicht verstanden zu werden (was ja auch stimmt).

Daher sage ich zu dir wie zu mir selbst: Lass dich nicht bevormunden. Und lass auch andere so denken, wie sie es wollen. Du gehst nicht in ihren Schuhen. Ich erlebe das oft als Problem, gerade in Frauenfreundschaften. Doch niemand weiß, was für dich richtig ist, und das, was für andere stimmig und völlig klar ist, muss für dich noch lange nicht zutreffen, weil du womöglich in einem ganz anderen Feld lebst. Es gibt negatives Denken, und es gibt tiefe Einsichten und Wahrheiten. Lass sie dir nicht absprechen, das ist respektlos deinen Erfahrungen gegenüber.

Kein Dogma ist stimmig, auch nicht das des Positiven Denkens. Lass dir nicht sagen, was du zu denken hast, auch nicht, wenn es noch so gut gemeint ist, sonst kontrollierst du dich wieder oder lässt dich kontrollieren. Natürlich sagen wir auch niemand anderem, was er zu denken hat, eh klar. Denn woher wollen wir wissen, welche Erfahrungen er gerade durchlebt und was auf einer tieferen Ebene abgesprochen ist? Woher könnten wir wissen, welches Stroh der andere gerade zu Gold spinnt und welche Werkzeuge er dafür nutzt und neu entwickelt?

Eine ganz besonders merkwürdige Erfahrung hierzu habe ich vor drei Jahren gemacht. Ich war schwanger, hatte natürlich ein bisschen Angst, wie Mike und ich das schaffen können, denn wir waren erst ein paar Wochen zusammen. Wir freuten uns aber auf das Kind und spürten, dass es trotz allem der richtige Zeitpunkt ist. Ich wusste, wenn ich erst

Mutter wäre, würde ich zumindest zunächst nicht mehr mit anderen Menschen arbeiten wollen, denn bereits nach ein paar Wochen Schwangerschaft begannen sich meine Energien nach innen zu ziehen – und es fühlte sich sehr, sehr gut an.

Endlich konnte ich mich deutlich nach außen abgrenzen, denn ich war beschäftigt: Ich stellte Energie zur Verfügung, damit diese Seele Arme, Beine und ein Herzchen bilden konnte. Es war mir ein Glück, eine Ehre und eine unbändige Freude, dieser Seele zu einem Körper zu verhelfen. Ich war bereits in Kontakt mit ihrem Krafttierchen, einem weißen Lamm. Natürlich hatten wir zwischendurch Sorge, ob wir die neue Situation meistern würden – aber wer hat das nicht? Wir beide spürten ein klares Ja zu diesem Kind und zu unserer gerade erst beginnenden Beziehung.

Eines Morgens hatte ich komische Bauchschmerzen, aber es schien alles okay zu sein – bis ich anfing zu bluten und es nicht mehr aufhörte. Mike fuhr mich nach Heidelberg, in meine Heimatstadt, die Stadt, in der ich Trost und Geborgenheit finde, wenn es mir ganz schlecht geht. Gekrümmt vor Schmerzen und blutend lief ich neben ihm umher. Ich weinte. Er hielt mich und uns. Es sollte nicht sein, warum auch immer, obwohl es sich stimmig und richtig angefühlt hatte.

Ich spürte natürlich hinein und fragte auch auf der Seelenebene nach. Es gab gut gemeinte Antworten von Freunden wie: »Du bist eben dazu bestimmt, für viele Menschen da zu sein und nicht dafür, dich nicht nur um eine Seele zu kümmern.« Doch sie nützten mir nichts. Denn mit welchem Recht bestimmte irgendwer mich dazu, zu etwas da zu sein?

Ich konnte irgendwann in Frieden kommen, immerhin

hatte ich nun die Erfahrung einer glücklichen Schwangerschaft gemacht, ich wusste, wie es sich anfühlt, eine liebende und glückliche Schwangere zu sein. Außerdem hatte diese Erfahrung Mike und mich zusammengeschweißt, wir wussten, wir würden jeden Weg zusammen gehen, wir würden üben zusammenzubleiben, egal was geschah, solange wir uns liebten. Es war in Ordnung. Schmerzhaft, aber in sich friedlich. Das Leben ging ohne das physisch anwesende Kind weiter, aber wir hatten das Beste aus dieser Erfahrung gemacht. Ich spürte in Vergebungszeremonien zwar immer wieder einen riesigen Schmerz, dennoch konnte ich in Frieden kommen.

Ich hatte nichts falsch gemacht – und jede Frau, die eine Fehlgeburt erlebt hat, weiß, dass diese Frage immens wichtig ist. Waren wir als Mütter nicht gut genug? Warum hat sich das Baby bei uns nicht sicher und wohl genug gefühlt?

Weil es eben so war. Schon diese Frage ist absurd. Manchmal kannst du nur in Demut dein Haupt neigen und die Rhythmen des Lebens annehmen. Manchmal hast du einfach keinen Einfluss auf das, was geschieht, schon gar nicht, wenn eine andere Seele mit beteiligt ist. Ich weiß, das steht in scheinbarem Widerspruch zum Gesetz der Resonanz, aber eben nur scheinbar. Es gibt auch das Gesetz des freien Willens – meines und dem der Seele des Kindes. Denn ich habe immer noch die Verantwortung dafür, wie ich nun mit dieser Situation umgehe – und *das* ist meine Resonanz.

Einige besonders spirituelle Menschen allerdings sahen das anders. »Das Kind hat gespürt, dass du Angst hattest«, war eine Aussage (ich hatte nicht mal gefragt!) und »Du wolltest es wohl nicht genug« eine andere. Den Vogel schoss eine spirituelle Seherin ab, als sie sagte: »Das Kind hat gespürt, dass du in Wahrheit Hass auf Kinder in dir trägst, und wollte nicht in diese Energie hineingeboren werden.«

Aha. Ist das so? Und wenn es so war, warum hatte die Seele das nicht gespürt, bevor sie in meinem Bauch zu wachsen begann? Abgesehen davon, dass es haufenweise Kinder gibt, die trotz riesiger Ängste, trotz Ablehnung und sogar trotz Hass in die unmöglichsten Situationen hineingeboren werden, genauso wie viele sehr liebende Mütter eben nicht schwanger werden: Haben wir wirklich einen so immensen Einfluss auf die Entscheidung einer anderen Seele? Ist das Leben so leicht zu stören, durch ein bisschen Angst? Natürlich nicht. Wenn es so wäre, wären wir längst, längst ausgestorben. Denn wer hat nicht Angst und ähnliche Emotionen?

Angenommen, ich würde tatsächlich Kinder ablehnen, vielleicht weil ich die Älteste bin und unbewusst immer in Konkurrenz zu meinen Geschwistern stand, angenommen, es wäre tatsächlich so – ich will nichts ausschließen, was weiß ich schon über meine tief unbewussten Beweggründe, auch hier muss ich demütig sein –, wäre es dann nicht mehr als sinnvoll, wenn mich das Leben lehrte, ein Kind zu lieben? Und was ist eigentlich mit der Resonanz des Vaters?

Was soll das?

Bitte tu dir und anderen so etwas nicht an. Rede keinen spirituellen Unsinn. Das Leben ist äußerst vielschichtig, und es gibt viele, viele Antworten, die alle zusammen ein Bild ergeben. Nur weil du gerade etwas spürst, ist das noch lange nicht die allumfassende Antwort. Es ist vielleicht ein Nebensatz der Antwort, ein Aspekt, vielleicht nicht mal der ausschlaggebende. Frag auch nicht nach der einzig und allein geltenden Antwort, es gibt pro Ereignis so viele Aspekte, wie es Dimensionen des Lebens gibt.

Die Fragen, die für mich immer wieder Sinn ergeben, sind jene: »Wozu dient das?« Und »Wie gehe ich damit um, bleibe ich offen oder verschließe ich mich an dieser Stelle?« Auch das ist deine Wahl, und es ist dein gutes Recht, den Weg zu gehen, den du gehst.

Wenn du sehr achtsam bist, kann auch diese Frage hilfreich sein: »Welche Energien wirken hier?« Lass dir aber Zeit mit der Antwort und nutze sie nicht, um dich schuldig zu fühlen oder um dich zu beschwichtigen, sondern um wahrhaftig zu verstehen. Das Leben ist vielschichtig.

Wenn du eine Erfahrung machst, wenn du auf eine bestimmte Weise reagierst, dann frag dich, wozu dir das dient und ob es noch stimmig ist. Frag dich vor allem, was berührt wird. Meistens gibt es einen alten Schmerz, der gesehen und geheilt werden will. Lass dir dabei helfen, oftmals liegt die Antwort tiefer, als dein Bewusstsein in dir selbst schauen kann. Sehr oft ist es das innere Kind oder die Ahnenreihe, die Erlösung brauchen. Ob es tatsächlich »deshalb« geschieht oder ob es einfach sinnvoll ist, deine eigene Resonanz anzuschauen, egal ob das Universum einen Plan hat oder nicht, ist gar nicht so wichtig. Wir wissen es nicht. Für jede Theorie gibt es ernst zu nehmende Argumente von Leuten, die sich intensiv und fundiert damit auseinandergesetzt haben. Vielleicht stimmt alles zusammen, wie die Anhänger der sogenannten integrativen Theorie annehmen. Zufall oder Plan, am Ende spielt es keine Rolle. Was eine Rolle spielt, ist, wie du mit dem, was das Leben dir anbietet, umgehst. Schau, was in dir berührt wird und auf welche Weise du für dich Erlösung finden kannst. Und dann übernimm die Verantwortung dafür.

Weißt du, dass du dennoch selbst entscheiden kannst, wie gut es dir geht? Damit meine ich nicht, dass du in jeder Sekunde für deine Gefühle verantwortlich bist. Wenn uns das Leben mit seinen Schöpfungen in die Quere kommt – möglicherweise sind das auch wir selbst auf einer höheren Ebene, aber diese Ebene schwingt so hoch, dass man uns als Menschen auf der Erde wirklich nicht dafür verantwortlich machen kann –, dann reagieren wir zunächst. Wir haben nicht in jeder Sekunde die Wahl, manches berührt uns so tief, dass wir erst mal Spielball unserer Reaktionen und Gefühle, unserer Mandelkerne, sind. Aber die meiste Zeit über können wir schon entscheidenden Einfluss auf unseren emotionalen Zustand nehmen.

Es ist wirklich deine Entscheidung, ob du der Welt signalisierst, dass sie ungerecht und gemein ist, und ob du deine Verletzungen und deinen Ärger jedem zumutest, der dir über den Weg läuft, oder ob du etwas Positives beiträgst. Das kannst du – du weißt vielleicht oft nur nicht wie.

Das Blöde ist: Wenn du ärgerlich, genervt oder hastig durch die Welt rauschst, dann befindest du dich selbst die meiste Zeit deines Lebens in diesem Zustand. Das, was du den anderen dadurch zumutest, musst du selbst auch die ganze Zeit aushalten. Hinzu kommt, dass du dich sicher nicht besonders magst, wenn du dauerunzufrieden und mit herabgezogenen Mundwinkeln durch die Welt läufst, richtig? Solche Menschen nerven auf die Dauer jeden, besonders sich selbst. Es ist viel sinnvoller, sich auf der Glücksskala ein wenig nach oben zu heben. Wie gesagt, wenn du tief in Trauer, im Schock oder in einer schwierigen Lebenssituation bist, dann funktioniert das natürlich nicht. Aber für die restlichen siebzig Prozent des Lebens, in denen man mehr oder weniger emotional vor sich hinschlurft, darf es ein wenig mehr Licht und Freude sein.

Glücklicher zu sein bedeutet, mit mehr Energie angefüllt zu sein, mehr Licht in sich zu tragen. Das muss geübt werden, denn das heißt auch, dass die Synapsen am Ende der Nervenbahnen rascher reagieren, dass andere Hormone gebildet und in den Blutkreislauf geschickt werden. Die entsprechenden Hirnareale sind vielleicht ein wenig aus der Übung, Glückshormone herzustellen, oder so mit Schokolade, Ablenkungen und komplizierten Ritualen überfrachtet, dass sie das normale, tägliche Glück gar nicht mehr als solches wahrnehmen.

Das tägliche Glück – gleich dreht sie einen Heimatfilm, denkst du vielleicht. Aber schau doch hin, was haben wir denn sonst? Und reicht das nicht? Du atmest. Du kannst die Sonne oder zumindest den Himmel sehen. Du kannst heute Sex haben. (Was meinst du damit, du bist allein, soll ich dir eine Anleitung schreiben? ☺) Du kannst heute die Musik hören, die du wirklich liebst. Du kannst dazu tanzen. Du kannst singen. Du kannst dich bewegen, dir Zeit nehmen, das zu tun, was du tun magst, und sei es für eine halbe Stunde. Du kannst dir kochen, was dir schmeckt. Du kannst dir selbst einen Liebesbrief schreiben oder denen, die du liebst, zeigen, wie sehr ... Aber auf all das muss man erst mal kommen, denn es fühlt sich so normal an. Das Leid, der Ärger und der Schmerz sind irgendwie intensiver, deshalb nehmen wir das ganz normale tägliche Gute nicht wirklich wahr. Wir nennen es Alltag, dabei ist es unser Leben.

Woran liegt das? Ist das wirklich nur unsere Sichtweise, müssen wir wieder lernen, uns auf das Positive zu konzentrieren, weil wir es verlernt haben? Natürlich nicht. Das würde ja erneut bedeuten, du warst nicht gut genug, hast etwas vergessen.

Es ist für das Gehirn überlebensnotwendig, das, was uns verletzt, viel stärker wahrzunehmen als das, was uns guttut oder zumindest nicht stört. Denn unser Gehirn ist dafür verantwortlich, dass wir nicht in Gefahr kommen, es warnt uns und achtet deshalb besonders auf Situationen, die uns aus dem Gleichgewicht bringen. In Stresssituationen werden wir auf einmal hellwach, sehr aufmerksam, wir sind hochkonzentriert und nehmen die Lage deshalb viel intensiver wahr – eine riesige Menge Stresshormone sorgt dafür. Das ist sinnvoll, damit wir handeln können und sich die Gefahrensituation ins Gehirn einbrennt. Denn unser Gehirn will ja, dass wir Ähnliches von nun an vermeiden. Bei Gefahr sind wir entschieden präsenter, als wenn wir frisches Brot riechen (zumindest, wenn wir satt sind). Das, was für unser Überleben sinnvoll ist, dient unserem alltäglichen Glücksempfinden allerdings nur selten.

Wir dürfen also bewusst die Verantwortung dafür übernehmen, uns zufriedener und glücklicher zu fühlen. Hier dazu eine wirklich ganz einfache Übung, mit der die entsprechenden Nervenbahnen lernen können, mehr Energie zu halten.

Übung: Glücksregler

Stell dir vor, es gäbe einen Glücksanzeiger in dir, eine Art Regler, mit dem du auf einer Skala von eins bis zehn erkennen kannst, wie gut es dir gerade geht. Stell ihn dir ganz einfach jetzt vor. Auf welcher Zahl steht er?

Und jetzt dreh ihn hoch auf neun oder gar zehn. Spüre, wie

sehr viel mehr Energie durch dich hindurchfließt. Wie nimmst du dich selbst und dein Leben jetzt wahr? Was ist anders, welche Möglichkeiten und Freiheiten erkennst du auf einmal? Wie fühlt sich dein Körper an? Worauf richtet sich dein Blick? Was möchtest du in diesem Zustand am liebsten tun, und was stört ihn nachhaltig?

Schau dich in diesem hochenergetischen Zustand in deinem Leben um. Sieh es mit anderen Augen. Du erkennst jetzt ganz leicht, was du unbedingt ändern musst, aber auch, was wundervoll läuft. Vielleicht bist du auch auf einmal mit allem in Frieden, alles darf sein, wie es ist, es gibt gar nichts zu ändern.

Genieße und halte diesen Zustand, solange du kannst. Damit trainierst du die Leitfähigkeit deiner Nervenbahnen, und sie können nach und nach ein höheres Energieniveau halten. Dein Gehirn sendet Informationen an die Hormone bildenden Drüsen – und sie schütten Glückshormone aus.

Lass den Regler nach einiger Zeit gedanklich wieder los und schau, wo er sich einpendelt. Wann immer du in deinem Leben nun daran denkst, dreh ihn auf der Skala ein, zwei Einheiten höher, damit du dich langsam an mehr Glück und Zufriedenheit gewöhnst. Denn auch glücklich zu sein ist eine Angewohnheit.

Wenn du von nun an schöne, friedliche, bereichernde, aufregende oder auch einfach stille Momente erlebst, so weise dein Gehirn an, sie sich zu merken. Speichere sie bewusst ab. Das Schmerzliche speichert sich von ganz allein, es prägt sich tief in unseren Mandelkern. Für die glücklichen, stillen und friedlichen Momente in unserem Leben braucht es dagegen unser bewusstes Augenmerk, damit sie zu einem genauso intensiv erlebten, realen Teil unseres Lebens werden können.

Sie bedrohen uns nicht und damit sind sie für unseren Überlebensinstinkt nicht wesentlich. Das Gehirn meldet nur »soweit nichts Neues«, statt uns auch diesen Moment so bewusst wie möglich erleben zu lassen. Das ist verständlich, es wäre sonst im Dauerstress. Oh, ich atme! Oh, Abba im Radio! Oh, frisches Brot! Oh, ein roter Luftballon! Oh, fester, stabiler Boden unter den Füßen! ... Du verstehst?

Das Gehirn behält sich vor, nur die wirklich aufregenden Momente besonders aufzuzeigen – und das sind nun mal meistens solche, die uns bedrohen. Ein glückliches Leben setzt sich aus bewusst erlebten und gefühlten Momenten des Glücks zusammen. Je deutlicher du dir also des Glückes bewusst wirst, desto mehr davon wirst du verwirklichen, weil du bewusst danach Ausschau hältst und es damit selbst verursachst.

Kurz vor Weihnachten ging ich einkaufen, es war stressig wie immer, die Leute waren gereizt – ich auch. Auf einmal überkam mich Scham. Wer bin ich, dass ich all diesen Menschen meinen eigenen Unmut zumute? Wie komme ich auf die Idee, ich hätte das Recht, ihnen die Laune zu verderben? Wie unfreundlich und unhöflich kann man eigentlich sein? Schon ein mürrisches Gesicht ist unhöflich, oder?

Ich drehte den Glücksregler von zwei auf sieben, acht – und schon sah die Welt anders aus. Natürlich, wenn ich einen akuten Grund für Unglück gehabt hätte, dann ginge das nicht. Aber nur weil ich gerade irgendwie schräg drauf bin, muss ich nicht die Gegend verpesten, dachte ich. Was nutzt all die tolle spirituelle Arbeit, wenn ich im Gegenzug genauso zur Negativität beitrage, indem ich die Kassiererin verächtlich anschaue, weil sie meiner Ansicht zu lange braucht? (Und das, obwohl ich noch nie selbst an der Kasse saß!)

Und was sagt mir das über mich selbst? Mag ich mich selbst nicht viel mehr, wenn ich mich als netten Menschen einschätze? Ich bin sehr oft kein bisschen nett, sondern lasse die ganze Menschheit spüren, wie sehr mich die Welt gerade nervt. Nur weil ich entweder zu viel gegessen habe, in Geldnot bin, PMS habe oder sonst was, für das derjenige, den ich das spüren lasse, ganz sicher nichts kann. Was gebe ich denn der Welt für ein Zeichen, wenn ich großartig von Engeln, Liebe und Selbstverantwortung rede und dann innerlich die Augenbrauen hochziehe, weil jemand meinem Wunsch nicht effizient genug nachkommt? Geht's eigentlich noch?

Also, ihr wundervollen Frauen (mich eingeschlossen): Seid *nett*. Die anderen können nichts dafür, und ihr selbst werdet euch sehr viel mehr lieben, wenn ihr nettere und friedlichere Gedanken über euch selbst und andere habt. Dreht den emotionalen Glücksregler hoch, die freundlichen Gedanken werden gratis mitgeliefert.

Ich bin sowieso viel zu nett und lasse mir alles gefallen, denkst du nun vielleicht. Das nennt man allerdings nicht Nettsein, sondern eher Harmoniesucht oder Angst. Wenn du »zu nett« bist – gibt es das überhaupt? –, dann bist du wahrscheinlich eher zu duldsam oder konfliktscheu, dann hast du möglicherweise ein eingeschüchtertes inneres Kind, das sich am liebsten verstecken würde. Du kannst sehr wohl nett sein und gleichzeitig für dich selbst einstehen, denn natürlich bist du auch freundlich und liebevoll zu dir selbst, wenn du den Glücksregler hochschiebst.

Wir selbst wissen am besten, wir schräg wir oft unterwegs sind, wie negativ und überheblich, abwertend oder verletzend unsere Gedanken über uns und andere manchmal sind. Wie sollen wir uns selbst lieben, wenn wir doch genau wissen, wie oft wir uns alles andere als liebenswert fühlen und verhalten?

Dreh den Glücksregler hoch und trag Frieden und Lachen bei, nicht Hetze und Stress. Wir sind verantwortlich für das emotionale Klima, in dem wir leben, weil wir es selbst produzieren. Wir sind das emotionale Klima. Also verursache Kaiserinnenwetter, so oft du kannst, für dich und für andere.

Den Glücksregler kannst du aber auch sehr gut für finanzielle Angelegenheiten nutzen. Dann ist es eben der Regler für deinen Finanzfluss. Nutze deine spirituelle Intelligenz. Nutze die Werkzeuge, die du bekommst und entwickelst, für alle Energien, die du dir zugänglich machen willst. Ändere die Werkzeuge immer wieder so ab, dass sie deinen Zwecken dienlich sind. Das macht dich unabhängig von Menschen, die Werkzeuge entwickeln und zur Verfügung stellen – du wirst deine eigene spirituelle Werkzeugmacherin.

Hier noch eine Übung, wenn du »zu nett« bist und nicht Nein sagen kannst, unangenehm oft um Hilfe gebeten oder von anderen vereinnahmt wirst.

Übung: Wie viele gute Taten heute?
Rufe deine Krafttiere oder deine Schutzengel und frag sie, für wie viele gute Taten außerhalb deines gewohnten Tagesablaufes du heute Energie von der geistigen Welt und der Erde zur Verfügung gestellt bekommst.

Du hörst nun eine Zahl, vielleicht »drei«, oder bekommst ein Bild: drei Goldmünzen, drei Kelche, drei Herzen. Das ist für heute die Zahl deiner selbstlosen Einsätze. Du darfst dreimal helfen, für drei zusätzliche Situationen, in denen deine Hilfe gebraucht wird, da sein. Notfälle sind natürlich ausgeschlossen. Bitte nun um die Kraft, dich auf diese drei Einsätze zu beschränken, und halte dich daran. Bitte vor allem um die Energie und um die Kraft, während dieser drei Hilfsangebote energievoll und geschützt zu bleiben.

Bei der vierten Anfrage nach Hilfe kannst du leichter Nein sagen, weil du von der geistigen Welt geführt und geschützt wirst und erkennst: Für heute hast du nichts mehr zu geben – außer dem, was dein bewusst gewählter Alltag von dir abfordert. Wichtig ist deine Absicht, zwar für andere da zu sein, aber nur in einem für dich angemessenen Rahmen, damit du dich nicht selbst ausbeutest. Probier es einfach mal aus, morgens, bevor du aufstehst, und dann schau, wie viele Goldmünzen oder Herzen du bekommst.

Wirst du um Hilfe gebeten, so frag die Goldmünzen oder Herzen, ob sie zum Einsatz kommen wollen – und halte dich an ihre Antwort. So bekommst du klare innere Informationen darüber, ob deine Hilfe und deine Energie an dieser Stelle wirksam werden sollten oder ob du sie bei dir behalten darfst – was manchmal die weitaus größere Herausforderung sein kann!

Süchtige Emotionen

🍎 Ich erlebe mich selbst manchmal emotional sehr ambivalent, sehr vielschichtig, und das möchte ich mit dir teilen, weil mir gerade heute sehr vieles dazu klar geworden ist. Wenn ich so richtig wütend auf jemanden bin, weil ich sehr verletzt wurde, mich ungerecht behandelt oder gedemütigt fühlte, dann spüre ich diese Wut und den Schmerz durchaus. Ich erlaube mir, das zu fühlen, ich arbeite damit und ich bin bereit, in Frieden zu kommen. Und dann geschieht etwas Merkwürdiges: Nach ein paar Tagen, meistens drei, verändert sich mein Gefühl total und in mir entsteht ein Schwall von Liebe, so unwiderstehlich, dass ich am liebsten zu demjenigen, der mich verletzt hat, hingehen und ihn in den Arm nehmen würde.

Bislang hielt ich das für die verschiedenen Ebenen der Wahrnehmung: Die Wut, die Verletzung findet auf der Erde statt, die Liebe im Himmel, in der geistigen Welt, in meiner eigenen geistigen Dimension. Ich schrieb oft eine E-Mail oder einen Brief, der dem anderen meine Liebe trotz der Verletzung oder Grenzüberschreitung signalisierte, meine Bereitschaft, in echten Frieden zu kommen, gemeinsam gerade durch die Verletzungen den Himmel auf die Erde zu holen.

Ich öffnete mich also sehr weit – und oft genug wurde ich genau dann wieder verletzt oder der andere ging wieder über meine Grenzen. Das Spiel begann von Neuem: Wut, Verletzung, Trauer und dann dieser innige Strom von Liebe.

Erde und Himmel, Mensch und Engel, dachte ich. Heute habe ich verstanden, dass das nicht stimmt, und das befreit mich sehr tief.

Der Reihe nach: Vor ein paar Tagen stand ich in einer Aufstellung, die mich selbst betraf, ein Schmerz wurde noch einmal stark berührt und ich spürte viel Wut, Verletzung und Trauer. Ich schaute mir das an, spürte, dass ich damit leben musste, denn echter Frieden war nicht möglich, zu tief waren die Verstrickungen. Am besten würde mir Abstand bekommen, spürte ich. »Ich lasse deines bei dir und nehme meines zu mir zurück« war der Lösungssatz. Ich brauchte meine drei Tage, um mich von dieser emotionalen Tauchfahrt zu erholen, und auf einmal kam das, was ich schon oft erlebt hatte, dieser Strom von Liebe, der mich dazu bewegen will, sofort eine E-Mail zu schreiben und Frieden anzubieten, Liebe zu verbreiten. Ich spüre das dann wirklich so und man könnte es für den Engel in mir halten.

Aber das ist nicht der Engel. Das ist nichts als eine emotionale Ausgleichsbewegung. Es ist zu überschwänglich, zu spontan. Wieder schaue ich nicht hin, ob das angemessen ist und ob der andere und ich selbst überhaupt wirklich in Frieden kommen wollen und können. Es fühlt sich süchtig an, als hielte mein System die Wut und den Schmerz nicht aus – und das Pendel schlägt um ins Gegenteil.

Die emotionale Erlösung liegt hier wirklich in der Mitte. In echter Gelassenheit, in echtem inneren Abstand, in echter Befreiung. Ich muss nicht alles in Liebe erlösen. Manchmal genügt eine gewisse innere Distanz, um im Gleichgewicht zu bleiben. Ich mag diese emotionale Neutralität nicht, aber ich bin eben auch süchtig, co-abhängig. Ich brauche die emotionale Achterbahn, um mich lebendig zu fühlen. Besser wäre:

Nur für heute, wie wir in den 12-Schritte-Gruppen sagen, nur für heute bleibe ich in meiner Mitte und lasse mich weder zu Wut noch zu überströmender Liebe hinreißen, beides ist hier nicht angemessen. Ich werde nur für heute weder in den Schmerz einsteigen noch in tiefer Liebe schwelgen, die doch wieder die Gegenbewegung des Schmerzes hervorruft.

Warum schreibe ich das? Weil du es vielleicht kennst und weil es mir wichtig ist, den Unterschied zwischen echter Liebe und einer emotionalen, süchtigen Ausgleichsbewegung zu beschreiben. Echte Liebe ist ruhig, nicht so dringlich, sondern gibt dir Raum, überlegt, vernünftig und frei zu handeln. Du bleibst bei dir, wenn du in echter Liebe schwingst, spürst dich selbst, bist ruhig und gelassen, kommst vielleicht sogar gerade durch die Liebe zur Ruhe. Du handelst oder du tust es nicht, du hast die Wahl. Und du hast innerlich genug Raum, um zu entscheiden.

Die emotionale Ausgleichsbewegung verleitet dich dagegen zu unüberlegten, spontanen Handlungen, du spürst dich selbst nicht, sondern es zieht dich zum anderen hin. Es fühlt sich an wie Liebe, aber in Wahrheit ist es eher Bedürftigkeit, der Wunsch, dass alles wieder gut ist, als wolltest du die Wut und den Schmerz löschen. Am Ende aber hast du nur das Pendel in die Gegenrichtung schwingen lassen, und gerade deshalb wird es erneut ausschlagen.

Übung: Das emotionale Pendel

Schließe in einer Situation zwischen Wut und Liebe die Augen und bitte das emotionale Pendel, sich dir zu zeigen. Dann erkennst du ganz rasch, ob es wild schwingt oder ob es relativ neutral in der Mitte ruht.

Schwingt es, dann handle nicht, sondern lass es durch dein Nichthandeln zur Ruhe kommen. Jedes Mal, wenn du handelst, stößt du es an, verknüpfst deine Emotionen mit der Handlung und aktivierst deine Amygdala. Bleibst du hingegen ruhig und bei dir, reagierst nicht auf deine Emotionen, sondern lässt sie einfach sein, wie sie sind, kommt das innere Pendel zur Ruhe und dein Mandelkern kann sich anderen Dingen zuwenden. Dann erst spürst du, was wirklich sinnvoll ist, was du tun und was du lassen solltest.

In meinem Fall ist es mehr als sinnvoll, nicht zu handeln, sondern den Kontakt auf das Minimum zu beschränken und meine romantischen Vorstellungen, alles in Liebe zu erlösen und glücklich in Harmonie und Frieden zu sein, loszulassen. Zumal ich sie selbst nicht erfüllen kann. Letztlich ist das Liebe, denn ich erkenne die Umstände an und schütte nicht immer weiter Öl ins Feuer. Es ist unspektakulär, aber friedlich. Ich gehe einfach weiter.

Shantidevi Felgenhauer, Autorin zahlreicher Meditations-CDs und spirituelle Lehrerin, sagte dazu mal in einem Gespräch mit mir: »Und ich spüre heute mehr und mehr, die wahre Liebe ist still, umfassend und letztendlich transformierend, sie breitet sich von innen aus und braucht keine Mitteilung im Außen. Dann ist Frieden da, Liebe, in der alles sein darf. Auf der menschlichen Ebene dürfen all die Grenzen sein, die lange nicht spürbar waren. Es geschieht Veränderung und Wachstum in mir mit dem Recht zu wählen und nicht alles in den ›heilenden Topf der Liebe‹ zu werfen. Grenzen wachsen nicht im Himmel, da sind wir grenzenlos. Aber auf der Erde brauchen wir sie, um einen gesunden Umgang miteinander zu haben. Wenn ich diese

Grenze nicht lerne zu etablieren und zu halten, werde ich wieder verletzt, damit ich es endlich lerne.«

Haben wir uns einige Zeit in der Grenzenlosigkeit aufgehalten, weil wir spirituelles Wachstum fühlen und erleben wollten, so erkennen wir jetzt, dass jede Ebene andere Gesetze hat und andere Verhaltensweisen braucht. Trainiere dir deine gesunde, natürliche Grenzempfindung nicht ab! Du wertest nicht, wenn du entscheidest, was für dich gut ist oder nicht. Es darf ja sein, wie es ist, du gehst nur nicht hin. Du wählst. Ich kann das gar nicht oft genug sagen: Schütze deinen Raum und wähle.

Es gibt eine wundervoll schützende Handhaltung, die Haltung der Herzenskriegerin:

Übung: Die Schutzhaltung der Herzenskriegerin

Leg beide Hände übereinander auf dein Herz. Dann schaffe dir Raum, indem du sie, weiterhin übereinandergelegt, etwa zwanzig Zentimeter von deinem Herzen entfernst. Nun löse die Hände voneinander und halte sie hintereinander, mit ungefähr zehn Zentimetern Abstand. Die Handflächen weisen weiterhin beide nach innen, du schützt deinen Herzraum und schaffst dir selbst damit Platz. Probiere aus, welche Hand du lieber außen und welche du lieber innen hast. Spiele ein wenig mit den Abständen herum, bis sich diese Haltung natürlich und schützend anfühlt.

Willst du nun eine Grenze ziehen, so dreh einfach die dem Herzen fernere Hand, wende die Handfläche nach außen und signalisiere damit: »stopp!«. Jetzt kannst du genau spüren, was für dich wirklich stimmig ist, du schützt deinen Herzraum und grenzt dich nach außen ab. Du bist bei dir und hast dir selbst

Platz geschaffen. In dieser Haltung kannst du nun eine Weile bleiben und dich selbst auf vielleicht neue Weise wahrnehmen.

Fängst du an, grenzenlos zu werden, spürst du dich selbst nicht mehr? Dann erinnere dich an diese Haltung und nimm dir Raum, damit du deine eigene Wahrheit wieder spürst. Von hier aus kannst du agieren und dich in der Welt behaupten.

Dein Verstand

🍎 Dennoch oder gerade deshalb, weil dein Mandelkern Personen und Situationen nur aufgrund der eigenen Erfahrungen bewertet und entsprechende Gehirnareale informiert, ist der Verstand ein so wertvolles und wichtiges Werkzeug. Wir hören sehr oft in Seminaren: »Mein Verstand steht mir immer im Weg.« Nein, ihr Lieben. *Das ist nicht der Verstand!*

Es ist die Angst (oder auch eine Sucht), die sich der Stimme des Verstandes bedient. Der Verstand ist ein nicht-emotionales, kalkulierendes und alle Möglichkeiten einbeziehendes mentales Instrument. Er hat nichts mit deiner Kontrolle zu tun. Die Kontrolle allerdings nutzt gern die Werkzeuge des logischen Denkens und verdreht sie.

Viel sinnvoller ist es, die Angst zu spüren, ihr Raum zu geben, sie ernsthaft zu hinterfragen und dann auf den Verstand zu hören. Manchmal hat die Angst ja auch Recht, das weiß dein Verstand. Wenn du deinen Verstand, also deinen gesunden Menschenverstand, zu den Themen deines Lebens befragst, dann bestätigt er dir sehr häufig, was du sowieso fühlst.

Lass uns den Verstand einmal anders nennen:

Vernunft

Auf die Vernunft zu hören, ist besonders in einigen spirituellen Kreisen verpönt. (Nun ja, auch in vielen anderen Kreisen scheint man nicht viel davon zu halten ...) Wir sollen auf unser Gefühl hören, heißt es dann, nicht auf die Vernunft. Meistens hören wir auf nichts davon, sondern nur auf unsere unmittelbaren Bedürfnisse, die zumeist der Angst vor dem Leben entspringen. Und die, wenn wir uns mal ganz weit aus dem Fenster lehnen, oft den sieben Todsünden Tribut zollen. Oder was ist es anderes als Gier, wenn wir immer höher, weiter, schneller auf wirtschaftliches Wachstum bauen? Was ist es anderes als Trägheit, wenn wir uns immer wieder neue Ausreden ausdenken, warum wir nicht unseren eigenen spirituellen oder beruflichen Weg gehen sollten? Und was ist es anderes als Völlerei, wenn wir Singvögel in Netzen fangen, um uns einen Genuss zu verschaffen? Wenn wir uns mit Fleisch vollstopfen, das von Tieren stammt, deren von uns verursachtes Schicksal uns zum Weinen statt zum Bauchereiben bringen sollte?

Ja, ich weiß, wie das klingt, aber machen wir uns doch nichts vor. Dein gesunder Verstand, deine Vernunft, weiß sehr genau, dass hier vieles im Argen liegt. Oder ist es vernünftig, in einer Beziehung zu bleiben, in der du dich weder glücklich noch geliebt fühlst? Ist es vernünftig und klug, eine Arbeit zu machen, die dich weder befriedigt noch deinen Fähigkeiten entspricht? Ist es vernünftig, immer neue Autos auf der Grundlage von Verbrennungsmotoren zu bauen? Ist es vernünftig, Windkraftwerke phasenweise abzuschalten, damit nicht zu viel von ihnen erzeugter Strom in die Netze fließt und man die Atomkraftwerke nicht herunterfahren muss?

Nein, nein, nein.

Und nein.

Da musst du weder »reinspüren« noch deine Engel fragen, auch wenn dir das natürlich freisteht. Dein Verstand weiß das auch so, weil er wie all deine Wahrnehmungsmöglichkeiten ein Instrument ist, das dem Leben dient. Kann es nicht sein, dass wir deshalb so oft die geistige Welt bemühen, weil wir unserem Verstand nicht zuhören wollen? Weil er uns nicht das sagt, was wir hören wollen? Unser Verstand erlaubt keine Trägheit, keine Bequemlichkeit. Er ist nicht besonders eng an das emotionale System angebunden und deshalb sehr nüchtern und unbeeinflusst – außer du hast ihn deiner Angst überlassen. Es ist unsere Verantwortung, unseren Verstand klar und sauber zu halten.

Im Anschluss findest du eine Meditation, mit der du deinen Mentalkörper reinigen kannst. Das Werkzeug allerdings, mit dem du deinen Verstand klar und rein hältst, ist sorgfältiges Wählen und Bewerten. Schon die einfache, innerlich gestellte Frage »Stimmt das wirklich?« ist sehr hilfreich, wenn du lernen willst, klar und logisch zu denken. Denn gerade, wenn du immer wieder hörst oder dir selbst sagst, dass du nicht bewerten sollst, schwächst du deinen Verstand. Es gibt einen großen Unterschied zwischen »verurteilen« und »bewerten«. Große Meister meinen »Verurteilen«, wenn sie über das Bewerten sprechen. Wir verurteilen nicht. Aber wir schauen genau hin und wählen.

Dafür ist es äußerst wichtig, dass du Informationen bewertest. Ein großer Teil deiner Stabilität und Abwehrkraft liegt darin begründet, dass dein System immer wieder entscheidet, was es verwerten will und was es wieder ausscheidet. So wie deine Milz entscheidet, welche neu gebildeten roten Blutkörperchen in den Blutkreislauf gelangen dürfen und welche nicht, so, wie dein Verdauungssystem entscheidet, welche Bestandteile der Nahrung dir dienlich sind und welche nicht, so ist es für deine Gesundheit unerlässlich, dass du auch auf emotionaler und geistiger Ebene entscheidest, was du in dich aufnimmst und was nicht.

Du schwächst dich tiefer, als dir vielleicht bewusst ist, wenn du versuchst, alles in dich aufzunehmen, ohne es für dich selbst zu bewerten. Hier liegt der Unterschied zum Verurteilen: Alles darf sein, wie es ist, alles hat seine Berechtigung und du darfst jeden und alles in seinem Prozess und in seinen Entscheidungen anerkennen. Aber so, wie du hoffentlich sehr genau unterscheidest, was du isst und was nicht, so darfst und solltest du genau hinschauen, welche Energien und Informationen, insbesondere welche Glaubenssätze in deinem Leben wirksam werden dürfen und welche nicht. Ja, es gibt das Gesetz der Resonanz und vielleicht stimmt es: Alles, was du erlebst, ziehst du auch selbst an. Gerade deshalb ist es so ungeheuer wichtig zu wählen.

Denn das Gesetz der Resonanz will dich genau das lehren: Sieh, was du anziehst, und dann wähle! Zu wählen bedeutet auch zu erkennen, welches Verhalten diese Ereignisse in dein Leben gezogen hat, nicht nur welche innere Einstellung, sondern auch und besonders – denn wir sind auf der Erde – welche Taten und Entscheidungen.

Es ist schon verrückt: Auf der einen Seite hörst du ständig, du sollst nicht bewerten, auf der andere Seite gibt es voll besuchte Kurse, in denen du lernst, deine Glaubenssätze zu ändern – was ist denn das anderes als Bewerten? Du erkennst, ein Glaubenssatz dient dir nicht, also änderst du ihn – das ist Bewerten! Tu das! Bewerte und wähle! Das kannst du sehr gut, ohne zu verurteilen. Dass du Urteile fällst, nur für dich, ist lebensnotwendig.

Klinge ich ein wenig ungehalten? Nun, ich bin ungehalten. Was ist denn das für eine verrückte Idee, dir deine Überlebensinstinkte abzutrainieren? Wie kommst du darauf, dass du nicht wählen darfst? Es ist ungemein erleichternd, wenn du dir endlich wieder erlaubst zu wählen. Nein, du musst nicht mit allem klarkommen. Bedingungslos zu lieben heißt nicht, dass du dir alles anhören musst. Es gibt sehr verschiedene Ebenen des Bewusstseins, und was auf der einen Ebene vollkommen in Ordnung sein kann, ist auf einer anderen untragbar. Du kannst auf einer hohen Ebene, auf der du ganz und gar in deinem Lichtbewusstsein und damit unverletzlich bist, anerkennen, dass ein Mensch zum Beispiel sehr verletzend handelt. Dann kannst du dich vielleicht sogar voller Mitgefühl vor seinem Weg verneigen. Auf deiner verletzlichen menschlichen Ebene, die du ja mit dieser Inkarnation gewählt hast, um auch ihre Gesetze zu erforschen und zu erleben, aber gehst du auf Distanz. Die irdische Ebene hat eigene Gesetze und die sind anders als die Gesetze der höheren Dimensionen. Auch die Physik weiß das, obwohl es sich für viele widersprüchlich anhören mag: Der Makrokosmos scheint anderen physikalischen Gesetzen zu folgen als der Mikrokosmos und vielleicht gibt es keine Formel, die beides in sich vereint. Vielleicht gilt auch hier: sowohl als auch.

Ich habe es schon ein paar Mal geschrieben: Du musst nicht lernen, in Salzsäure zu baden. Du musst nicht lernen, in destruktiven, verletzenden Situationen klar und liebevoll zu bleiben. Du darfst und du solltest gehen. Du darfst und du solltest wählen, denn das Leben hat dir die Werkzeuge, zum Beispiel deinen Verstand, deine Vernunft und dein Gefühl, gegeben. Nutze sie.

Ein Beispiel: Es ist nicht dein Geist, der dich dick macht, zumindest meistens nicht, es ist die Schokolade. Du kannst dem entgegenhalten, dass sich deine geistige Einstellung und dein Mangel an Selbstliebe eben im Überessen äußern. Sicher ist es sehr sinnvoll, deine geistige Einstellung zu ändern – übrigens wieder eine Wahl: Du bewertest deine aktuelle Einstellung als »nicht hilfreich« und änderst sie! Dennoch ist es dein Verhalten, das dich auf der physischen Ebene schädigt. Es ist nicht das Kollektivbewusstsein, das einen Tsunami hervorruft. Es sind die physischen Gegebenheiten der Erde. Wenn dabei Atomkraftwerke zerbrechen, dann nicht, weil irgendein Volk es geistig angezogen hat, sondern weil es schlicht unvernünftig und ignorant ist, die Dehnungsfugen des Wesens Erde zu bebauen. Das allerdings hat das Volk sehr wohl angezogen, weil es gewählt hat, Atomkraftwerke zu bauen – und sie dann nicht mal vernünftig gewartet hat. Oder nein, sagen wir nicht »angezogen«, denn das stimmt nicht. »In Kauf genommen« ist passender. Hier wirkt eben nicht das Resonanzgesetz, sondern eine schlichte Wahrscheinlichkeitsrechnung. Und wieder geht es um die Frage: Wie gehen wir alle nun damit um? Was lernen wir? Welche Energien wollen wir verwirklichen und was funktioniert nicht? Fast jedes Volk, außer es ist ganz außergewöhnlich klug, missachtet und ignoriert die natürlichen Gegebenheiten der Erde – zumeist aus niederen Gründen. Und dann wundern wir uns und reden von Katastrophen. Unsere Katastrophen sind so dermaßen selbst verursacht, dass es fast schon absurd ist.

Wir sind alle ein Teil der Erde, und wenn wir uns nicht entsprechend als Teil innerhalb einer durchaus nicht nur spirituellen, sondern ganz natürlichen, konkreten, sicht- und messbaren Ordnung verhalten, dann ordnet uns das Leben. Das ist nun wirklich nicht neu, aber irgendwie scheinen wir das immer wieder zu ignorieren. Ein klarer, nicht-emotionaler, gesunder und von Lastern und Ängsten ungetrübter Menschenverstand würde das niemals erlauben.

Grenzübergreifend sind sich die meisten Nationen einig, dass es in erster Linie um Wohlstand und Wachstum geht, nicht um ein Leben im Einklang mit unserem Planeten. Auch daran ist nichts neu. Es ist immer wieder unser Verhalten, das die äußeren Umstände verursacht. Natürlich ist es sehr sinnvoll und wichtig, auf der geistigen Ebene zu arbeiten. Aber ein Schamane oder Lichtarbeiter, der auf sich hält, wird auch im Außen nichts tun, das die Erde oder ihn selbst schädigt und die einfachsten physikalischen Gesetze ignoriert. (Hochmut ist übrigens auch eine Todsünde.) Wir können uns nicht in ein geistiges und ein körperliches Wesen trennen. Und wenn wir es doch tun, dann sterben wir. Solange wir als atmende Wesen auf der Erde leben, müssen wir mit allen Ebenen der Realität umgehen. Die physische Realität lässt sich nicht wegmeditieren. Auf der Erde gilt ein Sowohl-als-auch. Meditiere, mach so viel geistige Licht- und Schattenarbeit, wie du es für richtig hältst, und sei sicher, das bewirkt sehr viel. Wenn du aber gleichzeitig die irdische Ebene missachtest, auch deine eigene, wenn du dich mit ungesunden Beziehungen, Arbeitsplätzen, inneren Einstellungen oder Verhaltensweisen vergiftest, dann musst du die Folgen tragen. Das ist nicht einfach nur das Resonanzgesetz, es ist – wie gesagt – in erster Linie Wahrscheinlichkeitsrechnung.

Wenn du keinen Atomstrom haben willst, dann wechsle zu einem Ökoanbieter. Wenn du nicht willst, dass Tiere leiden, dann kauf kein Fleisch und ernähre deine Tiere mit Bio-Fleisch, es gibt viele Anbieter für Bio-Tierfutter. Es ist so einfach. Wähle. Du kannst sehr wohl in der inneren Haltung von Liebe sein und gleichzeitig gerade deshalb Nein sagen. Du kannst zu jemandem, der dir nicht guttut, sagen: »Ich achte dich und deinen Weg« und dich entscheiden, von nun an ohne diesen Menschen oder die mit ihm verbundene Arbeitsstelle weiterzugehen.

Du hast ein Verdauungssystem, das in jeder Sekunde wählt. Funktioniert es nicht, dann stirbst du. Meine Katze stirbt gerade daran, dass ihr Körper nicht mehr in der Lage ist, zu bewerten und zu wählen. Sie leidet an Nierenversagen und ist dabei, sich innerlich selbst zu vergiften. Resonanz hin oder her, bei aller Licht-, aller Schattenarbeit, jeder physischen und geistigen Unterstützung – ihre irdische Ebene folgt eigenen Gesetzmäßigkeiten. (Und nein, das ist kein negatives Denken, es ist einfach so. Ich spüre es und alle friedlichen oder auch verzweifelten Versuche, sie am Leben zu halten, scheitern. Ich muss offensichtlich lernen, mit dem Loslassen und Sterben klarzukommen, und ich werde bei ihr sein und sie bis zu ihrem letzten Atemzug halten.)

Sicher passiert auch das in Übereinstimmung mit der Entscheidung ihrer Seele, aber es fühlt sich für mich so an, als gäbe es auch innerhalb der Materie ein eigenes Bewusstsein, ein eigenes Gesetz, das nicht in jeder Hinsicht mit dem, was die Seele wollte, übereinstimmt. Sie scheint mir sehr traurig darüber, dass sie wahrscheinlich gehen wird, auch wenn sie das auf einer anderen Ebene gewählt hat. Wir sind offen und dankbar für Wunder, aber es sieht aus, als laufe ein inneres Programm ab, und das sehr rasch. Es nutzt nichts zu glauben, dass sie wieder gesund wird, denn die Realität siehst anders aus, und ich fühle es auch anders. Nicht weil ich negativ denke. Sondern weil ich wahrnehme, was ist, was tatsächlich wirkt. Außerdem hat sie mir schon ein Zeichen dafür gegeben, dass sie geht.

Auch die physische Ebene hat einen eigenen Willen, und wir dürfen als geistige Wesen lernen, diesen Willen zu respektieren und mit ihm zusammenzuarbeiten. Ich halte es, um das mal ganz deutlich zu schreiben, für spirituellen Hochmut, wenn wir glauben, dass der Geist immer über die Materie *siegt*. Es ist kein Kampf! Es ist eine synergetische Zusammenarbeit. Solange wir als physische Wesen leben, sind die Gesetze der Physis, der Natur, bindend. Genau das ist Teil unserer Lernerfahrung, deshalb sind wir hier. In dieser riesigen Spannweite aus geistigem und physischem Erleben bildet sich dieses ganz besondere, einzigartige Bewusstsein aus, das wir durch unser Menschsein entwickeln. Ignorieren wir den einen Pol, dann können wir die Erde nicht wirklich verstehen.

Vielleicht irre ich mich, dann streich die Sätze aus diesem Buch, die für dich keinen Sinn ergeben. Es ist ja dein eigenes. Du darfst auch hier wählen. Tu es! In all den Seminaren, die wir geben, erlebe ich wieder und wieder, wie sehr sich viele Menschen geistig und emotional selbst vergiften, weil sie sich nicht mehr erlauben zu wählen. Trainiere dir nicht deine gesunde und lebenserhaltende Fähigkeit ab, genau zu spüren, was dir guttut und was nicht. Lerne, nicht zu verurteilen, lerne, dass alles in diesem Universum seine Berechtigung hat und eine bestimmte Schwingungseigenschaft verkörpert. Und lerne gleichzeitig, dass deine Wahl dazugehört. Auch du selbst verkörperst bestimmte Schwingungseigenschaften. Du brauchst nicht alles zu essen, was das Leben dir anbietet, denn am Ende musst du es ja auch verdauen. Also wähle.

Genau das ist die Aufgabe des Verstandes. Er kann das. Das, was dir deine innere Führung sagt, ist meistens genau das, was dir auch deine Vernunft raten würde. Die, ich betone es lieber gleich noch mal, hat nichts mit deiner Angst zu tun. Angst hält dich, wie das Wort durchklingen lässt, eng. Sie will dich in den festgefahrenen und damit zumindest gefühlt sicheren Bahnen halten. Dein Verstand aber ist ein Werkzeug deiner Lebensenergie. Deine Vernunft will dich auf mentaler Ebene leiten und führen. Gerade wenn dich dein Mandelkern sehr schnell zu unüberlegten, impulsiven und oft aus der Angst geborenen Handlungen verführt, ist es absolut sinnvoll, Vernunft und Verstand einzuschalten.

 Die Erneuerung deines Mentalkörpers

Schau bereits beim Lesen, welche inneren Bilder in dir aufsteigen.

Mach es dir bequem und geh in deiner Vorstellung durch ein Tor. Du trittst in eine andere Welt ein, eine Welt, in der die Dinge eine tiefere Bedeutung haben. Schau dich dort um, geh ein wenig spazieren, ruh dich aus und bereite dich auf eine tiefe Wandlung vor. Tauchen immer wieder störende Gedanken auf? Wird dir bewusst, dass sich sehr viele Gedankenketten in deinem mentalen System gebildet haben? Einige davon sind stimmig, andere weniger.

Während du in dieser anderen Welt herumspazierst, bemerkst du auf einmal, dass die Landschaft hügeliger wird. Stetig führt dein Weg bergauf, doch du hast die Kraft, ihn voller Leichtigkeit zu gehen. Ab und zu bleibst du stehen, genießt die Aussicht auf das weite Land und kommst immer mehr zur Ruhe. Freiheit und Frieden erfüllen und durchströmen dich. Irgendwie spürst du, alles hat seine Ordnung und du bist ein Teil davon. Deine möglicherweise aufgeregten Gedanken beginnen, sich zu beruhigen.

Irgendwann gelangst du zu einer besonders zauberhaften Stelle, es ist, als läge dir sogar der Himmel zu Füßen. Die Sonne geht gerade unter und du beobachtest das zarte Spiel des Lichts mit sich selbst, verbindest dich mehr und mehr mit ihm, fühlst dich eins mit dem allmählichen Wechsel der Energien, der Frequenzen, der Farben. Und während du dich immer mehr einstimmst auf die Veränderung, beginnt sich dein Mentalkörper, der wie eine Energiekugel um deinen Kopf und deine Schultern herum liegt, aufzulösen. Vielleicht ist er sehr schwer, dann ruf einen Engel oder einen geistigen Führer deines Vertrauens zu dir und bitte darum, dass er dir den Mentalkörper wie eine schwere Taucherglocke vom Kopf herunterzieht. Vielleicht ist dein Mentalkörper auch ein Konstrukt aus scharfen Kanten, aus unendlich miteinander verflochtenen Glaubenssätzen. Woraus auch immer er besteht, ist er schwer, verknotet oder verstrickt, kann er seine Aufgabe nicht erfüllen. Du erlaubst daher nun mehr und mehr, dass sich dein Mentalkörper auflöst und in den Sonnenuntergang hineingezogen wird. Die unterdessen glutrote Sonne saugt ihn förmlich auf. Die Kraft der Sonne, des Feuers, löscht alle Konstrukte und Verflechtungen, löst insbesondere die Gedanken der Angst und der Enge in ihrem Licht auf. Es wechselt von Rot zu Violett zu Rosa – jede Lichtfrequenz löst andere Be-

reiche deines mentalen Systems und löscht sie. Das, was wesentlich ist, bleibt bestehen. Doch all die Konstrukte, wirren Ideen und Vorstellungen, all die erschaffenen Gedanken, die Versuche, dein Leben durch deine Gedanken zu kontrollieren, lösen sich im machtvollen Wechselspiel der Farben auf. Vielleicht erkennst du, während das geschieht, einige immer wiederkehrende Gedankenmuster. Vielleicht erkennst du, wie sehr du das einst so wertvolle Instrument Verstand deiner Angst überlassen hast. Vielleicht auch spürst du die Schwere, die entstanden ist, weil du viel Druck und Kontrolle ausübtest. Doch immer lichter und freier wird der Bereich um deinen Kopf und deine Schultern. Es kann sein, dass du körperlich dennoch gerade jetzt die Lasten spürst, die du all die Jahre und Jahrzehnte in deinem Mentalkörper mit dir herumgeschleppt hast.

Irgendwann verschwindet die Sonne am Horizont und du spürst: Sie hat all deine mentalen Konstrukte, vielleicht sogar den ganzen Mentalköper in sich aufgesogen, sie hat all das mit sich genommen. Nun erinnerst du dich daran, dass die Sonne für das männliche Prinzip steht, für Feuer und Tatkraft.

Du schaust dich um – und zauberhaft schwebt ein riesiger, aufgehender Vollmond am Horizont, bringt weibliche Energie, die Kraft der Hingabe und des Geschehenlassens mit sich. Der Mond, das weißt du, ist in fast allen Kulturen Sinnbild für das Weibliche, die Hingabe, er spiegelt das Licht. Dennoch ist er sehr, sehr machtvoll, der Mond unterstützt die Erde in ihrer Bahn im All und sorgt zusammen mit der Sonne und der Fliehkraft auf der Erde für die lebensnotwendigen Gezeiten – einfach, weil er da ist. Auch die Venus erscheint am Nachthimmel und schickt dir ihr Licht.

Du schaust mitten hinein in das Mondlicht – und erlebst, wie sich um deinen Kopf herum ein neuer Mentalkörper zu formen beginnt, aus dem Licht des Mondes und der Venus – er ist sanfter, weiblicher, voller Hingabe an die geistigen Gesetze. Du wirst damit sehr klar denken können. Dieser Mentalkörper erkennt die Zusammenhänge, er versteht, wie alles miteinander kommuniziert und wie es vernetzt ist. Er sieht nicht nur das Trennende, sondern das Verbindende.

Das Licht der Venus nährt mit ihrem Schimmern diesen neuen Mentalkörper und du beginnst, die Welt anders wahrzunehmen. Du kannst klar und präzise denken, wie das die Aufgabe des Mentalkörpers ist. Er setzt Energie in Gedanken um. Du nimmst nun auch Synergien, Zusammenhänge, Kausalketten und Synchronizitäten wahr, wo du vorher vielleicht nur Ratlosigkeit erlebtest. Von nun an brauchst du keine Zusammenhänge mehr zu konstruieren, sondern du erkennst, auf welche Weise die verschiedenen Ebenen des Daseins tatsächlich miteinander vernetzt sind – aber auch, wo sich unterschiedliche Gesetzmäßigkeiten zeigen. Dieser neue Mentalkörper ist ein Werkzeug, mit dem du geistige Gesetze erkennen und in Gedankenform bringen kannst, damit sie deinem Bewusstsein und deinem Verstand zugänglich werden.

Er beginnt sich nun mehr und mehr mit deinen Zellen und den entsprechenden Gehirnarealen zu verbinden. Du spürst dabei vielleicht eine Art Druck im Kopf, vielleicht aber auch nicht. Du schaust weiter ins Mondlicht, entspannst dich und erlaubst, dass sich dein Mentalkörper auf die für deine Wahrnehmung genau richtige Weise entfaltet und zusammenfügt. Es gibt nichts zu tun, dieses neue Aurafeld bildet sich von ganz allein, du kannst es einfach geschehen lassen.

Versprich dir selbst, dieses feine Energiefeld nur dem Licht, den tatsächlich wirkenden Energien und nicht mehr deiner Angst zur Verfügung zu stellen, und entscheide, von nun an stets zu überprüfen, ob das, was du wahrnimmst, sei es von innen oder von außen, wirklich stimmt.

Ruh dich noch ein wenig aus, und wenn du so weit bist, dann komm mit deinem neuen spirituellen Werkzeug in deinen Raum zurück.

Die Kraft des Positiven Denkens

🍎 Natürlich funktioniert das Positive Denken. Es ist ein Aspekt, ein Werkzeug, mit dem du dich innerlich ausrichten kannst. Ich nutze das Positive Denken sehr viel häufiger, als mir bewusst ist – das merke ich, während ich gerade darüber schreibe. Louise L. Hay *(Gesundheit für Körper und Seele)* und Shakti Gawain *(Stell dir vor und Leben im Licht)* haben ganze Arbeit geleistet. Immer wenn ich innerlich eng bin, wenn ich Angst bekomme, wenn ich schwer werde und ein Wunder brauche oder wenn ich einen Bereich meines Lebens ändern will, suche ich mir einen Satz, der mich wieder öffnet und den Weg frei macht. Ich suche nicht gleich nach einer Lösung im Außen, sondern zunächst suche ich mir eine neue innere Haltung, ganz automatisch. Der Satz »Alles, was ich brauche, kommt leicht und einfach zu mir« lässt mich durchatmen und gibt mir die Hoffnung, dass es leicht sein darf. Fühle ich mich in einem Bereich unerfüllt, fühle ich Mangel, dann hilft mir »Ganz leicht und einfach erlebe ich Fülle und Erfüllung in jedem Bereich meines Lebens«. Auch die Sätze »Ich führe ein sexuell erfülltes Leben« oder »Ich bin in jedem Moment gut und sicher versorgt« lassen mich innerlich zur Ruhe kommen – dazu muss ich nicht an sie glauben. Ich halte es aber für möglich, sexuell erfüllt und allgemein gut versorgt zu sein.

Ich nenne solche Aussagen nicht »Glaubenssatz«, denn ich glaube sie nicht unbedingt, und das ist auch nicht nötig. Ich nenne sie »Absichtserklärungen«, »innere Blaupausen«, es sind Vorlagen, die das Leben mit Farbe ausmalen darf, aber nicht muss. Wenn du meinst, deine Affirmationen glauben zu müssen, damit sie wirken, kontrollierst du dich selbst, und das macht dich wieder eng. Halte sie einfach für möglich, das kann dein Verstand.

Wenn du positive Affirmationen, Absichtserklärungen oder Positives Denken nutzen willst, dann sei dennoch immer offen dafür, dass das Leben andere Pläne hat. Positive Affirmationen sind eine Bitte, ein Angebot an das Leben, aber kein Zaubermittel, mit dem du die Dinge kontrollieren kannst.

Wie spannend sich das Leben selbst regelt, habe ich 1992 erlebt: Ich war siebenundzwanzig Jahre alt, hatte gerade begonnen, bewusst meinen spirituellen Weg zu gehen und war eine glühende Verehrerin Louise L. Hays, Shakti Gawains und Rhea Powers. Ich übte positive Affirmationen und machte Rückführungen und Clearings zu allem und jedem Thema. Und ich war unsterblich verliebt. Den Mann, den ich liebte, traf ich ungefähr dreimal in der Woche in all den Diskotheken, in die es mich zog. Wir hörten Guns'n Roses, Metallica, Queensryche und Manowar. Ich war ihm aufgefallen, er grüßte mich immer, tanzte in meiner Nähe – aber das war's auch schon. Eines Abends, ich hatte mir fest vorgenommen, ihn endlich anzusprechen – und war mit meiner Therapeutin an dem Punkt zu erkennen, wie immens meine Angst vor Ablehnung ist, er war also ein ideales Übungsobjekt –, sah ich eine Frau bei ihm stehen. Ich kannte ihn bereits seit drei Monaten und drehte innerlich einen romantischen Hollywoodfilm nach dem anderen, natürlich musste er mein Seelenpartner sein, hätte ich ihn sonst genau in der Situation getroffen und mich blindlings in ihn verliebt, in der ich innerlich festgefahren war und neue Impulse brauchte? Aber ich hatte noch nie eine Frau in seiner Nähe bemerkt. Doch sie stand bei ihm, und nicht nur das – er küsste sie. Ich kann mit Worten gar nicht beschreiben, wie sehr es mich aus der Bahn warf. Ich war romantisch und spirituell total verklärt. Mein Traum zersplitterte, einfach so.

Aber es war schon zu spät, ich konnte nicht einfach loslassen und weitergehen, all meine Zukunftsträume hingen bereits mit ihm zusammen. Ich erfuhr, dass die beiden schon lange zusammen waren, und konnte ihm nichts vorwerfen, unsere Liebesbeziehung hatte bis jetzt ausschließlich in meinem Kopf stattgefunden. Doch so einfach konnte ich nicht aufgeben. Ich lernte ihn auf einmal ganz leicht durch gemeinsame Bekannte kennen, begann, mit aller Inbrunst positive Affirmationen zu sprechen und arbeitete schamanisch. Ich legte Tarotkarten wie eine Süchtige, und wahrscheinlich war ich das auch. Selbstverständlich hielt ich mich an die Vorgaben, ich sagte immer dazu, dass alles für alle Beteiligten zum Besten passieren sollte, und ich meinte es tatsächlich so, auch für seine Freundin. Bestimmt passte sie nicht wirklich zu ihm, und es wäre auch für sie besser, wenn er sich mir zuwandte, dachte, nein, hoffte ich … Hätte ich mich denn sonst in ihn verliebt? Nun ja. Ich wollte mir keine schwarzmagischen Energien anziehen, die Grenze ist fließend, wenn man spirituelle Anziehungskraft nutzen will. Dennoch war ich ziemlich besessen.

Eines Tages war ich in einer sehr hohen Energie, ich lag an einem Badesee, die Sonne schien, und ich sprach den ganzen Vormittag Affirmationen, die uns beide betrafen, rief immer wieder die Liebe und die Engel, hielt es wirklich für möglich, dass wir füreinander bestimmt waren und dass sich jetzt das Wunder meines Lebens ereignen dürfe. Wenn positive Affirmationen tatsächlich wirksam sind, dann mussten sie funktionieren, denn inniger konnte man nicht glauben und sich öffnen, als ich es an diesem Tag tat. Als ich nachmittags zu Hause war, setzte ich mich nach dem Haarewaschen mit einem Handtuch um den Kopf auf die Couch und las. Es klingelte, doch ich öffnete nicht, ich war weder angezogen noch hatte ich Lust, jemanden zu sehen, schon gar nicht mit nassen Haaren. Es konnte sowieso nur die Post sein.

Abends traf ich meinen Angebeteten wieder in dieser Disco – er kam zu mir, lächelte mich an und meinte: »Ich bin heute Nachmittag bei dir vorbeigefahren, dachte, ich krieg einen Kaffee bei dir. Du hast nicht aufgemacht, dein Auto stand aber vor der Tür!«

So. Ich bin fast umgefallen vor Überraschung, und übrigens, liebes Universum: danke für gar nichts!

Natürlich wirken positive Affirmationen. Das heißt aber noch lange nicht, dass dann auch alles so funktioniert, wie wir es haben wollen. Ich bin wirklich sicher, dass ich diesen Mann durch all meine Affirmationen zu mir gezogen habe. Es sollte aber nicht sein, deshalb verhinderte ich es durch die Umstände. Ich hätte auch nicht aufgemacht, wenn ich gewusst hätte, dass er es war, dann schon gar nicht, total ungeschminkt und ohne jede Vorbereitung …

Natürlich haben wir diesen Kaffee niemals zusammen getrunken. Als ich dann den Mann kennenlernte, der wirklich für mich bestimmt war, ging alles ganz leicht und einfach, und ich brauchte keine einzige Affirmation – weil ich durch diese unerfüllte Romanze genau erkannte, was ich wollte und was nicht. Ich richtete mich innerlich auf Erfüllung, Leichtigkeit und Liebe aus und darauf, dass es ganz leicht gehen durfte. Und diese innere Haltung sorgte dafür, dass es auch so geschehen konnte.

Oder es ist alles ganz anders ... Woher wissen wir, ob wir nicht so innig geführt werden, dass sowieso alles vorherbestimmt ist und wir zum richtigen Zeitpunkt in die entsprechende innere Haltung gebracht werden? Woher wissen wir, ob wir nicht genau deshalb auf einmal Impulse bekommen, weil das Ergebnis zumindest energetisch, wenn auch noch nicht in Einzelheiten manifestiert, bereits feststeht? Manchmal macht es diesen Eindruck, oder? Woher wissen wir, dass wir tatsächlich schöpfen und erschaffen, statt einem inneren Plan zu folgen, der uns die Illusion von Freiheit schenkt, damit sich unser Bewusstsein ausbildet, obwohl es in Wahrheit aber vollkommen von unserer Seele geführt wird? Woher wissen wir, dass die positiven Affirmationen nicht die Folge sind, weil das Ergebnis sowieso schon da ist und diese Affirmationen anzieht? Können wir sicher sein?

Wir wissen es nicht, ob uns das gefällt oder nicht. Und egal wie laut unser Protest ist, egal, wie sehr wir glauben, dass unser freier Wille hinfällig sei, wenn sowieso alles vorherbestimmt ist – wir wissen es nicht. Vielleicht sind wir Schöpfer, vielleicht sind wir Ausführende eines höheren Planes. Letztlich ist es gleichgültig, denn wir sind hier, um Bewusstsein auszubilden und um möglichst viel Liebe zu verwirklichen. Mir gefällt die Idee, dass ich innig geführt werde und dass all die Fragen, die in mir leben und immer wieder nach Antworten suchen, mein Bewusstsein ausbilden wollen. Mir gefällt es, leidenschaftlich und voller Freude, Hoffnung und mit tiefem Ernst zu erforschen, was meine »Welt im Innersten zusammenhält«, worum es wirklich geht, wie ich mehr und mehr Liebe verwirklichen kann. Wenn es die Antworten schon gibt, nun ja, das entbindet mich nicht von der Suche. Das Ego braucht die Illusion des freien Willens, und vielleicht ist das richtig so, denn vielleicht entsteht genau so menschliches Bewusstsein. Ich weiß es nicht und ich kann damit sehr gut leben. Aber gerade deshalb möchte ich auch nicht, dass jemand glaubt – oder sich anmaßt? –, es für mich zu wissen.

Hier eine kleine, aber sehr intensive Übung dazu:

Übung: Der Kaiserin neue Kleider

Immer dann, wenn du dich in einem für dich unangenehmen Zustand befindest, schließ die Augen und stell dir vor, dieser Zustand wäre wie ein Hemd, wie ein T-Shirt, wie eine Auraschicht, die du ganz einfach abstreifen kannst. Stell dir bildlich vor, wie du dieses Hemd ausziehst, mach vielleicht sogar die entsprechenden Bewegungen. Willst du tiefer gehen, dann setz dich in deiner Vorstellung in eine Lichtsäule, lass dich vom Licht durchströmen – und dann beginne, nach und nach alle Hüllen, die du dir wie übereinander angezogene Hemden vorstellen kannst, abzustreifen. All die Rollen, die du in deinem Leben erfüllst, sind wie Persönlichkeitsanteile, die du Schicht für Schicht ablegen kannst, um dich selbst auf neue Weise zu spüren. So streife die Schichten ab, die dich beengen, für die du dich anstrengen musst, aber auch die Schichten, mit denen du dich gern identifizierst. Die Schichten, die dich schmerzen, das härene Hemd, das aus Brennnesseln gewebte Gewand, den Schmerzkörper – zieh sie aus, befreie dich daraus. Aber auch das Engelsgewand, die Lichtgestalt, das geistige Wesen, das du bist – zieh auch diese Schichten aus und lass dich noch tiefer gehen. Mach dich auf die Reise zu dir selbst, lass alle Identifikationen los, indem du dich Schicht um Schicht von dir selbst befreist, von allem, womit du dich identifizierst, auch von den Anteilen, mit denen du dich wundervoll fühlst. Geh immer noch ein Stück tiefer, bis in den Lichtkörper hinein, und dann zieh auch diesen aus.

Es kann sehr ekstatisch sein, dich tatsächlich aus allen Rollen, aus allen Energien zu befreien, sogar aus denen, die sich gut anfühlen. Vielleicht wirst du neugierig auf dich selbst, dann fasse Mut und streife auch die Hüllen ab, von denen du glaubtest, dass sie deinen innersten Kern bilden.

Und dann, wenn du in tiefem Frieden, in Ruhe, in der Leere oder im Licht bist, wähle dir neue Schichten. Rufe die Auraschicht der Erfüllung, der Fülle, des Friedens, des Glücks oder was immer du in deinem Leben verwirklichen möchtest, und zieh sie an. Streife dir all das über, was du gern erleben und erfüllen willst. Such dir die Rollen aus, die du auf Erden verkörpern möchtest.

Bitte die Erde, dir einen neuen Erdungsstrahl zu schicken, der deine neuen Energien und Anteile auf ideale Weise hält und nährt. Und dann fühle dich willkommen in deiner neuen Energie und wisse, du kannst dich jederzeit wieder umziehen!

Das Spiegelgesetz

🍎 Wir reden dauernd über das Spiegelgesetz. Was aber besagt es eigentlich? Ganz einfach: Wie es in den Wald hineinruft, so schallt es heraus. Das Spiegelgesetz ist, wenn du es von seiner hilfreichen Seite betrachtest, ein äußerst nützliches Instrument. Du schaust, was in deiner Umgebung passiert, worauf du emotional reagierst, was dich berührt, besonders aber, was dir selbst immer wieder geschieht, welchen Energien du immer wieder begegnest. Du kennst das: Du ziehst immer wieder die gleichen Männer an, erlebst im Beruf oder in Freundschaften immer wieder das Gleiche, hast vielleicht immer wieder kleine oder auch größere Unfälle oder du bemerkst in deiner nahen Umgebung ein wiederkehrendes Verhalten, sodass du schon glaubst, du ziehst es irgendwie magisch an. Vielleicht tust du das. Vielleicht aber wirkt hier auch ganz nüchtern betrachtet ein geistiges Gesetz: Du schwingst in einer bestimmten Energie, das ist messbar. Es ist aber nicht messbar, welche Auswirkungen das hat und welche Energie es eigentlich ist, aber dass du ein energetisches Wesen bist, weiß die Wissenschaft. Du weißt es sowieso, denn du erlebst es oft genug bei anderen – du kannst es »Aura« nennen, »Ausstrahlung«, »Charisma«. (Für die Wissenschaftlerinnen unter euch: Ja, das sind alles unterschiedliche Energien, hier geht es nur darum klarzustellen: Wir sind Wesen, die ein für andere spürbares Energiefeld verkörpern oder zumindest im oder um den Körper herum tragen.)

Gehen wir davon aus, dass du mit deiner Ausstrahlung bestimmte Reaktionen bei anderen Menschen hervorrufst, seien sie dir bewusst oder nicht. Zum Teil ist dir das sicher klar, aber auch die unbewussten Anteile rufen Reaktionen hervor. Daran brauchst du nicht zu glauben, das siehst du täglich im Umgang mit anderen – nämlich an deinen eigenen Reaktionen ihnen gegenüber.

Diese Ausstrahlung, die für andere angenehm, manchmal aber auch unangenehm spürbar ist, ist nur ein kleiner Teil deiner Energie. Das, was andere spüren, wenn sie mit dir zusammen sind – ich meine wahrhaftiges Spüren, nicht Projizieren, sondern neutrales, wertfreies Wahrnehmen, das geschieht oft sehr spontan –, kann ganz anders sein, als deine Handlungen zeigen, es kann auch anders sein als das, was du über dich selbst glaubst oder wahrnimmst.

Wenn du nun davon ausgehst, dass nicht nur deine spürbare Ausstrahlung, sondern noch viel mehr deine Energie in Wechselwirkung mit dem steht, was außerhalb deines Körpers geschieht, dann könnte es doch gut sein, dass alles, was um dich herum geschieht, auch wenn es überhaupt nichts mit dir zu tun zu haben scheint, ein Spiegel deiner eigenen Energie ist, oder? Immerhin bist du damit in Wechselwirkung getreten, es ist in deinem Erlebnisfeld erschienen.

Das können wir noch gut verstehen, wenn es um Dinge geht, die wir selbst verursachen oder auf die wir zumindest Einfluss haben. Du hast einen Einfluss auf den Beruf, den Partner, die Freunde – nämlich deine Wahl. Das Spiegelgesetz aber besagt, dass dir auch die Ereignisse, die sich deinem Einfluss entziehen, etwas sagen wollen, dass sie Anteile von dir spiegeln. Es besagt, dass alles, wirklich alles, was in deinem Wahrnehmungsbereich geschieht, groß oder klein, persönlich oder global, mit dir zu tun hat und einen Anteil deiner eigenen Energie spiegelt.

Dieses Spiegelgesetz ist ein wundervolles Hilfsmittel, wenn du es achtsam und liebevoll anwendest. Es kann aber auch eine Waffe werden, die dein Selbstwertgefühl und dein Selbstvertrauen in viele kleine Stücke zerschlägt. Wende es daher weise an.

Wie kann man ein Gesetz anwenden? Es wirkt doch sowieso, wenn es ein Gesetz ist, oder? Wie kannst du zum Beispiel die Erdanziehung, ein physikalisches Gesetz, achtsam anwenden? Nun, zur Waffe wird dieses Gesetz, wenn du aus dem dritten Stock springst. Achtsam angewendet hält es dich sicher und stabil am Boden.

Das Spiegelgesetz, wenn du seine Existenz akzeptierst, erfordert einen sehr liebevollen und achtsamen Umgang mit dir selbst. Denn wenn du dich tatsächlich in allem, was dir begegnet, spiegelst, dann könntest du dich herrlich für alles Übel verantwortlich fühlen und dich verurteilen. So aber ist es nicht gemeint. Du spiegelst dich, du erkennst dich selbst, insbesondere deine Reaktionen. Dennoch ist es manchmal verblüffend, wie sich die Umgebung verändert, auch das, worauf du auf den ersten Blick keinen Einfluss hast, wenn du dich im Spiegel erkannt hast und dich selbst veränderst. Der Spiegel des Lebens zeigt dir deine Energien – die unerlösten, die dir nicht bewusst sein mögen, aber auch die positiven, kraftvollen Energien, die dir voll zur Verfügung stehen.

Probier mal Folgendes aus: Schau dich ganz ehrlich in deinem Leben und in deiner Umgebung um und schreib dir eine Woche lang auf, was dir besonders auffällt, sei es angenehm und unangenehm. Wirst du oft belogen? Bemerkst du besonders viele vitale ältere Leute? Bemerkst du an der Kasse, dass jemand genau das kauft, was du vergessen hast, sodass du es noch rasch besorgen kannst? Wirst du verurteilt, erntest du Misserfolge, bist du genau zum richtigen Zeitpunkt da, wo du sein willst oder solltest? Schreib dahinter, was das jeweils in dir berührt – und nein, du bekommst hier keine Liste darüber, was das alles bedeutet. Es gibt keine. Es bedeutet gar nichts, solange du nicht gespürt hast, was es in dir berührt. Dann allerdings bedeutet es eine ganze Menge.

Unterscheide, ob du etwas glaubst und annimmst oder ob du es wirklich siehst und erlebst. Der Spiegel braucht einen klaren Blick, sonst stimmt das Bild nicht. Und natürlich sagt auch das, was du zu sehen glaubst, etwas über dich selbst aus …

Die bereits erwähnte Gefahr beim Anwenden des Spiegelgesetzes ist, dass du dich sehr leicht verurteilen und in eine Sackgasse manövrieren könntest. Du fragst dich, womit du das Betreffende angezogen hast, was es dir zeigen will, wo du dich genauso verhältst wie jemand, der dich nervt. Das kann sehr hilfreich sein, denn du lernst, absolut ehrlich mit dir selbst umzugehen und dich wirklich zu hinterfragen, auch dort, wo es wehtut, und sogar dort, wo die Scham lauert. Es ist ein langer Lernprozess, sich immer ehrlicher und schonungsloser im Spiegel zu betrachten und die eigenen Wirkungskräfte zu erkennen. Und es braucht sehr viel Achtsamkeit und Klugheit, differenziertes Hinterfragen. Wenn dir etwas im Außen begegnet, dann reicht die Frage »Wo mache ich das genauso?« nicht aus. Viele sagen: Wenn du betrogen wirst, dann hast du selbst betrogen, wenn dir dies und das geschieht, dann hast du das selbst auch so gemacht – und fertig. Das ist zu oberflächlich und oft genug auch wertend. Auf diese Weise nutzt es nichts, und manchmal ist es so einfach nicht wahr.

Die Wahrheit ist wie meistens viel tiefer und vielschichtiger, und es braucht Zeit, Mitgefühl, Erfahrung und Bewusstsein, um dich selbst im Spiegel zu erkennen. Mir hilft die Frage »Wozu dient das, was fühle ich, womit bringt es mich in Kontakt?«. Außerdem kann an dieser Stelle eine Rückführung sehr hilfreich sein. Du gehst zurück zu dem Punkt, an dem du die Ursache für diese Ereignisse gesetzt hast, du lässt dich in einer Trancereise dorthin führen. Vielleicht hast du in der Tat einmal etwas Ähnliches getan, vielleicht aber wirken auch alte Verabredungen, Glaubenssätze, Entscheidungen oder Verträge. Möglicherweise ruft deine ganze Ahnenreihe nach Erlösung. Verstehst du? Sei nicht zu schnell, bügele kein Urteil über deine Erfahrung, sondern grabe sorgsam wie ein Archäologe ein bisschen tiefer und noch tiefer. Ruh dich aber zwischendurch immer wieder im Sonnenschein des Lebens aus und such dir Hilfe beim Graben, wenn du allein nicht weiterkommst.

Betrachten wir das Ganze doch mal von einer anderen Warte aus. Du bist womöglich auf der Erde, zumindest drängt sich dieser Eindruck auf, um Erfahrungen zu machen. Wozu? Um dich zu entwickeln. Wozu? Um zu wachsen. Wozu? Was wächst da genau? Meine Antwort darauf ist: Du entwickelst Bewusstsein. Du hast dich als Seele auf die Erde begeben, um im wirklich riesigen Spannungsfeld aus lichtvollem und irdischem Bewusstsein ein ganz neues Bewusstsein auszubilden, das nur entstehen kann, indem du dich mit all dem, was dir begegnet, auseinandersetzt. Du brauchst es nicht zu verändern, du brauchst nichts zu retten und du machst alles richtig. Es geht um das, was durch die Beschäftigung mit deinem Leben, mit dem, was dir begegnet, in dir entsteht. Du brauchst es nicht zu erlösen, du brauchst keine Antworten zu finden. Sie finden dich, wenn dein Bewusstsein ausgebildet ist. Dann sind sie einfach da. Es ist die Beschäftigung mit den Fragen, die Bewusstsein fördert, hier ist wirklich der Weg gleichermaßen das Ziel. Deine Beschäftigung mit dir selbst, indem du das Spiegelgesetz anwendest, verändert dich, lässt dich bewusster werden, vielleicht auch achtsamer, liebevoller, aufrichtiger. Du erkennst die energetischen Zusammenhänge, indem du dich damit beschäftigst, du erkennst die Wirkungsweisen und kannst kühn oder vorsichtig, je nachdem, was dir liegt, erforschen, was dein Verhalten und die Änderung deiner eigenen Energie bewirken kann. Rainer Maria Rilke drückt das so aus:

»Man muss den Dingen
die eigene, stille,
ungestörte Entwicklung lassen,
die tief von innen kommt,
und durch nichts gedrängt
oder beschleunigt werden kann;
alles ist austragen – und
dann gebären …

Reifen wie der Baum, der seine Säfte nicht drängt
und getrost in den Stürmen
des Frühlings steht,
ohne Angst,
dass dahinter kein Sommer
kommen könnte.

Er kommt doch!

Aber er kommt nur zu den Geduldigen,
die da sind, als ob die Ewigkeit vor ihnen läge,
so sorglos still und weit …

Man muss Geduld haben
gegen das Ungelöste im Herzen,
und versuchen, die Fragen selber lieb zu haben,
wie verschlossene Stuben,
und wie Bücher, die in einer sehr fremden Sprache
geschrieben sind.

Es handelt sich darum, alles zu leben.
Wenn man die Fragen lebt,
lebt man vielleicht allmählich,
ohne es zu merken,
eines fremden Tages
in die Antwort hinein.«

Was bedeutet das nun für dich? Was begegnet dir im Moment auffallend häufig? Lass deinen ersten Impuls gelten, das kann durchaus auch etwas Erfreuliches und Positives sein. Wir spiegeln uns in allem, auch im Positiven! Nimm dir Zeit, um zu erkennen, was dir das Leben mit dem spiegeln will, was es dir gerade zeigt. Geh davon aus, das das Leben es gut mit dir meint, es ist an Wachstum und Freude interessiert. Es will dich nicht bestrafen, sondern dir zeigen, wie du noch glücklicher und freudiger leben kannst – und das hat einen tiefen Sinn. Das Leben will nichts anderes als sich ausbreiten, sich entfalten. Schau in die Natur, es geht immer wieder um Vielfalt, Wachstum und um höhere, also komplexere Ordnungen. Das Leben will, dass du in eine für dich höhere Ordnung kommst, dass sich also dein Handlungsspielraum ausdehnt und du immer freier und glücklicher wirst, damit immer mehr Lebenskraft durch dich verwirklicht werden kann. Wenn du dich mit wachen Augen umschaust, scheint es, als hätte das Leben nur ein Ziel: sich seiner selbst immer stärker bewusst zu werden. Wenn du davon ausgehst, dass dir das Leben durch das, was es dir spiegelt, einen liebevollen Hinweis geben will, dir eine Seite an dir zeigen möchte, die entweder stärker entwickelt oder liebevoll transformiert werden darf, weil sie noch von Angst statt von Liebe bestimmt wird, dann kannst du dich trauen, sehr tief zu schauen.

Ja, dann kommen womöglich Scham und Trauer, Wut oder Schmerz. Das Spiegelgesetz lehrt dich Wahrhaftigkeit, Aufrichtigkeit, es lehrt dich, wie ein Spiegel das tut, einen unverfälschten Blick auf dich zu werfen, in jeder Hinsicht. Der Spiegel des Lebens spiegelt dir auch deine wundervollen, von Licht erfüllten Seiten. Wann immer dir also etwas Positives, Angenehmes, Erfüllendes begegnet, nimm es bewusst wahr. Auch das sind Anteile von dir. Aus diesem Wissen heraus kannst du die Kraft schöpfen, dich mit den noch nicht ganz so lichtvollen Aspekten zu beschäftigen.

Vielleicht hilft dir die folgende Übung, die wie viele Aspekte meiner Arbeit auf der Transaktionsanalyse nach C.G. Jung und der Transpersonalen Psychologie nach beispielsweise Ken Wilber und Roger Walsh beruht.

Übung: Das Stück deines Lebens

Lies dir diesen Text ein- oder zweimal durch, schließe dann die Augen und lass innere Bilder entstehen. Stell dir vor, deine vielen verschiedenen Persönlichkeitsanteile stünden zusammen auf einer Bühne, um das Stück deines Lebens zu spielen: eine Bühne und viele Charaktere, die verschiedene Rollen, Funktionen und Aufgaben innehaben. All diese Charaktere meistern gemeinsam dein Leben, sie alle zusammen machen den Menschen aus, der du bist. Leider sind nicht all diese Charaktere mutig genug, nach vorn ins Scheinwerferlicht zu treten und frei zu agieren, wenn ihr Einsatz gefragt ist. Einige halten sich lieber im Hintergrund auf und lassen ihren Text von den Lichtgestalten vorn sprechen. Es kann sein, dass diejenigen, die meistens agieren, ein wenig oder auch sehr müde sind, denn sie übernehmen viele der Rollen, für die andere besser ausgebildet und geeignet sind. Kannst du das wahrnehmen? Dann geh zu ihnen hin und entschuldige dich, bitte sie um Vergebung dafür, dass du ihnen die Handlungen deines ganzen Lebens zumutest.

Ein ganz einfaches Beispiel: Statt dich energisch abzugrenzen und die entsprechend ausgebildete Kraft nach vorn treten zu lassen, bleibt diese entmutigt und unentschlossen im Hintergrund deiner Lebensbühne stehen – womöglich schickt sie das innere Kind nach vorn, das nun, weil es nicht anders kann, völlig überfordert, zornig, trotzig oder weinerlich versucht, die Situation zu meistern. Irgendwann wurde die Kraft, deren Rolle eigentlich gefragt ist, womöglich mundtot gemacht. Sie weiß nun nicht mehr, ob sie agieren darf oder nicht – heimlich aber wartet sie auf ihren Einsatz.

Du weißt schon, dass du selbst die Regisseurin bist, oder?

Möchtest du nun erkennen, worauf dich eine Situation aufmerksam machen will, willst du also das Wirken des Spiegelgesetzes ernst nehmen und dich selbst im Spiegel wahrnehmen, dann schau auf die Bühne. Bitte einen Suchscheinwerfer, dir den Mitspieler zu zeigen, der gerade gemeint ist, der heimlich gesehen werden will oder sollte. Wurdest du verletzt, so schau, wen das etwas angeht, und lass ihn nach vorn ins Scheinwerferlicht treten. Vielleicht ist seine Kraft ganz anders, als du dachtest, vielleicht geht es darum, dir endlich deine Verletzlichkeit einzugestehen, dich abgrenzen zu lernen oder auch darum, dass dieser Anteil am liebsten von der Bühne abtreten und nach Hause gehen will. Es ist auch möglich, dass ein Anteil nach vorn tritt, der sehr viel stabiler und unempfindlicher ist, als du das von dir kennst, ein nüchterner, gelassener Teil mit einem relativ dicken Fell. Vielleicht hast du ihn sogar selbst in den Hintergrund deiner Lebensbühne verbannt, weil du befürchtest, nicht mitfühlend genug zu sein, wenn er agiert. Möglicherweise steht aber auch ein viel zu verletzlicher oder sehr kontrollierender Anteil ganz vorn und reißt immer wieder die Handlung an sich, weil er gesehen werden will – eine innere, entschuldige bitte, aber so heißt das nun mal: Rampensau. Es kann sein, dass du dich sehr mit ihr identifiziert hast, kein Wunder, wenn sie immer vorn steht und sichtbar ist. Frag sie, was sie braucht. Vielleicht will sie einfach nach Hause oder hinter die Kulissen. Sag ihr, dass du ihren Schmerz siehst und dass sie dein volles Mitgefühl hat. Erlaube ihr aber nicht, dein Leben in die Hand zu nehmen, du verpasst sonst das Beste. Schick sie nach hinten.

Arbeite dich so durch deine Themen. Was auch immer die Botschaft des Anteiles, um den es geht, ist, höre ihm zu. Dann frag ihn, was er braucht, um von nun an ein fester, stimmig agierender Bestandteil deines inneren Ensembles zu werden. Manchmal ist es nur deine Erlaubnis, die gefehlt hat.

Vielleicht zeigt sich ein übereifriger Anteil, der aus lauter Angst vor dem Leben alles unter Kontrolle haben will. Frag ihn, was er braucht und welches seine wahre Kraft ist, die sich kaum zeigen kann, wenn er immer wieder über das Ziel hinausschießt. Oftmals genügt es, wenn er einfach bei sich bleibt und sich nicht die Themen anderer zu eigen macht. Auch das ist ein wichtiger Aspekt des Spiegelgesetzes: Du erkennst, worauf du reagieren kannst und auch solltest und wo du einfach bei dir bleiben darfst.

Manche Anteile gehören vielleicht gar nicht zu dir und haben auf deiner Bühne nichts verloren. Dann schicke sie zu ihrem jeweiligen Spielort, ihrem eigenen Theater, zu dem Menschen, zu dem sie gehören, zurück. Auf deiner Bühne entfaltet sich dann immer stärker das wundervolle Schauspiel deines ureigenen Lebens.

Wie wirksam das Spiegelgesetz sein kann, erlebst du vielleicht mit Menschen in deiner Umgebung. Sie ziehen immer wieder das Gleiche an, werden immer wieder auf die gleiche Weise behandelt oder wahrgenommen, obwohl sie sich bemühen und alles tun, um eine Veränderung herbeizuführen. Doch du spürst, sie schauen nicht dahin, wo es wirklich wehtun oder unbequem werden könnte, dahin, wo die wahre Ursache liegt. Auf die Dauer kannst du der Energie eines anderen nicht widerstehen, egal, wie sehr du dich auch bemühst, du wirst ihm genau das spiegeln, was er erwartet. (Dennoch ist es sinnvoll zu schauen, was das mit dir zu tun hat, was es in dir berührt.) Andere können tatsächlich einfach dadurch, dass sie erwarten, schlecht von dir behandelt zu werden, deine am wenigsten liebevollen Handlungen hervorrufen – das Gleiche gilt natürlich für dich selbst. Schon aus diesem Grund ist es so wichtig, für eine gute eigene Energie zu sorgen – du nötigst sonst andere, dir Unangenehmes zu spiegeln, und das ist für alle Beteiligten anstrengend und unerfreulich.

Sei achtsam und mitfühlend mit dir selbst. Es ist so leicht, sich selbst zu verurteilen, doch damit lähmst und vergiftest du dich nur. Du gibst dein Bestes, das weiß die geistige Welt, und auch das Leben weiß es, denn es fließt ja durch dich hindurch, füllt dich aus, zeigt sich durch dich. Erlaube dem Leben, sich durch dich in eine höhere Ordnung zu bringen – das ist das Beste, was geschehen kann.

Vom Mangel in den Frieden

🍎 Immer wieder werde ich gefragt, ob ich denn überhaupt noch Zustände von Existenzangst kenne, weil ich doch so viel spirituell arbeite. Hinter der Frage steckt die Hoffnung, beinahe der Anspruch, dass wir, wenn wir uns nur genug mit der geistigen Welt beschäftigen, irgendwann so erleuchtet sind, dass wir keine Angst, keine Schmerzen und keine Sorgen mehr haben. Das mag vielleicht sogar stimmen, aber dann bin ich noch sehr, sehr weit davon entfernt. Ich denke allerdings auch nicht, dass es der Wahrheit entspricht. Die dunkle Göttin ist genauso Wirklichkeit und damit wirksam wie die lichtvollen Aspekte. Kali, welche die Kraft und den Mut zur Zerstörung im Dienst am Leben verkörpert, ist genauso Teil der gelebten Wirklichkeit wie Quan Yin, die für Mitgefühl steht, oder Lakshmi, die Göttin der Fülle. Ich kann dir nichts berichten aus dem Land, in dem Milch und Honig fließen, ich muss wie wir alle zusehen, dass ich mein Haus warm habe, dass ich Katzenfutter kaufen kann und meine Steuern pünktlich bezahle. Und wie wir alle fühle ich mich manchmal tief ohnmächtig, schäme mich, fühle mich nutzlos und würde am liebsten das Haus, das Land und insbesondere meine Beziehungen verlassen. Ich fühle mich so leer, wenn ich in den Mangel falle, weil ich dann einfach nichts mehr zu geben habe. Ich schäme mich, wenn ich ausgebrannt bin, weil ich energetisch in den Mangel gerutscht bin. Dabei ist es ziemlich egal, wie dieser Mangel aussieht. Es fühlt sich für jeden gleich an. Mangel zermürbt, nimmt uns die Hoffnung, die Lebensfreude, den Sinn. Mangel ist ein Energiefeld, es ist nicht die Abwesenheit von etwas, sondern eine Frequenz, ein Feld. Doch wir dürfen lernen, den Mangel zu meistern, weil er oft nur eine schlechte emotionale Angewohnheit ist.

Natürlich ist es schwierig, eine grundlegende Freude zu empfinden, wenn du zu wenig Geld hast, und ich will dir bestimmt nicht einreden: »Komm in Frieden mit dem, was ist, und begnüge dich.« Aber der Mangel selbst, das Gefühl, seiner Schöpferkraft beraubt worden zu sein, der damit verbundene Selbsthass, die Starre, die Scham, die Hoffnungslosigkeit, die Wut, die Aggressionen – das können wir uns unabhängig vom tatsächlichen Kontostand (finanziell und in jeder anderen Hinsicht) anschauen.

Der emotionale Zustand von Mangel, der natürlich ganz leicht durch Schulden, Einsamkeit, Kälte, Dunkelheit und insbesondere auch durch Co-Abhängigkeit ausgelöst werden kann, bringt dich in eine Abwärtsspirale. Du fühlst dich machtlos, fühlst, dass deine Schöpferkraft blockiert ist oder nicht wirksam wird – sonst wärst du ja nicht in diesem Zustand, sondern würdest dir ein anderes Leben erschaffen. Deine Schöpferkraft aber wohnt im unteren Chakra, es ist die Kraft, mit der du das Leben auf der Erde meisterst (mehr dazu im Kapitel »Dein Erdungsstrahl« ab Seite 281). Fühlst du dich ohnmächtig, wird dein Körper zu einem Druckkessel – du wirst aggressiv und explodierst irgendwann.

Mangel ist keine Leere, sondern ein Energiezustand, eine Kraft, etwas, das wir loslassen dürfen, damit etwas Neues, zum Beispiel Frieden, Fülle oder Gelassenheit, einfließen können.

Was bedeutet es genau, im Zustand des Mangels zu sein? Nun, zunächst ist »Mangel« nicht vom tatsächlichen äußeren Zustand abhängig. Du kannst in einer warmen Wohnung sitzen, dein Essen köchelt auf dem Herd, dein Feuer brennt im Kamin, dein Kontostand ist im Plus und stabil – und dennoch fühlst du dich im Mangel. Genauso kannst du in einer Einzimmerwohnung gerade mal so über die Runden kommen und dich dabei genährt und zufrieden fühlen.

Du hast im Augenblick vielleicht noch keine bewusste Wahl, wie du dich fühlst. Der Zustand des Mangels, der immer mit tiefer Existenzangst einhergeht, ist so stabil in deinem Mandelkern im Gehirn gespeichert, dass dir dein Verstand nichts nutzt. Du brauchst, um in den Zustand der Leere und von da aus in den Frieden und in die Fülle zu gelangen, andere Erfahrungen, damit deine Amygdala umprogrammiert wird. Deine Gefühle lernen nur über Erfahrungen. Hängst du also im Zustand des Mangels fest, dann hast du ihn womöglich zuvor bereits auf sehr dramatische und schockartige Weise erlebt – er ist im Mandelkern eingebrannt. Nun braucht es einen großen, tapferen und mutigen spirituellen Kraftakt, um dich selbst zu befreien. Denn gerade weil du dich im Zustand des Mangels jeder Schöpferkraft beraubt fühlst, ist es so schwierig, da wieder herauszukommen.

Zunächst: Wenn du die Erfahrung von Mangel durchlebst, dann bist du dabei, eine sehr schwierige und für das geistige Wesen, das du bist, völlig unnatürliche Energie zu erforschen. Nämlich Enge, Angst, Ohnmacht und das Gefühl, ausgeliefert zu sein. Wenn du im Zustand des Mangels bist, dann erlebst du deine Schöpferkraft nicht mehr, du bist ein Spielball von Kräften, die du nicht kontrollieren kannst und die dir nicht wohlgesonnen zu sein scheinen. Für dein inneres Kind ist das eine Katastrophe. Verneige dich daher zunächst vor dir selbst, davor, dass du diese Erfahrung überhaupt machst. Es ist eine Zumutung, sich im Mangel zu fühlen, für dein menschliches Selbst, für deinen Körper, für das innere Kind. Für das spirituelle Wesen, das du bist, ist es keine Zumutung, weil es sich nicht im Mangel fühlen kann – es ist mit sich selbst und der Energie im Gleichgewicht. Aber du spürst dieses Wesen nicht mehr, wenn dich der Mangel erwischt hat.

Mangel zu erleben kann man durchaus mit einer traumatischen Belastungsreaktion vergleichen, denn es ist ein Trauma, wenn das, was du zum Leben brauchst, nicht in genügender Menge verfügbar ist. Was du zum Leben brauchst, das ist individuell sehr unterschiedlich und steht hier nicht zur Debatte. So ist dein Mangel vielleicht anders als der eines anderen, doch das Gefühl ist das gleiche.

Und ja, liebste Seele, auf einer bestimmten Ebene wählst du das, sicher. Die interessiert uns im Moment aber nicht. Denn sie nutzt uns nichts. Du kannst nicht einfach »Ich wähle von nun an Fülle« sagen und schon ist alles gut. Wenn es so einfach wäre, dann wärst du längst fest und stabil und für immer in der Fülle. Du kannst dich, wenn du magst, nun auch noch wunderbar als Versagerin fühlen, denn wärst du spirituell gesehen nur gut genug, dann wärst du nicht im Mangel. Nutzt dir das etwas? Es vergrößert nur die Scham und den Mangel. Lassen wir also auch diesen Gedanken.

Heißt das, du kannst nichts tun?

Doch, natürlich kannst du.

Zunächst aber darfst du etwas lassen – nämlich deine Abwehrreaktion.

Frage dich also: Auf welche Weise sorgst du dafür, den Mangel nicht spüren zu müssen? Ich esse zum Beispiel zu viel, wenn ich mich im Mangel fühle, ich betäube mich mit einem vollen Bauch. (Nein, ich sorge damit nicht auf einer anderen Ebene für Fülle, wie man netterweise annehmen könnte. Seien wir ehrlich: Ich vergrößere nur den Mangel damit, indem ich mich gewissermaßen tot stelle und nichts mehr fühle.) Es gibt viele Möglichkeiten, die Angst zu kontrollieren! Verfällst du in Lethargie und ins Jammern? Rettest du dich in Aktionismus und aktivierst panisch all deine Quellen? (Auch das wende ich sehr gern an, um mich selbst mit der Angst nicht zu spüren, ich werde ein bisschen kontrollsüchtig …) Wirst du wütend, rebellierst du? Machst du andere für deinen Zustand verantwortlich, ertappst du dich bei den absurdesten Schuldzuweisungen?

Es gibt einen entscheidenden Unterschied zwischen nährender und liebevoller Aktion und dem Versuch, dich selbst zu kontrollieren: Achte auf deine Atmung. Kannst du freier und entspannter atmen, während du beginnst zu handeln, oder atmest du nur noch flach an dir selbst und deinen Gefühlen vorbei? Dann lass die Aktion sein und fühle, was du fühlst. Erlaube dir, dich selbst wahrzunehmen, auch wenn es sich nicht gut anfühlt. Bleib dir nah. Sonst rutschst du nur weiter in die Ohnmacht hinein.

Um vom Mangel in die Leere zu wechseln – die du dann mit jener Energie füllen kannst, die du verwirklichen willst –, braucht es einen bewussten Perspektivenwechsel, der deshalb so schwierig ist, weil du die Kraft, die du dazu benötigst, im Zustand des Mangels nur ganz schwer aufbringen kannst. Deshalb möchte ich dir eine Meditation anbieten: innere Bilder, die dich zunächst vom Mangel befreien. Du erinnerst dich an die Verschränkung? Du bist natürlich ganz besonders mit allen Anteilen in dir selbst verschränkt, und deshalb wirkt alles, was du auf welcher Ebene auch immer für dich tust, auch auf die anderen Ebenen ein.

Den Mangel loslassen

Sicherlich hast du es dir schon bequem gemacht. Schließ deine Augen, es gibt nichts mehr für dich zu tun, du darfst ganz und gar so sein, wie du bist. Heiße dich selbst mit allem, was zu dir gehört, willkommen, egal ob du dir gerade gefällst oder nicht.

Nun entsteht vor deinem inneren Auge ein violett funkelnder Stern. Er findet seinen Weg in deinen Körper – entweder atmest du ihn ein oder er nutzt eines deiner Chakras. Wenn er in deinem Körper angekommen ist, verstärkt er sein violettes Leuchten und sendet dieses transformierende Licht in alle Organe, in all deine Muskeln, in all deine Zellen.

Dieses Licht ist ein Geschenk der geistigen Welt an dich, die violette Strahlkraft des Sternes ist gekommen, um dich jetzt zu entspannen, zu reinigen und mit Licht zu erfüllen, gerade weil du es selbst im Moment nicht kannst.

Das Licht ist nun in allen Zellen angekommen und du bist ganz und gar erfüllt von dieser violetten Leuchtkraft. Auf einmal verändert das Licht seine Frequenz, dein Bewusstsein öffnet sich und du wechselst auf die feinstoffliche Ebene. Du nimmst den Raum zwischen deinen Atomen und Molekülen wahr, den Raum, in dem dein Körper nicht stofflich ist, sondern in dem Leere herrscht. Mehr und mehr nimmst du diesen Raum wahr, und es wird dir bewusst: Dieser Raum gehört zu deinem so fest und stabil wirkenden Körper, dieser Raum ist keine Vorstellung, sondern physikalische Wirklichkeit. Der weitaus grösste Anteil deines Körpers besteht aus Leere. Mehr und mehr entspannst du dich in diesen leeren Raum hinein.

Doch nun bemerkst du, dieser leere Raum zwischen den Molekülen ist nicht wirklich leer. Eine bestimmte Kraft, eine Energie hat sich hier eingenistet, eine Energie, die Einfluss hat auf die Schwingungen, die Bewegungsfreiheit deiner Atome und Moleküle: Es ist die Energie des Mangels. Beinahe kommt es dir so vor, als gäbe es eine klebrige Masse, dunklen Rauch, Spinnweben oder eine andere Art von Verdichtung zwischen deinen Molekülen. Sie können sich nicht in der Geschwindigkeit und Freiheit drehen, wie es für dein gesundes Gleichgewicht nötig wäre. Sie können sich nur schwer bewegen, kaum miteinander tanzen. Deine Moleküle, die Atome, die Elektronen, sie fühlen sich an, als wären sie gebremst, als wären sie in eine zähe Masse eingebettet oder als würde eine wie auch immer geartete Enge ihren natürlichen Spin, ihre Drehbewegungen und damit ihre magnetischen Eigenschaften, stören. Du erkennst, dass du nicht mehr in einer gesunden, dir angemessenen Resonanz mit dem Leben, mit Fülle, mit Frieden und mit Glück bist, weil diese Energie es verhindert. Sie macht dich eng, träge, sie senkt deine Schwingung, deine natürliche Eigenfrequenz, und sie verhindert damit auch, dass du in dein natürliches Gleichgewicht zurückkehren kannst.

Doch der violette Stern verstärkt nun sein Licht, erhöht und verändert damit seine Frequenz, wechselt vielleicht die Farbe, beginnt, auf der feinstofflichen Ebene zu wirken und zieht all den Rauch, die zähe Masse, die Enge, die Dunkelheit zwischen deinen Molekülen und Atomen aus dir heraus. Deine Atome und Moleküle atmen symbolisch auf, beginnen, sich freier zu bewegen, rotieren schneller oder auch langsamer, kommen in ihr natürliches Gleichgewicht zurück. Der Raum in dir wird lichter, weiter. Auf eine sehr angenehme Weise beginnst du Leere zu spüren. Du erkennst, dass dich der Mangel so sehr im Griff hatte, dass du innerlich eng warst, wie gefangen durch die Energie des Mangels.

Freier und freier fühlst du dich, du atmest tief auf und etwas in dir beginnt wieder, Mut zu fassen. Der Raum in dir wird immer heller und lichter. Und nun beginne, ganz bewusst Frieden und Glück in diesen Raum zu atmen, Leben und Freiheit. Fülle den leeren Raum zwischen deinen Molekülen mit Licht, mit Freude, mit Frieden.

Lass diese Energie in all die Zwischenräume fließen, flute dich selbst damit und sieh, wie deine Atome und Moleküle den Tanz des Lebens wieder aufnehmen.

Noch während du das tust, erkennst du nach und nach, auf welche Weise du dem Mangel zur Verfügung stehst. Immer wenn du gegen dein inneres Wissen handelst, wenn du nicht auf deine innere Wahrheit hörst, verlierst du Energie. Besonders wenn du koabhängig bist und mit deiner eigenen Energie, sei es Geld, Liebe, Fürsorge oder was auch immer für andere in die Bresche springst, obwohl sie für sich selbst sorgen sollten, gibst du dir die Information des Mangels.

Nun wandert der Stern in deinen Kopf, mitten hinein in dein Gehirn, in deinen Mandelkern. Auch hier ist es vielleicht dunkel und eng. Lass das violette Licht zunächst in die Zellen fließen, dann wechsle die Dimension, nimm den Raum zwischen den Zellen wahr. Der Mandelkern ist dafür zuständig, jedes Ereignis emotional zu überprüfen, damit du entsprechend reagieren kannst. Er ist dein Türsteher, er überprüft jede ankommende

Information auf deren Bedeutung für dich, sendet dann entsprechende Informationen in andere Teile deines Gehirnes; diese beginnen, Hormone zu produzieren, die dich entweder entspannen oder in Alarmbereitschaft versetzen. Das ist sehr, sehr sinnvoll. Aber dein Türsteher braucht vielleicht eine Umschulung, ein Update. Der violett funkelnde Stern sendet seine Energie, sein Licht und seine Informationen daher nun zwischen die Moleküle des Mandelkerns und zieht wie ein Magnet alles heraus, was sich dort angesammelt hat. Statt Leere findest du hier vielleicht besonders viel Rauch, Enge oder schrottartige Teile – wie der Elektroschrott der Satelliten, die im Weltall umherfliegen.

Im Mandelkern ist dein Mentalkörper verankert, von hier aus formen sich deine Gedanken. Du verstehst auf einmal, dass dir Positives Denken nicht gelingen kann, wenn der Mandelkern sofort massive Geschütze auffährt, sobald eine Situation schwierig zu werden droht. Er beschützt dich und tut dabei sein Bestes, so bedanke dich bei ihm und lass nun sorgsam und liebevoll all die zähe, schwere Energie aus ihm entweichen. Vielleicht möchtest du den Stern sogar bitten, statt des Mandelkernes wirksam zu werden. Falls sich das gut anfühlt, bedenke, dass der Mandelkern aus zwei Teilen, links und rechts, besteht. Bitte also den Stern, sich zu duplizieren und anstelle der beiden Mandelkernbereiche zu wirken.

Dein Mandelkern verändert sich, wird strahlend rein und licht, vielleicht verändert er die Farbe. Der Raum zwischen den Molekülen wird immer lichter, klarer und freier, es entsteht Platz für dein wahres spirituelles Sein, was immer das für dich bedeutet.

Lass das Licht so lange wirken, wie es braucht, um dich voll und ganz zu erleuchten. Immer leichter und lichter fühlst du dich, und deine Gedanken beginnen, sich zu verändern. Mut und Zuversicht, Hoffnung und Freude durchströmen dich. Auf einmal erkennst du, wie sich die energetische Sackgasse, in der du dich befunden hast, öffnet. Der Raum zwischen deinen Molekülen ist wieder frei für völlig neue Impulse, für schöpferische Ideen und für Wunder. Selbst wenn sich außen noch nichts verändert hat, so nimmst du dich selbst ganz anders wahr. Damit hast du deine eigene Energie verändert und bist wieder offen für das Leben, die Fülle und das Glück.

Diese Reinigung kannst du immer mal wieder durchführen, beispielsweise auch mit dem Energiefeld der Scham oder jedem anderen Gefühl, das dich belastet.

Und noch eine andere Reinigungsübung möchte ich dir mitgeben. Denn wenn du nur genügend schwierige und entmutigende, verletzende und beschämende Erfahrungen gemacht hast – und wer hat das nicht –, dann ist es schwierig, sich immer wieder zu neuer Hoffnung zu motivieren. Das Leben selbst, das so sprudelnd, strahlend und unbeeindruckt von allen Erfahrungen immer wieder für neues Wachstum sorgt, ist dir vielleicht ein wenig abhanden gekommen. Nehmen wir an, du hättest ein Zentrum für Lebensfreude, unterstellen wir außerdem, dieses Zentrum würde ganz natürlich vom Leben selbst immer wieder gespeist werden. Irgendetwas hat aber dieses Zentrum deiner Lebensfreude gestört, verletzt, verschmutzt. Lass es uns in einem inneren Bild reinigen, damit du erkennst, wie immens und kraftvoll deine Lebensfreude in Wahrheit strömen kann, wenn sie nur darf.

Der Springbrunnen der Lebensfreude

Lass vor deinem inneren Auge ein Tor entstehen, lass dich von der Schönheit dieses Tores überraschen. Während du hindurchgehst, spürst du ganz deutlich, wie sehr dir deine Lebensfreude abhanden gekommen ist, wie sehr du dich oft aus dem Leben heraus wünschst, wie groß deine Sehnsucht nach der Heimat deiner Seele ist. Gleichzeitig bemerkst du aber auch, wie sehr du dir wünschst, voller Freude und Lebendigkeit auf der Erde zu sein, auch wenn du nicht mehr weißt, wie dir das gelingen soll.

Du gehst also durch dieses Tor und betrittst eine Landschaft, in der du dich ganz natürlich und geborgen fühlst. Du gehst ein wenig spazieren, schöpfst Kraft und frische Energie aus der Natur. Auf einmal bemerkst du ein weiteres Tor, es entsteht gerade jetzt in der Landschaft, als hätte es nur darauf gewartet, dir einen Weg zu weisen. Du durchschreitest auch dieses Tor und gehst weiter – ein weiteres Tor erscheint vor deinem Auge. Du durchschreitest auch dieses, gehst weiter – immer neue, immer andere Tore entstehen. Dein inneres Kind durchquert sie voller Freude und Aufregung, ist die Landschaft hinter jedem Tor doch wieder anders. Mal ist es ein lichtvoller Raum, mal ein Sandstrand, mal ein Urwald oder eine zauberhafte Blumenwiese. Du lässt mit jedem dieser sehr unterschiedlichen Tore ein wenig mehr von der Schwere hinter dir zurück, an jedem der Tore streifst du eine Last ab, die du für andere getragen hast oder die nicht mehr zu dir gehört.

Auf einmal gelangst du in einen strahlend schönen Garten. Mitten in diesem Garten steht ein Springbrunnen, der aus Kristallen, Edelsteinen, aus Gold, Silber und Marmor gefertigt ist – es kann aber auch einfach eine natürliche, steinerne und mit Moos bewachsene Quelle sein, je nachdem, was dir jetzt in die-

ser Sekunde besser gefällt. Ein Wesen tritt auf dich zu, ein Engel vielleicht, eine Göttin, ein Wasserwesen, vielleicht auch eine Lichtkugel.

»Dies ist der Brunnen deiner Lebensfreude«, sagt es, »und er braucht dich. Wie gut, dass du gekommen bist.«

Du schaust genauer hin. So wunderschön dieser Brunnen, diese Quelle auch sein mag – dieser Ort braucht dringend Pflege. Das Wasser sprudelt nur noch spärlich, der Springbrunnen ist verstopft oder verschmutzt, die Quelle ist versandet. Schau noch genauer hin. Auf einmal erkennst du, dass sich andere am Wasser deiner Lebensfreude gütlich tun, dass andere ihren Müll in den Springbrunnen werfen, ihn mit Sand, Unrat oder schweren Steinen immer wieder belasten. Vielleicht steht jemand neben dem Springbrunnen und redet dir ein, dass er nicht richtig sei, nicht schön genug, dass das Wasser anders fließen sollte. Vielleicht erkennst du auch, dass ein Teil vor dir die anderen allzu bereitwillig dazu einlädt, sich des Wassers deiner Lebensfreude zu bedienen. Das Wasser selbst, das erkennst du beruhigt, ist klar und rein, es sprudelt aus einer unerschöpflichen Quelle tief aus der Erde oder aus dem Kosmos. Geh nun und reinige den Springbrunnen. Erkläre den Menschen, die sich an deinem Wasser laben, dass sie einen eigenen inneren Springbrunnen haben, um den sie sich jetzt kümmern dürfen, und bitte das Wesen, das den Brunnen hütet, um Hilfe. Lass geschehen, was geschehen will, damit das Wasser deiner Lebensfreude wieder kraftvoll und reich sprudelt. Das kann ein bisschen dauern, erlaube, dass geschieht, was geschehen muss und darf, damit das Wasser rein, klar und übersprudelnd in aller Fülle neu zu deiner Verfügung steht.

Irgendwann reicht dir das Wesen einen Becher, du füllst ihn mit dem Wasser und trinkst daraus. Du legst deine Kleider ab, tauchst ein in den nun üppig sprudelnden Springbrunnen und erinnerst dich mit all deinen Sinnen an die pure, reine Lebensfreude. Dein Körper beginnt zu kribbeln, deine Gefühle befreien sich von all der Angst und den Sorgen der letzten Jahre. Etwas in dir beginnt zu jauchzen und sich ganz neu in das Leben auf der Erde und in dich selbst zu verlieben.

Es kann sein, dass es einen Teil in dir gibt, der genug hat vom Leben als Mensch, der neben dem Springbrunnen stehen bleibt und nach Hause zurückkehren will. Erlaube es ihm. Der Hüter deiner Lebensfreude führt diesen Teil in einer Kugel aus Licht nach Hause. Vielleicht möchte der Teil auch mit der Natur, mit den Pflanzen oder einem großen Felsblock verschmelzen – lass ihn dahin gehen, wo er sich jetzt richtig, gut und erlöst fühlt.

Vielleicht möchten neue Aspekte, Seelenanteile oder auch aus der Erde geborene Aspekte in dich einfließen – lass dich vom Wasser deiner Lebensfreude neu ausrichten.

Mehr und mehr kehrt deine natürliche Freude zurück, der Teil, der begeistert ist vom Leben auf der Erde, der Teil, der voller Liebe und Staunen hier sein will und das Wunder des irdischen, in Form gebrachten Lebens neu für sich entdecken möchte.

Ruh dich aus. Genieße das Wasser des Lebens – und frage dich selbst, was dir wirklich Freude bereitet, was dich zutiefst nährt und den Springbrunnen zum fröhlichen Übersprudeln bringt. Und dann geh los und tu es. Immer wieder, jeden Tag.

Deine spirituelle Intelligenz

 In dieser Zeit der Energieerhöhung wird es immer wichtiger, dass du deinen eigenen Wahrnehmungen vertraust und deine eigene spirituelle Sicht der Dinge entwickelst. Das, was gestern noch stimmte, ist heute möglicherweise nicht mehr hilfreich, zu eng, zu einseitig, weil immer neue geistige Energien auf Erden verwirklicht werden sollen – natürlich, wir haben sie ja gerufen durch all unsere Lichtarbeit.

Du bist ein schöpferisches, geistiges Wesen, und du hast innere unbestechliche Anzeiger, mit denen du spirituelle Gesetze erkennen kannst. Du kennst sie: Du hörst etwas und ein Teil in dir denkt »Nein, das stimmt so nicht«, oder du hältst auf einmal den Atem an, wirst eng oder dein Energiepegel sinkt. Etwas in dir will widersprechen, weiß es besser. Bislang hast du dann vielleicht an dir gezweifelt, dachtest, du wärst noch nicht so weit, hättest einen inneren Widerstand oder wolltest irgendwo nicht hinschauen. Ja, kann sein. Vielleicht aber, und das ist wahrscheinlicher, hast du recht mit dem, was du spürst.

Spirituelle Intelligenz kommt zum Tragen, wenn du das, was du weißt, anwendest, ganz frei immer wieder nur schaust, ob sich das, was du spürst, stimmig anfühlt – für den Körper, indem du frei aufatmen kannst, für den Verstand, indem er ruhig und klar bleibt, für dein Gefühl, indem du einen Energieschub spürst. Es meint, die Werkzeuge, die du kennenlernst, so zu nutzen, wie es dir stimmig und sinnvoll erscheint, und es meint vor allem, nicht ehrfürchtig dazustehen und den sogenannten Gurus zuzuschauen, sondern selbst zu fühlen, zu denken und wahrzunehmen. Was wir alle, die wir spirituell arbeiten, können, kannst du auch – auf deine Weise. Vielleicht gibt es einen Lehrer, dem du tief vertraust und dem du dich anvertraut hast. Folge ihm. Aber spüre dennoch zunächst und immer wieder, ob das, was er sagt, in dir eine positive Resonanz erzeugt. Du hast das Recht und ab einem bestimmten Reifegrad auch die Verantwortung, das, was du in der Tiefe deines Herzens als wahr empfindest, in die Tat umzusetzen. Deshalb bist du ja hier. Sonst bleibst du auf spiritueller Ebene ein Kind, das der Mutter oder dem Vater folgt. Du glaubst, du machst dadurch keine Fehler, was immer ein Fehler auch sein könnte. Möglicherweise. Es kann aber auch sein, dass es gerade ein Fehler ist, kein eigenes spirituelles Verantwortungsbewusstsein zu entwickeln, du bleibst dann auf eine gewisse Weise in Abhängigkeit und unreif.

Es sieht so aus, als würden einige Kirchen genau das beabsichtigen, aber das ist deren Thema, nicht deines. Du hast genauso einen Zugang zur höchsten göttlichen Kraft wie alle, die sich dazu berufen fühlen. Ich gehe sogar so weit zu sagen, dass jemand, der wahrhaft berufen ist, dich ermutigen wird, deinen eigenen göttlichen Zugang zu pflegen, auch wenn der anders ist als der des Lehrers. Er wird dich in deiner Freiheit unterstützen. Ich erlaube mir, alles andere nicht ernst zu nehmen, weil es den geistigen Gesetzen, wie ich sie wahrnehme, widerspricht. Mein Vater sagte in meiner Kindheit immer: »Selbst denken macht schlau.« Und so ist es auch hier. Selbst wahrzunehmen macht dich spirituell klug.

Ich bin eine Vertreterin der Integralen Theorie. All das Bestellen, das Erschaffen, der Glaube, wenn du dich nur genug ausrichtest, dann passiert das, was du willst und wenn nicht, dann »soll es so sein« – das reicht mir nicht. Das ist mir nicht genug. Das ist zu menschlich, zu sehr auf uns bezogen, es hat mit meinen Wünschen, mit mir, aber nichts mit dem Universum zu tun. Ist es nicht ziemlich arrogant und vor allem ziemlich unklug zu glauben, all die großen Denker, seien es Mathematiker, Physiker, Psychologen, all die Mystiker hätten nicht jeder für sich den Stein des Weisen gefunden? Haben all die, die anders denken, nicht recht? Die Integrale Theorie besagt nichts anderes, als diese Geschichte beschreibt, die es in verschiedenen Versionen gibt: Es waren einmal fünf weise Gelehrte. Sie alle waren blind. Diese Gelehrten wurden von ihrem König auf eine Reise geschickt und sollten ihm ein ganz besonderes Tier beschreiben, das ihnen dort vorgeführt werden würde. Und so machten sich die Blinden auf die Reise nach Indien. Dort wurden sie von Helfern in einem Raum geführt, in dem bereits ein riesiges lebendiges Wesen auf sie wartete – ein Elefant. Die fünf Gelehrten standen nun um das Tier herum und versuchten, sich durch Ertasten ein Bild zu machen.

Als sie zurück zu ihrem König kamen, berichteten sie ihm ihre Erkenntnisse. Der erste Weise hatte am Kopf des Tieres gestanden und den Rüssel des Elefanten betastet. Er sprach: »Ein Elefant ist wie ein langer Arm.«

Der zweite Gelehrte hatte das Ohr des Elefanten ertastet und sprach: »Nein, ein Elefant ist vielmehr wie ein großer Fächer.«

Der dritte Gelehrte sprach: »Aber nein, ein Elefant ist wie eine dicke Säule.« Er hatte ein Bein des Elefanten berührt.

Der vierte Weise sagte: »Ich bestehe darauf, ein Elefant ist wie eine kleine Strippe mit ein paar Haaren am Ende«, denn er hatte nur den Schwanz des Elefanten ertastet.

Und der fünfte Weise berichtete seinem König: »Ich sage, ein Elefant ist wie eine riesige Masse, mit Rundungen und ein paar Borsten darauf.« Dieser Gelehrte hatte den Rumpf des Tieres berührt.

Nach diesen widersprüchlichen Äußerungen fürchteten die Gelehrten den Zorn des Königs, konnten sie sich doch nicht darauf einigen, was ein Elefant wirklich ist. Doch der König lächelte weise: »Ich danke euch, denn ich weiß nun, was ein Elefant ist: Ein Elefant ist ein Tier mit einem Rüssel, der wie ein langer Arm ist, mit Ohren, die wie Fächer sind, mit Beinen, die wie starke Säulen sind, mit einem Schwanz, der einer kleinen Strippe mit ein paar Haaren daran gleicht, und mit einem Rumpf, der wie eine große Masse mit Rundungen und ein paar Borsten ist.«

Die Gelehrten senkten beschämt ihren Kopf, nachdem sie erkannten, dass jeder von ihnen nur einen Teil des Elefanten ertastet hatte und sie sich zu schnell damit zufriedengegeben hatten.

Tun wir es ihnen nach. Senken wir beschämt den Kopf, heben ihn dann aber rasch wieder und machen es besser: Lassen wir gelten, was andere herausfinden, und erkennen wir, dass wir alle einen Schatz heben, jeder den Teil, für den er sich auf die Schatzsuche gemacht hat. Es ist aber nur ein einziger, winziger Teil. Das, was du erkennst, was du als richtig und wahr erfährst, ist dein Teil des Schatzes. Ohne dich und diesen von dir erkannten Anteil würde das Bild nicht komplett werden – aber es ist eben nur ein Teil des Bildes. Verstehst du, deine Erkenntnisse und das, was du – nach bestem Wissen und Gewissen, nach eingehender Prüfung, Verifizierung und nach immer wieder neuer Überprüfung – für wahr hältst, ist wesentlich. Aber das, was andere für wahr erkennen, gehört genauso zum Gesamtbild.

Es gibt ein Allheilmittel. Es ist die Gesamtheit all der Heilmittel, die wir alle gefunden, erkannt und zusammengetragen haben, in der Zukunft, in der Gegenwart und in der Vergangenheit. Wir entwickeln uns zurück, wenn wir nur unsere eigene Wahrheit gelten lassen. Das Universum ist mehrdimensional, und so ist auch die Wahrheit über das Universum mehrdimensional – deshalb sind wir ja so viele. Wir tragen Informationen zusammen, und alles zusammen ergibt das Gesamtbild. Dennoch oder gerade deshalb ist es so wichtig, dass du selbst erkennst, welches deine Wahrheit ist, denn sie ist zwar vielschichtig, aber nicht beliebig.

Wie aber nimmt man wahr? Du bist ein Teil des gesamten Kosmos und hast deshalb ein inneres Gespür für geistige Gesetze, so wie es dir auch vertraut ist, dass ein Apfel zu Boden fällt, wenn du ihn loslässt. Und wenn du nicht sicher bist, dann überprüfst du deine Wahrnehmungen, indem du andere fragst, du bleibst aber in der Selbstverantwortung. Am Ende ist für dich das richtig, was du nach reiflicher Prüfung als wahr und stimmig erkannt hast. Meistens ist es übrigens der erste, unverfälschte Impuls, der stimmig ist, noch bevor die Gedankenkontrolle eingesetzt hat. Auch daran erkennst du, wie klug unser Verstand in Wahrheit ist: Der erste Gedanke, der dir durch den Kopf schießt, ist meistens richtig, außer, du bist es gewohnt, in sehr engen und reglementierten Strukturen zu denken. Auch spirituelle Lehren fördern zum Teil diese engen Strukturen, werten, unterscheiden richtig und falsch, anstatt immer wieder neu zu schauen und dem jeweiligen Gesamtbild Raum zu geben. Die Wahrheit ist immer eindeutig, aber sie ist sehr oft vielschichtig – all diese Schichten und Aspekte zusammen ergeben die Wahrheit. Und diese Wahrheit in ihrer Vielschichtigkeit darf deine Handlungsgrundlage sein, nicht das, was dir spirituelle Lehrer als geistige Regeln mitgeben.

Lass uns das an einem ganz konkreten Beispiel anschauen: Thema Fehler. In vielen spirituell geschulten Menschen schreit es gleich: »Es gibt keine Fehler, nur Erfahrungen!« Ist das so? Ist es kein Fehler, wenn ich gegen mein inneres besseres Wissen handle? Ich nenne es Fehler, und ich nehme mir das Recht heraus, es für mich in meinem Leben so zu benennen. Ich kann für mich sehr wohl in Anspruch nehmen, dass ich schon eine Menge Fehler gemacht habe. Natürlich hat das Leben immer wieder dafür gesorgt, dass alles einen Sinn hatte, aber das letztlich Gute ist womöglich nicht »deshalb« passiert. Es ist vielleicht einfach die unendliche Weisheit des Lebens, das mir immer wieder neue Wege gezeigt hat – zum Glück.

Es ist geradezu eine Beleidigung für mich als selbstverantwortliches Wesen, wenn ich mir nicht erlaube zuzugeben, dass ich Fehler mache. Denn nur dann kann ich sie auch wiedergutmachen, und das lehrt mich Demut. Sonst bleibe ich in dieser komischen »Das hat der andere ja auch so gewählt«-Halbherzigkeit, die ich als spirituell selbstverantwortliches Wesen nicht akzeptieren kann und die echten Frieden und echte Vergebung verhindert. Denn was immer er gewählt hat, ich habe meinen Teil beigetragen und dafür bin ich zuständig. Ich kann nur sagen: Rechtfertige dich nicht mehr. Schau, was stimmt, und übernimm die Verantwortung oder lass sie los, falls du sie dir aufgebürdet hast – je nachdem, was die Situation tatsächlich erfordert.

Du kannst dir selbst und auch einem anderen nicht vergeben, wenn du oder der andere nicht bereit ist, wirklich die Verantwortung zu tragen – weil die Reue fehlt. Vergeben kannst du nur, wenn der, dem du vergeben willst – und das betrifft auch dich selbst –, Reue zeigt, sonst prallt die Vergebungsenergie immer wieder zurück. Dann ist es sinnvoller, bereit zu werden, »in Frieden zu kommen«, statt zu vergeben.

Wikipedia beschreibt (im Sommer 2011) Reue sehr treffend als »das Gefühl der Unzufriedenheit, der Abscheu, des Schmerzes und Bedauerns über das eigene fehlerhafte Tun und Lassen, verbunden mit dem Bewusstsein (oder der Empfindung) von dessen Unwert und Unrecht sowie mit dem Willensvorsatz zur eventuellen Genugtuung und Besserung«.

Reue aber – nicht diese krank machenden Schuldgefühle, sondern echte Reue – kannst du nur empfinden, wenn du spürst, dass du tatsächlich gegen dein inneres besseres Wissen gehandelt hast, eben nicht »nach bestem Wissen und Gewissen«. Um wieder frei zu werden und diese Gefühle von Abscheu und Unzufriedenheit hinter dir zu lassen, sind deine Reue und deine Selbstvergebung erforderlich, sonst lernst du nichts daraus.

Übernehmen wir also die volle Verantwortung für die Sicht der Dinge, die wir selbst für stimmig halten. Aber, und das ist die Kunst, nur für uns selbst. Das, was für andere passt, muss noch lange nicht für dich passen, aber auch das, was für dich stimmig ist, muss einem anderen nicht dienen. Du weißt nicht, welche geistigen Gesetze der andere gerade erforscht und welche Wahrheiten er für sich in Anspruch nimmt. Dennoch hast du das Recht zu fühlen, ob die Sicht des anderen für dich stimmig ist oder nicht, denn du musst ja eventuell darauf reagieren. Lass ihm seine Sicht der Dinge, aber agiere aus deiner eigenen Wahrheit heraus. Du weißt nicht, was für ihn Sinn ergibt, du kennst weder sein Karma noch seinen Inkarnationsplan oder seine geistige Herkunft. Es ist aber wahrscheinlich, dass deine Impulse, eben weil ihr in Interaktion seid, bereichernd und bewegend auf den anderen wirken – wenn du nicht darüber dozierst, sondern berührbar und wahrhaftig handelst. Es ist genauso wahrscheinlich, dass dich seine Sicht der Dinge bewegt und berührt, sei es angenehm oder unangenehm. Schau in dir selbst nach, was berührt wird und ob es Heilung braucht, aber beziehe nicht alles auf dich. Schau nach und bleib gleichzeitig offen dafür, dass es auch nichts mit dir zu tun haben darf. Manches ist wirklich nur die Sache des anderen; wenn du etwas daraus lernen willst, dann ist es genau das für dich zu erkennen und bei dir zu bleiben.

Wir sind Menschen und gleichzeitig dermaßen vielschichtige geistige Wesen mit einem so tief verwurzelten und oft unbewussten inneren Auftrag, den wir aus tiefster Liebe zum Kosmos auf uns genommen haben, dass wir voller Hochachtung und sehr achtsam mit dem umgehen sollten, was andere gerade erforschen. Wir erleben durch unsere Arbeit immer wieder, dass das, was von außen völlig sinnlos aussieht und uns zum empörten Aufschreien bringen könnte, für denjenigen, der es durchlebt, durchaus einen Sinn ergibt. Genau hier ist es angemessen, nicht zu bewerten, schon gar nicht zu verurteilen, sondern zu verstehen oder zumindest anzuerkennen.

Nein, das ist natürlich keine Rechtfertigung für uns, unachtsam oder gar grausam zu sein, denn die Folgen dafür trägst du. Iss zum Beispiel keine Tiere, die unglücklich lebten und grausam sterben mussten, das ist aus spiritueller Sicht äußerst weise. (Hey, das ist mein Buch, ich darf doch hier sagen, was mir am Herzen liegt, und natürlich bist du frei, zu tun, was du willst!) Aus logischer Sicht übrigens auch, denn all die Stresshormone lädst du dir sonst in deinen Körper. Für dein inneres Kind ist das Wissen um das Leid eine Katastrophe und deine innere Mutter würde das niemals erlauben. Genauso wie sie es nicht erlaubt, dass andere ausgebeutet werden oder dass wir aus Habgier und Machtversessenheit handeln. Segne die Tiere und Pflanzen, die du isst, danke ihnen für ihr Opfer und schicke ihre Seele ins Licht.

Jeder Satz, der in diesem Zusammenhang mit »Ich sollte …« beginnt, stimmt vielleicht nicht für diesen Moment und diese Situation. Überprüfe alles, was du liest und hörst und vor allem, was andere dir sagen. Ja, es kann sein, dass du »nicht hinschaust«. Schalte aber dennoch deinen Verstand ein, den Teil des Verstandes, der sehr wohl geistige Gesetze erkennt, weil sie einfach in sich stimmig und logisch sind.

Als spirituell intelligentes Wesen weißt du, auf welche Weise du dir deine Wirklichkeit selbst erschaffst und inwieweit du Teil einer größeren Ordnung bist. Gerade deshalb ist es sehr wichtig, die verschiedenen Ebenen zu kennen und auseinanderzuhalten. Ja, alles ist eins. Aber es wirkt nicht auf jeder Ebene das gleiche Gesetz. Du kannst dir nicht jeden Lebensumstand erschaffen, zumindest kannst du durch das Erschaffen nicht verhindern, was du auf höherer Ebene entschieden hast. Du kannst aber, und das ist deine Verantwortung und Sinn deiner Schöpferkraft, durch bewusstes inneres Ausrichten deine Energien so klären, dass du in eine höhere Form der Ordnung wechselst.

Das kannst du dir so vorstellen: Jedes Ereignis, alles, was geschieht, hat bestimmte Schwingungseigenschaften. Auch deine innere Ausrichtung, das, was du glaubst, fühlst, für möglich hältst, besonders aber das, was du bewusst und unbewusst beabsichtigst, hat eine bestimmte Schwingung. Deine unbewusste Absicht hat dabei die stärkste Kraft, weil sie unkontrolliert und damit unverfälscht wirkt. Du kannst dir vielleicht vorstellen, dass vor allem deine unbewusste Absicht nun in Resonanz mit den Ereignissen gerät, die energetisch zu ihr passen. Das ist, als würdest du ein starkes magnetisches Signal aussenden, und du ziehst damit genau die Ereignisse an, die auf deinen speziellen Magneten reagieren. Wenn man darin einen Sinn sehen will – was intelligent ist, aber am Ende wirkt einfach ein Gesetz –, dann dient es dazu zu erkennen, wie dein Unterbewusstsein funktioniert, wie du in der Tiefe fühlst und was du ebenso unbewusst beabsichtigst.

Hier ist deine Chance: Denn wenn du das ernst nimmst, dann kannst du anhand dessen, was dir in deinem Leben immer wieder geschieht, erkennen, welche Absicht dein Unbewusstes verfolgt. Es kann sein, dass es dir völlig unlogisch erscheint, dass dich dein Unbewusstes zum Beispiel immer wieder in Schwierigkeiten bringt. Sei sicher, es steckt ein Sinn, eine echte, gelebte Erfahrung dahinter. Irgendwann einmal war diese Reaktion, die du immer wieder zeigst, sinnvoll. Dein Mandelkern weiß, was er tut. Es muss nicht mal auf deine eigene Erfahrung zurückgehen, dein Unbewusstes steht in direktem Kontakt zu deinen Ahnen, deinen eigenen Inkarnationen, wenn du an so was glaubst, und zum Kollektivbewusstsein.

Dein Unterbewusstsein ist verschränkt mit dem kollektiven Unterbewusstsein, wenn wir diesen Begriff nutzen möchten. Eine Verschränkung, wie wir sie bereits beschrieben haben, ist nicht ewig stabil, sie wird immer wieder erneuert. Du erneuerst die Verschränkung mit dem Kollektiv unentwegt dadurch, dass du im gleichen Sinne und in der gleichen unbewussten Absicht handelst. Wenn du aber einen bewussten Gegenimpuls setzt, dann hebt sich diese Verschränkung auf und du wirst frei. Gerde deshalb ist es wichtig, das eigene Unbewusste kennenzulernen, denn es dient nun mal dem Ahnen- und dem Kollektivbewusstsein, einfach weil dieses das Stärkste ist, wenn du deinem Inneren keine andere, lichtvollere Wechselwirkung anbietest.

Hier wird nun der Sinn von Wiederholungen deutlich: Willst du dich selbst stabil in einer höheren Energie halten und dich nicht immer wieder mit angsterfüllten und damit niedrig schwingenden Zuständen verschränken, so achte bewusst auf deine Wechselwirkungen, also auf das, was du tust, welche bewusste Absicht du hegst und welche Gegenstimmen es in dir gibt. Höre sie, erkenne sie an, aber dann pflege und nähre deine bewusste und positive, dem Leben und der Liebe dienende Absicht, immer wieder, und handle, als wäre sie Wirklichkeit.

Ein konkretes Beispiel, sehr alltäglich: Gestern Abend fuhr ich in die Stadt, ich hatte einen Heilkreis zu geben und habe einer engen Verwandten versprochen, ihr Schokolade mitzubringen, die es nur in einem bestimmten Geschäft gibt. Sie ist im Moment krank, hat ein Burn-out-Syndrom und ich spüre sehr viel Fürsorge und Liebe für sie. Unbedingt wollte ich ihr diese Freude machen, damit sich ihr inneres Kind gesehen, versorgt und geliebt fühlt. Ich war ein wenig unter Zeitdruck, weil ich nicht genau wusste, wann dieses Geschäft schließt. Nicht schlimm, aber doch so, dass ich gestresst im Auto saß. Ein unendlich langsamer Lkw fuhr vor mir her, und ich konnte wunderbar üben, frei und offen zu bleiben.

Folgendes geschah in mir: Ich atmete nicht mehr richtig, fluchte und fühlte mich als Opfer. Musste ich denn so in Stress geraten? Konnte der nicht schneller fahren? ... Natürlich wusste ich, dass genau dieser Lkw vielleicht diese Schokolade transportierte und wichtig war, aber dennoch ...

Gleichzeitig war mir sehr bewusst, wie sehr ich mich um meine Verwandte sorge, darin sind bestimmt auch co-abhängige Anteile, dennoch weiß ich, ich liebe sie einfach sehr und ich *will*, das es ihr gutgeht, selbst wenn mich das unter Zeitdruck bringt. Ich übernehme die volle Verantwortung dafür, dass ich mir deshalb selbst Stress mache. Mein inneres Kind hat ein wenig Angst vor ihr, weil sie sehr depressiv sein kann, und es dann einspringt, um sie aufzumuntern – und natürlich erfolglos bleibt. Die Verzweiflung darüber, dass ich andere nicht wirklich glücklich machen kann, ist tief in mir gespeichert und sehr leicht abrufbar. Auch diese Energie wirkte also.

(Da muss mir niemand sagen: »Das ist ja nicht deine Aufgabe!« Das ist vielleicht liebevoll gemeint, aber wer kann das wissen? Selbst wenn es stimmt, so ist es doch *meine* Verzweiflung und einer *meiner* tiefsten Schmerzen und ja, ich weiß, das ist koabhängig. Aber nicht nur. Für sehr viele von uns ist es beinahe nicht auszuhalten, so wenig echten Einfluss zu haben.)

Ich schickte das innere Kind also in den Zaubergarten, damit es sich entspannen kann (siehe mein Buch: *Die Heilung des inneren Kindes*). Mein Rücken war verspannt, der Druck blieb, konnte der nicht ein bisschen schneller fahren? Gleichzeitig hoffte ich, rasch und leicht einen Parkplatz zu bekommen, damit ich ohne Umwege in das Geschäft rennen konnte, und ich bat meine Engel, mich dabei zu unterstützen. Während all das geschah, öffnete ich mich, wusste, ich kann den innerlichen Stress nicht verhindern, ich kann aber dennoch bitten, dass alles sehr leicht geführt wird, ich kann visualisieren, dass ich zufrieden und entspannt diese Schokolade bezahle und in meine Handtasche stecke, und ich kann gleichzeitig noch freier werden und alles loslassen, selbst wenn meine liebe Verwandte enttäuscht sein sollte – was sie nicht ist, es ist mein Mandelkern, der sich zu gut an die depressiven Phasen erinnert, in denen ich verzweifelt versuchte, sie am Leben zu halten.

Ich spürte die Last der Ahnen, meine Mutter, die mit dem Glaubenssatz »Es ist immer alles schwer« durch die Welt läuft, ich spürte die Ohnmacht, sie nicht daraus erlösen zu können, den Ärger und die Schuldgefühle und entschied mich bewusst dafür, es für möglich zu halten, dass es auch sehr leicht und einfach sein darf. All das passierte an einer roten (grrr!!) Ampel. Die bewusste und starke Absicht, dass es, egal, was ich fühle, befürchte und denke, leicht sein darf und die gleichzeitige Bereitschaft, alles loszulassen und einverstanden mit dem zu sein, was eben ist, ist der Schlüssel. Zumindest erlebe ich es immer wieder so.

Du schöpfst und erschaffst, während dir auch deine eventuell widerstrebenden und zweifelnden Anteile sehr bewusst sind, durch deine ausdrücklich formulierte Absicht. Gleichzeitig lässt du los, denn es gibt immer auch eine lichtvolle und dem Leben dienende übergeordnete Kraft, die vielleicht andere Absichten hat. Es hätte ja sein können, dass es für meine Verwandte gesünder gewesen wäre, diese Schokolade nicht zu erhalten, oder dass ich lernen sollte, sie zu enttäuschen und dennoch im Frieden zu sein. Dann hätte es womöglich nicht geklappt. Aber ich schaffte alles leicht und hatte sogar noch Zeit übrig.

Hab keine Angst vor deinem Zweifel, er macht nichts kaputt. Auch deine Angst darf sein. Unterdrückst du sie oder redest du sie dir selbst aus, wirkt sie erst recht, nämlich im Verborgenen. Halte aber deine bewusste Absicht und deine Handlungen klar und eindeutig, von Angst und Zweifel ungetrübt und frei, egal, was du denkst und fühlst. Handle, als ob du frei wärst, pflege und hege deine Absichten, als könntest du den Himmel auf die Erde holen.

Weder Gefühle noch Gedanken bestimmen dein Leben, sondern bewusste, eindeutige Absichten und Handlungen. Es sei denn, du erlaubst deinen unbewussten Gefühlen und Gedanken, deine Absichten und dein Handeln zu steuern und zu vernebeln. Deine Gedanken und Gefühle, von denen du glaubst, sie bestimmen dein Leben, sind Ausdruck deiner inneren Absicht, deshalb kannst du sie gut als Wegweiser nutzen. Du kannst anhand dessen, was du denkst, erkennen, was dein Inneres glaubt, welche Absichten du hegst und welches deine wahren Beweggründe sind. Tust du das nicht, steuern deine unbewussten Absichten und deine Vermeidungsstrategien dein Leben, und so sieht es dann auch aus.

Deine Schöpferkraft liegt nicht in deinen Gedanken und Gefühlen, sondern tiefer, in deiner Absicht. Gedanken und

Gefühle sind aber Ausdruck deiner Absicht und deiner meist unbewussten Beweggründe, deshalb ist es wichtig, sie zu beobachten und gegebenenfalls deine innere Ausrichtung zu überprüfen. Gleichermaßen müssen wir die Gesetze der irdischen Ebene anerkennen, selbst wenn wir sie durch Lichtbewusstsein ändern wollen. Gerade dann. Wir leben in einer polaren Wirklichkeit und brauchen deshalb verschiedene spirituelle Werkzeuge: verantwortungsbewusstes Schöpfen sowie Demut und Hingabe an das, was das Leben uns anbietet.

Um deine eigene Wirklichkeit verantwortungsbewusst zu gestalten, ist es sinnvoll, dir selbst gegenüber so aufrichtig wie nur möglich zu sein. Auch wenn du mit dem, was du in dir entdeckst, vielleicht nicht klarkommst, so ist es doch nötig, die tatsächlich wirkenden Energien und Beweggründe in dir zu erforschen und zu kennen. Du musst einfach wissen, was du wirklich willst, denkst und fühlst, selbst wenn es in deinen Augen ziemlich unerleuchtet sein mag, sonst kannst du nicht schöpferisch tätig sein. Und du brauchst den Mut, die Verantwortung für das, was du willst, zu tragen, dich damit sichtbar zu machen.

Noch ein Beispiel: Es ist Samstag, ich sitze am Fenster, schreibe, es ist Frühling, alles ist wundervoll. Ich bin ein wenig erkältet, aber nicht krank, meine Konzentration ist bei diesem Buch. Ich habe einem guten Freund versprochen, ihm und seiner Freundin heute Abend eine Sitzung zu geben, die beiden sind akut in Nöten und brauchen Mikes und meine Hilfe. Ganz ehrlich: Es passt mir nicht. Ich habe keine Lust. Ich will heute Abend den Sonnenuntergang sehen und einfach hier bleiben, nicht in unseren Seminarraum fahren und mich mit den Nöten anderer auseinandersetzen – schon gar nicht, während die Sonne untergeht. Morgen gern, aber nicht heute.

Bin ich egoistisch? Mag sein. Das ist aber gerade heute eben meine Wahrheit. Es ist mein Leben, meine Zeit, und ich entscheide in jeder Sekunde, was ich hier auf Erden verwirkliche und was nicht, denn ich trage ja auch in jeder Sekunde die Folgen.

So. Das ist die eine Seite. Die andere ist: Ich weiß, dass die beiden ihr Kind heute Abend bei einem Babysitter unterbringen könnten, und sie sind wirklich in Not, ich mag beide und ich werde nicht absagen, das fühlt sich nicht richtig an. Was also mache ich? Ich erschaffe mir den perfekten Abend. Ich bitte meine eigene geistige Führung, Mikes geistige Helfer und die des Paares, das unsere Hilfe braucht, darum, dass sich alles so löst, wie es für uns alle gut ist, dass ich entweder Kraft bekomme, in aller Leichtigkeit diese Sitzung zu geben, oder dass sie absagen. Ich übernehme die volle Verantwortung dafür, dass ich selbst nicht absage, ich bin bereit, zu riskieren, dass ich es nicht will und es dennoch tue, ohne in Groll zu kommen – ich bin sogar bereit, die Verantwortung zu übernehmen, *dass* ich eventuell in Groll komme. Und ich bin bereit für eine ideale Lösung für uns alle. Alles darf sein, wie es sein will, und doch erlaube ich mir zu fühlen, was ich fühle, auch mein inneres Nein. Ich verspreche meinem inneren Kind, das diesen Sonnenuntergang sehen will, dass ich für es sorge, und das tue ich, indem ich die Angelegenheit ganz nach oben abgebe und mir maximalen Frieden, maximale Erfüllung in allen Bereichen erschaffe. Ich erschaffe es mir, indem ich die geistige Welt darum bitte und bereit bin, die Verantwortung für das, was dann geschieht, selbst zu tragen.

Ist das zu banal? Zu alltäglich? Das ist nun mal der Stoff, aus dem wir unser tägliches Leben weben. Was willst du? Ja, heute, jetzt? Im Großen wie im Kleinen? Welche Verpflichtungen hast du, wozu hast du dich bereiterklärt? Und wie kommen all diese verschiedenen Energien in Einklang? Noch mal: Ja, heute, du hast nur das Heute. Ich frage mich das immer wieder: Wie kann ich jetzt, gerade in dieser Sekunde, erfüllt leben und all meinen inneren Impulsen folgen? Halte ich das überhaupt für möglich? Wo darf und sollte ich schöpfen, wo geht es um Demut und um Hingabe? Und wie gehe ich mit dieser Situation um, bleibe ich offen und gebe Liebe hinein, oder gerate ich in Ärger? Auch das ist in Ordnung, wieder geht es um die Frage: Und dann? Bleibe ich im Ärger oder werde ich bereit, in Frieden zu kommen?

Verstehst du, es ist so einfach, du brauchst nicht dieses großartige spirituelle Lebenskonzept, das du dir vielleicht vorstellst. Du brauchst nur Bewusstsein, Achtsamkeit, Hingabe und Schöpferkraft in jedem Augenblick – und das alles hast du in dir. Ein spirituell intelligentes Leben zu führen bedeutet, dass du alle Werkzeuge, die du kennst, nutzt und dass du unterscheiden kannst, wann du welches Werkzeug brauchst.

Ich bin an dem besagten Abend gespannt, wie die göttliche Ordnung, der Kosmos, diese unterschiedlichen Energien nun zu einem stimmigen Ganzen webt. Wenn die Sonne untergeht, werde ich es wissen. Vielleicht regnet es bis dahin auch, dann hat sich das sowieso erledigt – wer weiß. Weil ich meinen Wunsch, meine Bitte in den Kosmos gegeben habe, muss die Ordnung auch diese Energie mit einbeziehen, einfach, weil sie da ist. Kosmos, du erinnerst dich, heißt »Ordnung«, und du kannst dich darauf verlassen, dass sich das Leben immer wieder selbst ordnet. Du brauchst dir nur die Evolution anzuschauen, egal, welcher Lehre du nun folgst. Du siehst eine faszinierende und in sich vollkommen stimmige Ordnung, die sich jeder Gegebenheit, jeder neuen Information, jeder neuen Situation ideal anpasst. Alles, was du in den Kosmos hineingibst, sei es dir bewusst oder nicht, jede Energie, die du erzeugst, wird ein Teil der Ordnung und wirkt somit.

Aber, und das ist wichtig, es wirkt eben nicht nur das, was du hineingibst, denn du bist ein Teil der Ordnung und die Energien aller anderen wirken genauso. Nun ist es an dir, zu entscheiden, wie du mit den Schöpfungen anderer umgehst. Nicht alles ist ein Spiegel. Manchmal geht es nur darum zu wählen.

Wenn ich über geistige Gesetze schreibe, dann meine ich nicht die von uns Menschen aufgestellten Regeln. Geistige Gesetze wirken genauso wie die physikalischen. Du erkennst sie, indem du aufmerksam hinschaust. Wie es auf der Erde im Moment ein physikalisches Gesetz ist, dass ein Apfel auf den Boden fällt, wenn ich die Handfläche nach unten drehe und ihn loslasse – egal, wie oft ich das mache, ich bekomme immer wieder das gleiche Ergebnis, so definiert man physikalische Gesetze –, so ist es zum Beispiel ein geistiges Gesetz, dass sich all unsere Energien mit der größeren Ordnung verbinden und somit Teil der gelebten Wirklichkeit werden. Das wissen wir, einfach, weil wir es sehen.

In diesem Buch werde ich nicht über Gebühr die geistige Welt bemühen, ich habe vieles darüber geschrieben und werde es ganz sicher wieder tun. Dieses Buch will dich an deine weiblichen Kräfte erinnern, an das, was dir auf der

Erde zur Verfügung steht, auch wenn du nicht besonders spirituell lebst und denkst. Dennoch überprüfe ich natürlich alles, was ich schreibe und halte mit meinen Engeln, Krafttieren und mit all den anderen Kräften Rücksprache. Und so biete ich dir hier eine Durchsage an, weil mich die geistige Welt darum bittet.

Du bist ein geistiges Wesen mit einem einzigartigen Auftrag: Bring Liebe und Licht in die Welt. Einzigartig ist dein Auftrag, weil du und nur du diese ganz besondere Lichtschwingung in die Welt bringen kannst. Nicht das, was du an andere weitergibst, ist das, was wesentlich ist, sondern die Art, wie du jeden Tag dein Leben lebst. Das, womit du dich ganz persönlich herumschlägst, das, was dich jeden Tag beschäftigt, das, was du fühlst und erlebst, ist dein wahres Aufgabenfeld. Wozu bist du hier? Um Bewusstsein auszubilden. Bewusstsein bildet sich im Spannungsfeld zwischen geistiger und irdischer Ebene. Es gibt auch andere Spannungsfelder, in denen sich Bewusstsein ausbildet – du hast dieses gewählt.

So hast du einen Körper gebildet, der den irdischen Gesetzen unterliegt, die völlig anders sind als die Gesetze, denen deine Seele, dein Geist unterliegt. Auf der seelischen Ebene weißt und erlebst du immer und immer, dass du eins bist mit allem. Du erlebst es, du brauchst es nicht zu lernen, es ist einfach so. Als Lichtwesen bist du in unmittelbarem Kontakt zu all den anderen Lichtschwingungen des Kosmos. Das ist eine natürliche Erfahrung. Deine irdische Ebene macht völlig andere Erfahrungen und für sie sind diese genauso natürlich. Auf der irdischen Ebene erfährst du Leben, Tod, Wiedergeburt – damit ist nicht Reinkarnation gemeint, sondern einfach, dass sich immer wieder alles erneuert, seien es die Blätter an den Bäumen oder deine Hautzellen. Du erlebst dich selbst als getrennt von den anderen, du musst für dich sorgen, musst essen, atmen, deinen Körper pflegen, die Bedürfnisse der irdischen Ebene erfüllen. Das ist für euren irdischen Teil genauso natürlich, wie du als Lichtwesen in völliger Freiheit und Leichtigkeit in einer höheren Dimension zu Hause bist.

Dein physisches Bewusstsein ist in der Lage, sich zu wehren, für sich zu sorgen, sich abzugrenzen, zu wählen und sich immer wieder zu regenerieren. Dein Lichtpol ist in der Lage, dich mit allem zu verbinden, dich selbst in allem zu erkennen, in Liebe, Weite und Freiheit zu schwingen. Um diese scheinbaren Widersprüche gleichzeitig und gleichberechtigt leben zu können, entwickelt sich ein entsprechend weites Bewusstsein. Du dehnst dich aus, wirst größer und weiter und kannst damit beide Pole in dir halten.

Diese beiden so vollkommen unterschiedlichen Pole also, die beide für sich gesehen heil und vollkommen sind, bilden durch dich als Mensch ein gemeinsames Erlebnisfeld. Du weißt selbst, wie unermesslich schwierig es sein kann, als Seele im Körper zu sein – es ist genauso schwierig für den Körper, eine so hoch schwingende Seele zu beherbergen und ihre Energie halten und verkörpern zu müssen. In diesem Spannungsfeld zwischen diesen beiden sehr weit voneinander entfernten Polen entsteht ein einzigartiges Bewusstsein. Versuche nicht, einen der Pole zu ignorieren oder als geringer einzuschätzen als den anderen. Du bist ein Lichtwesen. Und du bist ein körperliches Wesen. Nur weil du deinen Körper wieder verlierst, bedeutet das nicht, dass er weniger wichtig und wertvoll ist als dein Lichtaspekt. Dein Körper und deine Seele sind gleichwertig.

Für das Bewusstsein, das du ausbilden willst, sind beide Anteile notwendig. Viele von euch inkarnieren sich nicht ganz, das heißt, sie nehmen das irdische Bewusstsein, das ganz anders ist als das spirituelle, nicht voll und ganz an, sie versuchen, es zu kontrollieren oder es zu ignorieren. Andere kontrollieren und ignorieren das spirituelle Bewusstsein und konzentrieren sich einseitig auf den physischen Aspekt.

Aber nur, wenn ihr in beiden Welten zugleich lebt und die jeweiligen Lebenskräfte voll und ganz spürt und annehmt, könnt ihr dieses besondere menschliche Bewusstsein ausbilden. Es benötigt das Spannungsfeld. Ihr braucht weder die spirituelle noch die irdische Ebene zu erlösen, sie sind erlöst. Ihr selbst seid es, die sich wie ein Fisch im Netz fühlen, all eurer Kräfte beraubt. Ihr zappelt zwischen Himmel und Erde, fühlt euch weder als Spirit oder Lichtwesen noch als irdisches Wesen oder Physis.

Die du das liest: Du bist im Moment beides. Du bist auf der Erde, du bist mit diesem Körperwesen vereint, weil ihr gemeinsam etwas Neues erschaffen wollt. Wie es eine männliche und eine weibliche Zelle braucht, damit ein Kind entstehen kann – zumindest meistens –, so braucht es für dieses Bewusstsein ein Körperwesen und ein Lichtwesen. Beides bist du. Das Körperwesen, das du bist, entspricht deiner spirituellen Frequenz, ist Licht, übersetzt in Form. Alles auf der Erde ist Licht, in Form übersetzt, und so bildet dein hochfrequentes Licht zusammen mit deinem niederfrequenten Licht eine neue Lichtform.

Lass die Wahrheit all deiner Anteile gelten, jeder Anteil hat eine eigene spirituelle Intelligenz. Alle zusammen zeigen die ganze Wahrheit, und jeder Anteil will und sollte gehört werden. Im Sowohl-als-auch entwickelst du dein wundervolles, strahlendes, lichtes Bewusstsein, das nur du ausbilden kannst. Die Hochachtung und der tiefe Dank der geistigen Welt seien dir gewiss.

Ach ja, mein Abend: Niemand sagte ab, kein Sonnenuntergang, sondern eine Sitzung. Und so viel Vergebung, Liebe und Erlösung, dass an diesem Abend eine völlig neue Sonne aufging.

Innerer Frieden und echte Gelassenheit

🍎 Sicher hast du es schon gehört: Echter Frieden kommt, wenn du bedingungslos liebst, wenn du alles, was geschieht, annehmen kannst, wie es ist. Aber wie sollen wir das tun? Sind wir nicht auf der Erde, um genau das zu verändern, was eben nicht gut ist, was nicht voller Liebe, sondern voller Angst und Unbewusstheit geschieht? Wie kannst du dich selbst bedingungslos annehmen, wenn du doch weißt, dass es vieles gibt, das du an dir verändern und verbessern könntest? Können wir uns überhaupt erlauben, bedingungslos anzunehmen, was ist, wenn wir sehen, wie andere leiden? Hast du das Recht, anzunehmen und es sein zu lassen, wie es ist, wenn du weißt, dass irgendwo ein Kind vor Hunger stirbt? Ist das nicht zynisch und geradezu sträflich unachtsam und verantwortungslos?

Ja und nein. Wir haben die Dimension gewechselt, leben jetzt im Sowohl-als-auch und haben das Entweder-oder verlassen. Wir können nun beides: die Dinge anerkennen und so annehmen, wie sie sind. Das gibt uns emotionale Gelassenheit und erlaubt uns, das Drama hinter uns zu lassen. Und wir können voller Tatkraft und Mut das ändern, was zu ändern ist, unseren vollen Einsatz bringen – aber nicht aus Verzweiflung, die uns am Ende nur wieder lähmt, sondern aus einer klaren Sicht der Dinge heraus. Vielleicht hat sich sogar der heilige Zorn überlebt. Wir brauchen keinen heiligen Zorn, wir müssen nicht verzweifelt sein, sondern können in uns einen Raum finden, in dem alles sein darf, wie es ist. Von hier aus finden wir neue Lösungen, weil das Urteilen aufhört. Früher hatten wir vielleicht Sorge, dass wir, wenn wir die Dinge anerkennen, wie sie sind, nicht mehr handeln und auch unseren spirituellen Auftrag verpassen. Wozu sollten wir uns um Bewusstheit bemühen, wenn doch alles so, wie es ist, schon vollkommen und in Ordnung ist? Ist es dann nicht geradezu anmaßend, etwas verändern, heilen, transformieren zu wollen? Doch ist es nicht genauso anmaßend, die Dinge zu lassen, wie sie sind, nur weil wir selbst gerade einen gefüllten Bauch haben?

Auf einer Ebene ist es in Ordnung, und das ist die Ebene, auf der wir Kraft schöpfen, uns entspannen und aus unserem eigenen emotionalen Drama aussteigen können. Die Ebene, auf der wir die Dinge klar erkennen und den Sinn, den sie erfüllen, erfassen können, damit wir handeln können. Wenn wir erkennen, wozu etwas dient, wenn wir den höheren Sinn, die höhere Ordnung erkennen – und das können wir nur, wenn wir alles, wie es ist, anerkennen und gelten lassen –, wissen wir auch, was zu tun ist, um noch mehr Licht auf der Erde zu verwirklichen.

Aber kann es sein, dass wir etwas vergessen haben? Hast du noch Spaß? Oder bist du so sehr in Resonanz mit dem, was noch zu erlösen ist, dass du dich nicht mehr freuen, nicht mehr unbeschwert lachen kannst? Erlaubst du dir überhaupt noch, voller Freude zu sein, auch wenn du weißt, dass es Leid gibt? Der Raum der bedingungslosen Annahme dessen, was ist, ist kein Trick, sondern ein energetischer Zustand, in dem das Bewerten aufhört. In diesem Raum kannst du aufatmen und die höhere Ordnung anerkennen, du kannst die Last der Verantwortung für deine eigene Entfaltung und diesen ganzen Aufstiegsprozess einmal abgeben.

Wir können die Welt nur ändern, wenn wir Ereignisse bewerten, das ist klar. Wir können – wie schon zu lesen war – auch nur überleben, wenn wir die Dinge bewerten, wenn wir harmlose und gefährliche Situationen voneinander unterscheiden. Das macht der Mandelkern im Gehirn, vierundzwanzig Stunden am Tag, sieben Tage die Woche. Also lähme nicht deine eigene Lebenskraft, indem du dich spirituell auf »du sollst nicht bewerten« drillst. Für dich bedrohliche Situationen darfst du augenblicklich und auf der Stelle bewerten und entsprechend handeln. Sonst lähmst du dein Wurzelchakra und verlierst deine Handlungsfähigkeit, deine Aggression, deinen Überlebensinstinkt und deine irdische Kraft.

Es gilt Sowohl-als-auch. Alles darf sein, wie es ist. Ohne Bewertung. Und: Du hast in jeder Minute die Wahl, mit welchen Energien du dich befassen willst und mit welchen nicht. Nenn es nicht mehr bewerten, wenn dir das Wort nicht gefällt, nenn es »wählen«. Dann erlebst du deine Macht wieder, deine Unterscheidungskraft, deine Freiheit. Wir leben in der Dualität, und hier gibt es Licht und Schatten. Wenn wir das Licht verstärken wollen, wenn wir die Dinge in eine höhere Ordnung bringen wollen, dann müssen wir unterscheiden können.

Ich habe immer so meine Schwierigkeiten gehabt, wenn ich hörte: Nimm es an, wie es ist – obwohl das natürlich stimmt. Aber es brachte mich rasch in einen Zwiespalt: Ich bin nicht hier, um alles anzunehmen, wie es ist, sondern um daran mitzuarbeiten, größtmögliche Erlösung und Liebe auf diesem Planeten zu verwirklichen. Dazu schaute ich mir meinen eigenen Anteil des Schattens an und war auch sonst in jeder Hinsicht bereit, Licht ins Dunkel zu bringen. Das spirituelle Geschehenlassen hat mir nicht ganz zugesagt – obwohl ich die Kraft darin erkenne und spüre –, denn wie kann ich das mit meinem Auftrag, mit meiner Bestimmung vereinen? Wozu bin ich hier, wenn doch schon alles so, wie es ist, gut ist? Auf einer höheren Ebene mag das stimmen, aber hier, auf der Erde? Ich habe diese tiefe Sehnsucht danach, mich in diesen Raum hineinfallen zu lassen, und alles sein zu lassen, wie es ist. Aber mein spiritueller Auftrag, den ich zumindest so fühle, egal ob es nun stimmt oder nicht, erlaubte mir keine Entspannung und Gelassenheit.

So war es bisher. Doch nun gilt Sowohl-als-auch. Es ist gut und alles darf sein, wie es ist. Und ich darf zugleich meine Energien, meine Schöpfungen, das Spiel mit den Energien und den Formen, auf einer höheren, lichtvolleren Ebene neu verwirklichen. Das ist sehr schwierig mit dem Verstand zu begreifen, denn der Verstand teilt in Kategorien ein, das ist seine Aufgabe.

Lass mich dir eine Meditation anbieten. Dann kannst du es mit deinem Bewusstsein erfahren.

 Der Raum der bedingungslosen Liebe

Erlaube dir, dich ein wenig zu entspannen, nichts mehr zu tun, die Dinge für einen Moment loszulassen. Zieh deine Aufmerksamkeit nach innen und lass dich tiefer in deine Innenwelt hineinsinken. Es gibt nichts mehr zu tun, du brauchst niemandem zu gefallen und für niemanden zu sorgen, sei einfach ganz und gar bei dir. Atme dich selbst aus der Vergangenheit in deinen

Körper, aus der Zukunft in die Gegenwart, atme dich aus deinem seelischen Reich, aus deiner Lichtheimat auf die Erde – mit dem nächsten Atemzug kommst du so sehr in deinem Körper an, wie dir das in diesem Moment, jetzt, möglich ist.

Nun durchschreite in deiner Vorstellung ein Tor, das dich in eine andere Welt führt, in deine Innenwelt oder in eine höhere Dimension, so, wie es für dich richtig ist. Du gehst spazieren, wenn du dich in einer Landschaft befindest, möglicherweise nimmst du auch Farben wahr oder ruhst dich im Sein aus, im Nichtstun, im Geschehenlassen. In einiger Entfernung bemerkst du eine Brücke oder du stellst dir eine vor. Es macht nichts, wenn du dir die Bilder nur vorstellst, die Energien fließen dennoch. Da ist also eine Brücke, die dich in eine vielleicht unbekannte Dimension führt. Auf der Brücke findest du ein Brückenhäuschen, davor steht ein Wächter. Dieser Wächter hütet den Raum hinter der Brücke. Er schaut dich an und du spürst vielleicht ein wenig Aufregung.

»Es gibt etwas, das du zunächst loslassen musst, wenn du über diese Brücke gehen willst«, sagt er, »und das ist deine Kontrolle. Du darfst sie auf dem Rückweg wieder an dich nehmen, aber jetzt und hier frage ich dich: Bist du bereit, deine Kontrolle loszulassen und mir zu geben?«

Vielleicht glaubst du, du hast doch schon längst losgelassen, lebst nicht mehr in kontrollierenden Energien – doch jetzt und hier geht es um eine andere Ebene. Es kann sein, dass du zwar vieles losgelassen hast, aber dennoch hegst du vielleicht Vorstellungen darüber, wie du selbst sein musst, um spirituell zu wachsen. Vielleicht hast du Ideen und Gedanken darüber, was richtig und was falsch ist, vielleicht urteilst du. Das ist auch ganz richtig, denn du bist hier, um den Himmel auf die Erde zu bringen, und um das zu tun, musst du klar erkennen können, wo die Dinge ein wenig oder auch sehr viel Licht brauchen. Du nimmst deutliche Unterschiede wahr, weißt genau, was lichtvolles und was angsterfülltes Handeln, Denken und Fühlen ist.

Und nun sollst du diese Art der Kontrolle loslassen? Es kann sein, dass dir das wirklich schwerfällt. Mach dir bewusst, dass du die Kontrolle auf dem Rückweg wieder zu dir zurücknehmen darfst. Den Raum hinter der Brücke aber kannst du nur ohne sie betreten. So schau, ob du dir erlauben kannst, jetzt, nur für den Moment, loszulassen. Du spürst nun deutlich, wo sich die Kontrolle befindet, im Kopf, im Bauch oder vielleicht in der Herzgegend. Wenn du so weit bist, erlaube dem Wächter, sie aus dir herauszuziehen, besonders die Kontrolle über dich selbst.

Es mag sein, dass du nun Angst spürst, möglicherweise aber bist du auch sehr erleichtert, vielleicht beides. Du gehst nun an dem Wächter vorbei, überquerst die Brücke – und findest am Ende ein weiteres Tor. Du durchschreitest dieses sehr helle Tor und befindest dich in einem lichtvollen Raum. Ruhe und Frieden herrschen hier, Gelassenheit und Freiheit. Es ist der Raum, in dem die Dinge sein dürfen, wie sie sind, der Raum der bedingungslosen Anerkennung dessen, was ist.

Mehr und mehr entspannst du dich in diesen Raum hinein, erlaubst dir, für einen Moment alles sein zu lassen, wie es ist. So vieles hast du versucht zu ändern, zum Besseren zu wenden, zu heilen, bei dir und bei anderen. Hier in diesem Raum kannst du alles, was ist, sein lassen, wie es ist. Hier herrscht bedingungsloses Annehmen dessen, was ist. Es kann sein, dass sich das für dich sehr neu anfühlt. Erlaube dir, besonders deine Gefühle und deine Gedanken von dieser Energie durchfluten zu lassen. Möglicherweise verstehst du nicht, wie du alles sein lassen kannst, wie es ist, wenn es doch so vieles gibt, das sich ändern kann und darf und auch muss.

Doch mehr und mehr entspannst du dich, mehr und mehr

kommst du zur Ruhe. Du hast dir sehr viel Verantwortung auf die Schultern geladen, besonders die Verantwortung für deinen eigenen inneren Aufstiegsprozess, die Verantwortung für das Heil der Menschheit, das Wohl der Tiere, das Wohl der Erde. Du bist zur Erde gekommen, um an der Erlösung teilzuhaben, um einen wichtigen Beitrag zu dieser Erlösung zu leisten. Die Werkzeuge, die du dafür ausgebildet hast, sind Achtsamkeit, Verantwortungsbewusstsein, Meditation, Tatkraft, Aufrichtigkeit, Liebe. Du hast dich sehr angestrengt, um alles richtig zu machen, um nicht in die alten Verhaltensweisen zu fallen. Du hast Erfahrung damit, was nötig und hilfreich ist, um spirituell zu wachsen. Du weißt, wie sich das Licht anfühlt und auf welche Weise sich Angst verwirklicht.

Hier zählt all das nicht. In diesem Raum kannst du all die Werkzeuge, die du dir erworben und die du entwickelt hast, loslassen. Dieser Raum bietet dir ein ganz besonderes neues Werkzeug: die bedingungslose Annahme dessen, was ist.

Lass es zu, lass es in dich einfließen und schau, was sich in dir verändert, wenn du in diesem Raum bist. Spüre, wie dir die Lasten von den Schultern genommen werden. Du fragst dich womöglich, wie du Veränderung herbeirufen kannst, wenn du auf einmal alles sein lassen sollst, wie es ist. Doch dieser Raum ist nur der Anfang, ein Werkzeug, es ist die Basis. Wir leben in der neuen Zeit und hier gilt Sowohl-als-auch. Ja, du kannst jetzt erkennen, dass alles genau so, wie es ist, sein darf. Du darfst jede Art von Bewertung vollkommen lassen. Und ja, gleichzeitig darfst du sehr genau erkennen, was du ändern willst, auf welche Weise du Energien bewegen möchtest, was du gestalten willst. Aber nicht mehr aus der Verzweiflung oder dem Schmerz heraus, weil du es so, wie es ist, nicht erträgst, sondern in Frieden und Licht, aus deiner liebevollen Schöpferkraft heraus.

Denk nun an eine Situation, die dir so, wie sie ist, Sorge bereitet, und nimm sie zu dir in den Raum der bedingungslosen Annahme dessen, was ist. Nimm sie zu dir in diesen Raum hinein und lass dich fühlen und erkennen, was nun geschieht. Vielleicht spürst du auf einmal Frieden, Weite, Freiheit, Ruhe. Und dennoch kannst und darfst du diese Situation ändern, du kannst und darfst handeln, du brauchst es nicht so zu lassen, wie es ist. Dein Seelenfrieden und deine innere Gelassenheit aber sind frei vom äußeren Ergebnis, wenn du in diesem Raum bist.

Es ist vollkommen und richtig, wie es ist, aber wenn du es ändern willst, dann ist das auch vollkommen und richtig. Du bist der Schöpfer, du hast die Wahl. Um wählen zu können, brauchst du diesen inneren Raum, es ist die Basis deiner Gelassenheit, die Basis deiner eigenen inneren Mitte und deines inneren Friedens. Lass diese Energie, die Kraft der bedingungslosen Annahme dessen, was ist, in alle Zellen fließen, lass es wie einen Farb- oder Kraftstrahl in dich einströmen.

Und jetzt lass genauso stark und gleichwertig deine Tatkraft in dich einfließen, lass die bedingungslose Annahme und die Tatkraft jeweils ihren Platz in dir finden. Lass Yin und Yang, Hingabe und Tatkraft, die Fähigkeit, alles sein zu lassen, wie es ist, und dennoch, ja, gerade deshalb zu entscheiden, was du verändern möchtest, nun ihren Tanz in dir beginnen – die Kräfte in dir kommen nun ins Gleichgewicht. Innerer Frieden wird möglich, wenn du zunächst alles sein lassen kannst, wie es ist, wenn das emotionale Drama aufhört, wenn du alles, was dir begegnet, zunächst bedingungslos annehmen kannst. Du hörst auf, Energie mit Hader, Ärger, Verzweiflung und Zweifeln zu verschwenden. Du bist in deiner Kraft und bleibst, egal, was geschieht, in deiner Mitte. Von hier aus kannst du viel besser entscheiden, was zu tun ist, denn du bleibst offen für jede Art höherer Eingebung, du lässt alle eigenen Vorstellungen los, denn es darf ja sein, wie es ist.

Entspanne dich mehr und mehr in diesem Raum und erlaube der Energie, deine Gedanken und Gefühle zu reinigen und dich neu zu programmieren. Du erkennst immer mehr, wie viele Vorstellungen und spirituelle Ideen du in dir trägst, wie sehr du dich selbst kontrolliert hast. Sicherlich hat dir das gedient, doch nun gibt es vielleicht etwas noch Besseres. Nun darf beides zugleich sein: Du kannst den Dingen erlauben, zu sein, wie sie sind, du nimmst diese innere Haltung in dich auf – und bist gleichzeitig voll und ganz in deiner Tatkraft anwesend, um zu ändern, was es zu ändern gibt ...

Irgendwann spürst du, es ist Zeit, diesen Raum wieder zu verlassen. Du nimmst die Energie, die du heute mitnehmen möchtest, in dich auf und durchschreitest das Tor, gelangst wieder zur Brücke. Der Wächter bietet dir deine Kontrolle an, du darfst nun frei entscheiden, ob du sie wiederhaben willst oder nicht. Bist du nicht sicher, so probier es aus, du kannst sie auch später noch abgeben, wenn du sie heute lieber wieder an dich nimmst. Probier, wie es sich anfühlt, die Kontrolle wieder in dich aufzunehmen, und dann entscheide.

Gemächlich gehst du nun über die Brücke zurück, durchschreitest das Tor, durch das du gekommen bist, und kehrst zurück in den Raum, in dem du dich körperlich befindest.

Du kannst diese Meditation immer wieder machen, denn sicher gibt es viele Ebenen der Kontrolle, die dann nach und nach im Raum der bedingungslosen Annahme in echte Gelassenheit verwandelt werden dürfen. Es ist ein Prozess, der sich durch viele Bewusstseinsschichten zieht. So lass dir Zeit und gib immer nur das ab, was du heute abgeben kannst. Das nächste Mal wird es ein wenig anders sein.

Die Erlösung der dunklen Drachen

🍎 Wenn wir vom Raum der bedingungslosen Annahme aus handeln wollen, brauchen wir Werkzeuge, mit denen wir Energien erlösen können – ein weiteres Werkzeug also, um Stroh zu Gold zu spinnen. Ich möchte dir dafür eine Visualisierungsübung anbieten, die du immer, wenn du mit Gewalt, Kriegen und Attentaten in Kontakt kommst, sei es aktuell im Fernsehen, sei es rückwirkend, weil deine Familie in den Krieg involviert war – und welche war das nicht? – anwenden kannst. Wenn wir davon ausgehen, dass auch Kriege von Energie genährt werden, dann ist es sinnvoll zu schauen, welche Energie das ist.

Mike und ich kommen in unserer schamanischen Arbeit immer mehr zu der Erkenntnis, dass es neben vielem Anderen auch der dunkle, missbrauchte Aspekt des Drachens ist. Es scheint uns, als wäre der dunkle Drache das Krafttier des Krieges. Drachen stellen uns lichtvolle und dunkle Energie zur Verfügung, wie das viele Engel auch tun, allen voran der höchste Lichtbringer, der den tiefsten, dunkelsten Bewusstseinspunkt hält.

Damit ein Drache, der ein hoher Heil- und Lichtbringer ist, dunkle Energie zur Verfügung stellen kann, muss er im wahrsten Sinne des Wortes sein Herz verlieren – das sahen wir in einer schamanischen Reise. Die Drachen, die sich für die Dunkelheit zur Verfügung stellten, gaben in einem unendlich liebevollen Akt der Hingabe ihr Herz an einen Engel, der es seitdem für sie hütet. Diese Drachen aber sind mittlerweile so weit von ihren Engeln entfernt, dass sie ihr Herz vergessen haben, ja, dass sie nicht einmal mehr wissen, dass es fehlt. Deshalb können die Engel es ihnen nicht zurückgeben, die dunklen Drachen bemerken die Engel gar nicht. Es braucht uns Menschen als Vermittler, denn wir können beide Energien zugleich in uns fühlen und halten: das hohe Reich der Engel und das dunkle, machtvolle Reich der gefallenen Drachen.

Geben wir ihnen ihre Herzen zurück, damit sie aufhören können, Kriege zu nähren. Denn wenn wir Menschen keine Energie mehr zur Verfügung gestellt bekommen, die wir für Kriege nutzen können, finden wir vielleicht andere Lösungen. Wenn das Krafttier des Krieges erlöst ist und frei wird, dann gibt es diese Energie nicht mehr, zumindest nicht mehr zur Anwendung auf der Erde – vielleicht hilft das. Wer weiß. In Meditation erleben wir immer wieder, dass auch andere Krafttiere damit erlöst werden können, so schau einfach, was dir begegnet. Es muss kein Drache sein.

Das Herz des Drachen

Schließ deine Augen und atme ein paar Mal tief durch. Dann bitte um machtvolle Unterstützung, bitte darum, dass die große Drachenmutter bei dir ist und dich schützt. Und dann bitte darum, dass du zum Krafttier dieses Krieges, mit dem du gerade in Kontakt kommst, geführt wirst. Wenn es eine andere Energie, ist, kein Drache, sondern vielleicht ein sehr dunkler machtvoller Engel wie zum Beispiel Luzifer, dann gilt diese Reise dennoch – führe sie mit dem Wesen durch, das die Energie des Krieges hält.

Und ja, das fühlt sich nicht gut an, gerade deshalb braucht es deine Hilfe. Wahrscheinlich ist es ein dunkler, furchterregender und wütender Drache. Rufe den Engel, der das Herz dieses Drachen hütet, das kannst du und das darfst du. Ruf ihn und bitte ihn, dir das Herz des Drachen zu geben. Es braucht einen Menschen, der es ihm zurückgibt, denn der Drache hat es für unseren Entwicklungsweg weggegeben. Anders hätte er nicht in die Dunkelheit fallen und bei der Verwirklichung von Gewalt zur Verfügung stehen können.

Also nimm das Herz des Drachen in deine Hände und geh zu ihm. Sei unbesorgt, egal, wie sehr er wütet. Geh zu ihm hin und sage ihm: »Du bist frei. Ich bringe dir dein Herz zurück und entlasse dich aus dem Dienst, den du der Menschheit leistest. Ich bin gekommen, um dich zu befreien und um dir stellvertretend für alle Menschen zu sagen, dass du frei bist.«

Dann gib ihm das Herz, du wirst schon erkennen, was zu tun ist, ob es in ihn einfließt, ob du ihn berühren darfst oder was nötig ist. Wenn du nicht sicher bist, frage den Engel, der das Herz gehütet hat, und bitte die große Drachenmutter, dir die richtigen Impulse zu geben. Du bist ein Mensch, und du hast das Recht, Drachen zu erlösen. Wenn andere Menschen Kriege führen wollen, dann können sie das tun, aber du hast das Recht, die Krafttiere der Kriege zu erlösen, einfach, weil es den geistigen Gesetzen der Liebe und Freiheit entspricht. Die Zeit ist gekommen, wir hören den Ruf sehr deutlich, deshalb dürfen wir es auch tun.

Wenn der Drache sein Herz zurückbekommen hat, schau, was geschieht. Vielleicht verwandelt er sich, wird heller oder größer, vielleicht auch kleiner – schau einfach, alles kann geschehen. Nun bitte den Drachen, all die Seelen, die durch ihn ins Dunkle, ins

Vergessen gerutscht sind, zu erlösen und mit ins Licht zu nehmen. Er wurde gerufen und hat als dunkles Krafttier gedient, nun ist er erlöst und kann sich wieder der lichtvollen, lebendigen Seite zuwenden. Er hat die Kraft, weil er ein Drache ist und damit ein äußerst machtvoller Heiler, all die verlorenen und ins Dunkle gefallenen Seelen zu erlösen und mit sich ins Licht zu nehmen. Insbesondere nimmt er all die Seelen derer mit ins Licht, die ihn gerufen haben, damit auch diese erlöst werden können.

Schau, was geschieht. Der Drache weiß, wie der Prozess der Erlösung funktioniert. Wenn du eingreifen sollst, wirst du einen klaren Impuls bekommen. Frag zur Sicherheit immer wieder die große Drachenmutter und den Engel. Rufe die Schutzengel all der Seelen, die durch diesen Drachen ins Vergessen gefallen sind, und bitte darum, dass sie in ihre jeweilige Heimat geführt werden.

Dann verneige dich vor dem Drachen, danke ihm, dass er sich auf so unvorstellbar selbstlose Weise zur Verfügung gestellt hat, damit wir die Erfahrung der Dunkelheit machen konnten. Verneige dich vor dem Schmerz, den er dadurch erlitten hat.

Segne ihn und sage ihm noch einmal: »Du bist frei, im Namen der Menschheit erlöse ich dich und gebe dich frei, damit du dem Licht und dem Leben dienen kannst.«

Komm dann wieder zurück. Bitte darum, auf dem Weg zurück von allem befreit und gereinigt zu werden, das du nun vielleicht trägst, bitte die große Drachenmutter, dich heil und licht werden zu lassen.

Wir danken dir im Namen all der Drachen für deinen Mut.

Sehr viel sanfter kannst du diese Reise zu den Drachen auch mit deinen Kindern durchführen, damit sie aktiv werden können und Werkzeuge für den Frieden erhalten. In unserer Arbeit mit Kindern erleben wir immer wieder, wie sehr sie es lieben, etwas erlösen zu dürfen – besonders Drachen. Viele sind genau deshalb hier. Vielleicht magst du diese Reise deinem Kind vorlesen, vielleicht magst du sie auch selbst durchführen. Ich schreibe sie ausdrücklich für Kinder, wundere dich also bitte nicht über die Sprache.

 Das Herz des Drachen erlösen

Stell dir vor, du gehst durch ein Tor oder durch eine Tür – und auf einmal bist du in einer ganz anderen Welt. Hier in dieser Welt bist du ein Engel oder eine Elfe, vielleicht auch ein anderes Zauberwesen – auf jeden Fall aber kannst du fliegen. Probier es einmal aus, breite deine Flügel aus und lass dich in die Luft tragen. Wenn dir das schwerfällt, dann bitte deinen Schutzengel, dir zu helfen, er macht das sehr gern für dich.

Ihr fliegt nun gemeinsam immer höher, bis ihr an einen ganz besonderen Ort kommt. Ein sehr großer, wunderschöner Engel ist hier, und er scheint traurig zu sein.

»Kann ich etwas für dich tun?«, magst du ihn vielleicht fragen, und er nickt freudig.

Du bemerkst, dass er ein großes, strahlend schönes Herz in den Händen hält.

»Dieses Herz gehört einem Drachen, aber er hat vergessen, dass ich es für ihn aufbewahre und hüte«, sagt der Engel, »und weil er es vergessen hat, kann ich es ihm nicht zurückbringen. Er sieht mich nämlich gar nicht, er ist so weit weg von uns Engeln,

dass er uns gar nicht mehr erkennt.« Du nickst, das verstehst du, denn es gibt ja auch zahlreiche Menschen, die Engel nicht sehen können.

Auf einmal kommt dir eine Idee. »Kann er mich denn sehen?«, fragst du den Engel und vielleicht bist du ein bisschen oder sogar ganz schön aufgeregt.

»Ich glaube schon«, sagt der Engel, »es braucht euch Menschen, damit die Drachen wieder ihre Engel und ihre Herzen finden. Magst du dich auf die Suche nach dem Drachen machen, dem dieses Herz gehört? Ich komme gern mit dir. Das Herz wird dich zu dem Drachen ziehen, dem es gehört, denn es will nach Hause.«

Wenn du das willst, dann nicke. Aber wenn du Angst bekommst, dann sag dem Engel, dass du im Moment lieber nicht zu dem Drachen fliegen willst – auch das ist vollkommen in Ordnung.

(Wenn das Kind nicht weitermachen will, lass es noch ein bisschen mit dem Engel fliegen und hol es dann sanft zurück in den Alltag. Nur wenn es weitermachen will, lies weiter:)

Der Engel gibt dir jetzt das große, strahlende Herz in die Hände und du spürst das Kribbeln und die Wärme dieses Drachenherzens. Du breitest wieder deine Flügel aus und fliegst – und auf einmal spürst du, das Herz zieht dich tatsächlich in eine Richtung. Du lässt dich in diese Richtung ziehen, schwebst mit ausgebreiteten Flügeln dahin, dein Schutzengel und der Engel des Drachen begleiten dich. Aber du selbst hältst das Herz, denn nur wenn ein Mensch das Herz in den Händen hält, wirkt die Anziehungskraft des Drachen.

Auf einmal hörst du in einiger Entfernung ein Dröhnen und Brausen: Ein riesiger, wunderschöner Drache taucht vor dir auf. Vielleicht ist er ein bisschen dunkel und brüllt oder spuckt Feuer –

das tut er, weil er sein Herz vermisst. Du fühlst dich vollkommen sicher und beschützt, denn du hast sein Herz ja bei dir und spürst, wie viel Liebe er in Wahrheit in sich trägt. Und nun schau, was am besten ist: Du fliegst entweder zu dem Drachen und gibst ihm das Herz zurück, oder du lässt das Herz los, und es fliegt wie von selbst zum Drachen. Das Herz kehrt zurück in den Körper des Drachen, und auf einmal, wenn das Herz in der Brust angekommen ist, beginnt der Drache zu leuchten, zu strahlen, er ändert vielleicht sogar seine Farbe. Jetzt sieht er dich, jetzt sieht er auch den Engel, der das Herz für ihn gehalten hat.

Du schaust ihm in die Augen, und er sagt dir aus ganzem Herzen Danke. Glücklich umarmt ihn der Engel, und die beiden sind wieder zusammen, so wie das früher einmal war. Zu jedem Drachen gehörte ein Engel. Wenn ihr nun zusammen ein bisschen fliegen wollt, dann macht das, der Drache nimmt dich vielleicht auf seinen Rücken oder ihr fliegt nebeneinander her. Schau, wie glücklich und lichtvoll der Drache auf einmal ist und wie er immer höher steigt. Vielleicht erzählt er dir, wie und warum er sein Herz verloren hat, warum der Engel es für ihn hüten musste – vielleicht aber ist es auch genauso, wie es ist, gut. Wenn du etwas von ihm wissen willst, dann frag ihn einfach, während ihr zusammen fliegt, er erzählt es dir bestimmt gern.

Wann immer du von nun an etwas hörst oder siehst, das dir nicht gefällt, frag deinen Schutzengel, ob ein Drache sein Herz sucht. Drachen, die ihre Herzen suchen, können viel Leid verursachen; wenn du es ihm aber zurückbringst, dann wird ganz schnell alles gut. Ruf den Engel, der das Herz des Drachen hält, und biete ihm an, es dem Drachen zu bringen. Damit kannst du sehr viele Drachen und sehr viele Engel glücklich machen.

Deine innere Frau nähren und ermutigen

🍎 Kannst du dir vorstellen, dass die Art, wie du auf der Erde und auch in anderen Dimensionen die weibliche Energie verkörperst oder auf andere Weise lebst, einzigartig ist? Deine Frequenz, die Art, wie sich die weibliche göttliche Kraft durch dich ausdrückt, gibt es nur dieses eine Mal. Du bist wie ein bestimmter Ton, wie eine bestimmte Farbe, die dringend gebraucht wird, sonst kann das Kunstwerk nicht vollendet werden.

Sicher wusstest du das irgendwann und hast deine Art, Mädchen oder Frau zu sein, gründlich ausgetrieben bekommen. Das Leben birgt manchmal Erfahrungen, die uns so nachhaltig traumatisieren, selbst wenn wir sie gar nicht als »so schlimm« wahrgenommen haben. Dann zeigt sich dieses Trauma noch über Generationen hinweg und hindert uns daran, wirklich in unserer ureigenen Energie zu tanzen.

Was geschieht mit dir, wenn du Ja zu der einzigartigen weiblichen Energie sagst, die du verkörperst? Erlaubst du dir das, ist es dir überhaupt möglich? Wenn du Ja sagst zu deiner weiblichen Kraft … Was geschieht dann? Fühlst du dich weicher, kraftvoller, stabiler, mehr geerdet, ätherischer, leichter oder schwerer? Je nachdem, wie sich die weibliche Kraft durch dich auf der Erde ausdrücken und zeigen will, so fühlt sie sich für dich an. Probiere diesen Satz für dich aus, immer wieder. Spüre, wie du atmest, wenn du Ja zu deiner Weiblichkeit sagst, wie sich deine Körperhaltung verändert, wie sich vielleicht auch schwierige Themen zeigen. Sag weiter Ja zu dir selbst und lass in dir geschehen, was geschehen will.

Gestern Abend war ich nach langer Zeit mal wieder tanzen, ich fühlte mich irgendwie ein bisschen steif, ein bisschen unsicher, nicht ganz in meiner Kraft. Ich stellte mir dann mitten auf der Tanzfläche eine Lichtsäule vor, in der meine eigene weibliche Venuskraft fließt und zugleich verankert ist. Ich trat einen Schritt hinein und tanzte auf einmal in meiner eigenen Venusenergie – ich fühlte mich auf eine gute Weise runder, weicher und viel fließender also zuvor. Die Unsicherheit war wie weggewischt, und ich spürte einfach die Freude, ich selbst zu sein und Energie in Taten, Formen, Handlungen und eben auch in einen Tanz zu verwandeln.

Du bist auf der Erde und deshalb hast du die wundervolle Gelegenheit, Energien zu formen, zu verändern, auszudrücken, sie auf immer wieder neue Weisen zu erleben, so hörte ich eine Stimme sagen. All die Ideen darüber, wie ich gerade aussehe, ob jemand komisch guckt – wird man eigentlich nie zu alt für diesen Unsinn? –, ob ich entspannt genug tanze oder ob man mir meine Unsicherheit ansieht, spielten auf einmal keine Rolle mehr. Ich lebe, ich tanze, ich bin Energie und Licht, ich bin Erde, Mensch, Körper und Licht, Liebe, Lachen, Weiblichkeit, Fruchtbarkeit und Sinnlichkeit – unendlich viele Möglichkeiten, Energie in Form zu bringen.

Probier es aus, wenn dich diese Idee anspricht: Stell dir vor, deine weibliche Kraft bildet einen Lichtfleck, ein Kraftfeld auf der Erde, wie beim systemischen Familienstellen. Und dann stell dich auf diesen Platz, nimm deinen Platz auf der Erde ein und lass dich fühlen, was sich dadurch verändert.

Ich bin einzigartig, unzerstörbar, untrennbar, ich bin, wer

ich bin. Ich bin das empfangende Prinzip, ich bin Hingabe, ich bin der Rhythmus der Erde, ich bin das Wissen um das Leben selbst. Ich empfange das Leben, ich gebe es weiter, ich hüte es. Ich diene dem Leben und ich bin das Leben selbst. Ich bin Venus, doch ich bin viel mehr als das, ich bin die Leben gebärende, Leben schöpfende weibliche Kraft. Ich bin. Ich fließe stetig und frei, ich bin. Ich weiß, dass ich bin, ich fühle mich, ohne etwas tun zu müssen, ich bin das Prinzip des Seins, des Wahrnehmens. Ich durchfließe alles mit meinem Seinsstrom, ich bin, ich atme, ich tanze, ich lebe, ich bin. Ich bin im Frieden mit dem Leben, weil ich jeden Aspekt des Lebens erfülle und deshalb in allem bin, ich kenne jeden Aspekt des Lebens und nehme mich selbst in jedem Aspekt wahr. Ich bin Leben, ich bin Tod, ich bin das verbindende Prinzip. Aber ich trenne auch, immer im Dienst am Leben. Ich verbinde Himmel und Erde, Seele und Körper, und ich trenne Himmel und Erde, Seele und Körper, wenn es angemessen ist und dem Leben dient … Das ist es, was ich innerlich höre, wenn ich die weibliche Kraft nach ihrem Wesen frage.

Wie aber leben wir diese Kraft? Was bedeutet es für uns, in unserer eigenen Weiblichkeit zu tanzen? Kennst du diese seltsame Unruhe, diese innere Spannung, wenn dir Frauen begegnen, die ihre Weiblichkeit auf eine Weise leben, die dir nicht zusagt? Die irgendwie zu empfindlich sind, deren inneres Kind ständig zu fordern scheint oder beleidigt ist? Die zu offensiv mit ihrer Sexualität umgehen oder sich selbst verleugnen, die ständig in Konkurrenz mit anderen Frauen zu stehen scheinen, sich vergleichen, ihre erlernte Hilflosigkeit kultivieren oder alles so fest im Griff zu haben scheinen, dass man sich ihnen gegenüber immer ein bisschen wie eine Versagerin vorkommt? Lehnst du deshalb vielleicht sogar »das Weibliche« ab, erscheint dir weibliche Energie als hilflos und zu nett oder als zickig, konkurrierend, ewig unzufrieden? Nun, du weißt sicher, dass all das mit weiblicher Kraft nicht das Geringste zu tun hat, im Gegenteil. Wenn einer Frau ihre eigene Energie abhanden gekommen ist, sind das die Strategien, mit denen sie versucht, sich dennoch zu behaupten und irgendwie durchzukommen.

Im Schamanismus gibt es den Begriff des Hochzeitskorbs. Rose ThunderEagle Fink von den Twisted Hairs beschreibt ihn in einer Seminarankündigung auf http://www.lust-und-wissen.de/women-ways.phtml so: »Als Frauen sind wir durch unseren Schoßraum direkt mit der lebenspendenden Urkraft des Universums verbunden. Wir verfügen so über einen inneren Raum, der, bewusst gemacht, zum Zentrum unserer Schöpfungs- und Regenerationskraft werden kann. Die Matriarchinnen der ›Twisted Hair‹ nennen diesen inneren Raum der Frau ›Hochzeitskorb‹. Sie verstehen ihn als die ›Quelle der Magischen Geburt‹, der Geburt des weiblichen Selbst in allen Facetten. Sie lehren uns das Mysterium, außer leibliche Kinder auch uns selbst in allen ›Gesichtern der Göttin‹ zu gebären, mit wahrer Intuition vom inneren Wissen zu schöpfen und somit unser höchstes Potenzial zu leben.«

In deinem Becken, im Schoßraum des Wissens, hütest du deine Träume. Hier entsteht Leben, hier setzt du deine Visionen in gelebtes Leben um, in Handlungen. Im Schoßraum, in deinem heiligen Raum des Lebens, hütest du dein eigenes inneres Feuer und auch das Feuer des Mannes, der es dir in Liebe zur Verfügung stellt. Doch wie oft hast du

Asche der Versprechungen und Absichtserklärungen gehütet oder das Feuer verglimmen lassen, das Feuer deiner eigenen Visionen und Träume nicht genährt, sondern durch Selbstzweifel erstickt?

Du hast natürlich jede Menge Gründe dafür. Gerade deshalb möchte ich dir auch in diesem Buch ein Werkzeug anbieten, mit dem du deinen Hochzeitskorb reinigen kannst, damit er frei wird für deine Wünsche, Träume und Visionen. Du kannst diese Übung geistig oder auch ganz konkret durchführen, jedes Mal erreicht sie eine andere Ebene. Weil aber der Hochzeitskorb eine körperliche Komponente hat, denn er steht letztlich für deine Gebärmutter, ist es sinnvoll, dich tatsächlich auch im Außen auf den Weg zu machen.

Übung: Deinen Hochzeitskorb reinigen und heilen

Nimm dir eine Schale, die dir wirklich gefällt, die gut in deinen Händen liegt und die für dich richtige Größe hat. Es kann sein, dass das Finden dieser Schale bereits ein Prozess ist. Lass dir Zeit dafür, sei aber nicht perfektionistisch. Wenn du dir Mühe machen und Energie investieren möchtest, dann flechte einen Korb, forme dir aus Ton eine Schale, bau deinen Hochzeitskorb selbst. Es gibt schamanische Wochenendworkshops, die sich nur damit beschäftigen. Wie sehr das Ritual wirkt, hängt allerdings nicht davon ab, wie lange du gebraucht hast, um deine Schale zu gestalten, sondern wie tief du dich berühren lässt.

Nimm die Schale also in deine Hände und spüre, wie es sich anfühlt, sie einfach nur zu halten. Vielleicht hältst du zum ersten Mal ein Gefäß für deine weibliche Energie. Lass dich berühren und hüte die Schale. Das kann ein paar Minuten dauern, vielleicht berührt es dich sehr. Ruf alle Seelenaspekte, die du verloren hast, weil deine weibliche Schale nicht vorhanden war, zu dir zurück. Schließ die Augen und bitte alles, was zu deiner weiblichen Kraft gehört, zu dir, bitte deine Kraft, in dich einzufließen, und versprich dir von nun an, dafür zu sorgen, dass deine weibliche Kraft rein, klar und machtvoll bleibt.

Schau nun in die Schale hinein. Wie sieht sie innen aus? Es kann sein, dass sie verschmutzt ist, dass Steine in ihr liegen oder dass sie voller Asche ist. Dann führe ein Reinigungsritual durch: Fülle die Schale tatsächlich mit Steinen oder mit Asche, Sand tut es vielleicht auch, aber wenn es Asche sein muss, dann nimm Asche. Sie hat eine ganz besondere Energie. Nun stell dich mit der verschmutzten Schale vor das erlöste Männliche, also entweder vor deinen Partner, der in seiner Kraft steht und seinen Kraftstab hält, oder in deiner Vorstellung. Und nun tu, was du willst. Vielleicht willst du ihm die Steine und die Asche einfach vor die Füße kippen. Sag ihm: »Ich erlaube nie wieder, dass du meine Schale verschmutzt, ich stehe nicht mehr zur Verfügung. Ich bitte dich um dein reines Feuer.«

Er hält das aus, weil er in seiner Kraft und damit auch in seinem Mitgefühl steht. Er ist ja nicht persönlich gemeint – und selbst wenn doch, so wird es Zeit, die Dinge auf den Tisch zu bringen.

Vielleicht willst du das Reinigungsritual auch für dich allein machen, dann reinige die Schale bewusst und rituell, nimm die Steine heraus und entferne die Asche, reinige die Schale still mit Wasser und poliere sie. Lass das Licht der Sonne oder des Mondes in sie einfallen, schmücke sie mit Blumen oder tu, was dir guttut und was dich nährt. Diese Schale hält deine weibliche Energie, sie ist das Gefäß, in dem du deine weibliche Kraft bündelst und sammelst. Fehlt sie, verpufft deine Energie immer wieder, deine und auch die des Mannes, der dir sein Feuer schenkt.

Hast du das Gefühl, es könnte stimmig sein, dann stell dich mit der gereinigten und geschmückten Schale vor das Männliche, in Gedanken oder vor einen tatsächlichen Partner, und sag ihm Folgendes: »Ich bitte dich um Vergebung dafür, dass ich meine Schale nicht zur Verfügung gestellt und dein Feuer nicht genährt und gehütet habe – ich wusste nicht, dass ich überhaupt eine Schale habe. Jetzt stelle ich sie dir sehr gern und mit Liebe zu Verfügung.«

Du spürst, während du sie hältst, dass du von nun an nicht mehr erlauben wirst, dass sie verschmutzt oder missachtet wird. Nimm die Schale in beide Hände und spüre, was das für dich bedeutet und welche Energien sich nun in dir zeigen wollen.

Wenn du Ja sagst zu deiner Schoßkraft ... Was geschieht dann? Dann spürst du womöglich die Sehnsucht nach Leben, nach einem Kind, nach Fülle und Lebendigkeit ... Vielleicht spürst du auch Angst vor deiner weiblichen Energie, vor all dem, was in dir womöglich verletzt worden ist – in dir und im Kollektiv der Frauen, seien es deine Ahninnen, seien es deine eigenen Inkarnationen. Vielleicht erkennst du, dass die Schale in dir zerbrochen war, vielleicht fehlte sie ganz, vielleicht war sie randvoll mit der Asche der Männer, die nicht in ihrer Kraft standen und die du dennoch in dir aufgenommen hast.

Die Aufgabe der Schale ist, das Feuer des Männlichen zu hüten – sein Potenzial zu erkennen, an seine Träume zu glauben und das Männliche zu inspirieren, natürlich besonders dein eigenes. Insbesondere hütest du deine eigenen Träume, glaubst an sie, nährst sie, hältst sie für möglich und bringst sie in die Welt. Kannst du das für dich, dann gewinnst du die Kraft, es auch für andere zu tun. Das Feuer zu hüten meint, das Männliche zu ermutigen, es mit deiner Liebe, deinem Glauben zu nähren, es bedeutet auch, zu erkennen, wo das Männliche nachlegen muss, wo es dir Asche gibt, das heißt, Versprechungen macht, denen aber keine Taten folgen.

Ich gebe dir mal ein Beispiel, wie du das Feuer eben nicht hütest: Du hast eine tolle Idee, du redest auch oft darüber, aber du kommst nicht in die Gänge, du traust dich nicht anzufangen, du kommst nicht in die Handlung. Die Handlung ist das Männliche, die Tatkraft. Die Aufgabe der Schale nun ist es, von dir zu fordern, Holz nachzulegen, dein Feuer mit Tatkraft zu nähren, denn das Feuer wird durch deine zielgerichtete Handlung in Gang gehalten. Es verglimmt und qualmt, wenn du nicht startest, und am Ende hast du dir selbst deine Schale mit Asche beschmutzt. Oder aber du hast eine gute Idee, legst sie in die Schale, willst auch zur Tat übergehen, aber die Schale trägt nicht, sie nährt dich nicht. Denn du sagst dir selbst, dass alles keinen Zweck hat, du glaubst nicht an deine Idee, gibst ihr keinen inneren Raum.

Nährt die Schale dein Feuer, hütet sie es, dann glaubst du dir, du hältst deine Träume für sinnvoll, für gut. Du setzt alles daran, diese Träume zu verwirklichen, du erlaubst dir nicht, das Feuer verlöschen zu lassen. Sind sie verwirklicht, nährst und schützt du sie weiter, wie ein liebender Bauer oder Gärtner sein Feld hütet und schützt. Du lässt sie wachsen, reifen und Früchte tragen. Oder aber du erkennst, dass sich deine Träume nicht in die Tat umsetzen lassen, ohne sich dabei zu sehr zu verändern und unkenntlich zu werden – dann lässt du sie los, schließt mit ihnen ab oder hütest sie als geistigen Schatz, den du manchmal besuchst und bei dem du dich ausruhst und inspirieren lässt.

Ein weiteres Beispiel: Dein Partner erzählt dir von einem Traum, den er hegt, etwas, das er gern in die Tat umsetzen will. Er redet schon seit Monaten davon, aber nichts passiert. Hütest du sein Feuer in deiner Schale, dann glaubst du an seinen Traum, du traust es ihm zu, ermutigst ihn und forderst von ihm, in die Tat zu kommen. Ich sag dann zu Mike: »Schatz, ich liebe dich, aber ich will Taten sehen, du bist ein Mann. Hör auf zu reden und mach! Gerade weil ich dein Feuer hüte, muss ich darauf bestehen, dass du es nicht verglimmen lässt und nur redest, sondern dass du es mit deiner männlichen Energie und Tatkraft nährst, das heißt, dein Holz hineingibst. Sonst hüte ich diesen Traum nicht länger, und dann will ich auch nichts mehr davon hören.«

Klingt das hart? Ein Mann, der in seinem Feuer steht, weiß, was du meinst, und wird das aushalten. Er wird dir dankbar sein, dass du ihm sein bloßes Gerede nicht durchgehen lässt. Genauso wirst du dir selbst dankbar sein, wenn du dir nichts mehr vormachst, sondern entweder in die Tat kommst oder die Asche aus deiner Schale kippst.

Untereinander tun wir Frauen uns damit unglaublich schwer, nicht? Oder traust du dich, deiner Freundin zu sagen, sie soll aufhören, dir Asche in die Schale zu werfen?

Natürlich brauchen die Dinge ihre Zeit, auch das Geschehenlassen ist eine Tat – das Feuer verglimmt allerdings durch Hoffen, Warten, Zögern, Zaudern und Aussitzen. Es brennt durch aktive Yang-Energie, die durchaus auch still, im Außen unsichtbar, hineingegeben werden kann. Auch das ist eine Tat. Irgendwann aber spürst du: Jetzt ist die Zeit zum Handeln gekommen und jetzt muss das Männliche in dir oder im Partner, je nachdem, von welchem Feuer wir gerade reden, aktiv werden. Wenn nicht, dann hütest du Asche.

Deine männliche und deine weibliche Kraft

🍎 Gehen wir hierzu noch etwas tiefer. Was ist das, deine männliche Energie, dein Feuer, dein Yang? Oft lese ich, wir westlichen Frauen hätten zu viel Yang, zu viel männliche Energie – mag sein. Ich denke, es ist eher Kontrolle als echte männliche Energie. Auch die meisten Männer haben keine echte männliche Kraft, sondern leben in einer Welt der Zwänge, des Konkurrenzgehabes und der Kontrolle.

Deine männliche Seite bildet deine Handlungsfähigkeit, deine Tatkraft. Du hast vielleicht wundervolle Impulse, aber du kommst nicht ins Handeln. Sicher hast du Gründe: Dein inneres Kind fürchtet sich vor dem Versagen oder vor dem Erfolg, es befürchtet, Fehler zu machen oder beschämt zu werden. Dein inneres Kind kann ein großer Hemmschuh auf deinem Weg sein, wenn du es nicht gut hütest und schützt.

Dein innerer Mann ist dafür zuständig, das, was du verwirklichen willst, in die Tat umzusetzen. Die männliche Seite, die traditionellerweise der rechten Körperhälfte zugeschrieben wird, ist die Seite der Tat. Ein aktiver, kraftvoller innerer Mann steht dir zur Seite und tut, was du tun willst. Ein schwacher, entmutigter oder, sagen wir es ruhig deutlich, fauler innerer Mann findet hingegen immer neue Ausreden, warum jetzt noch nicht der richtige Zeitpunkt ist, die Dinge zu tun, die getan werden wollen. Reißt der innere Mann aber alles an sich, dann bist du vor lauter Tatkraft nicht zu bremsen und es kommt womöglich zu einigen nicht lebensfähigen Frühgeburten.

Du spürst deine männliche Seite – die nichts mit »männlich sein«, sondern einfach mir der Definition von Yin und Yang zu tun hat – als Tatendrang, als die Bereitschaft und die Freude daran, die Dinge, die du tun willst, auch wirklich zu tun. Stell dir vor, du entfachst dein eigenes inneres Feuer, indem du dich selbst ernst nimmst und deine Eingebungen, deine Einfälle, deine Inspirationen für wertvoll genug hältst, um sie im Außen zu verwirklichen. Nimmt deine männliche Energie die weibliche ernst, dann wertschätzt du die Impulse, die in deinem Inneren ankommen, du tust sie nicht als unwichtig ab, sondern probierst aus, ob sie sich sichtbar und fühlbar leben lassen. Würdigst du deine männliche Energie, dann glaubst du daran, dass du das, was du tun willst, auch kannst und schaffst.

Nimm deine Schale, nimm dein Feuer und schenke dir selbst ein inneres Hochzeitsritual.

Übung: Hochzeitsritual

Bitte dich selbst, dein eigenes Feuer in der Schale zu hüten und zu nähren. Versprich dir selbst aus der Kraft der Schale heraus, dein Feuer zu nähren, deine Impulse ernst zu nehmen und sie sichtbar werden zu lassen. Nimm deine Schale und stelle ein Feuer hinein, lass eine für dich passende Kerze darin brennen – als Symbol dafür, dass dein Feuer brennt und dir dient und dass du dein Feuer hütest.

Vielleicht beginnst du die Trauer darüber zu spüren, dass dir deine Weiblichkeit zu einem Teil verloren gegangen ist. Lass dich von dir selbst berühren und bitte einen Zeugen hinzu, wenn es dir guttut. Es kann wirklich äußerst heilsam sein, einen Zeugen zu haben, der hinschaut, deinen Schmerz anerkennt und dich damit sein lässt, voller Mitgefühl. Er ist bei dir und er sieht deinen Schmerz, aber auch deine Freude darüber, deine einzigartige Schale bei dir zu haben.

Lass dich tiefer sinken mit dem, was in dich einfließen möchte, jetzt wo du deine Schale bewusst zu deiner Verfügung hast. Nimm dir Zeit, sie symbolisch in dich aufzunehmen.

Hier eine Variante dieses Rituals in Form einer Meditation, die eine verwandte Wirkung hat:

 Die Heilung deiner weiblichen Schale

Mach es dir bequem, schließ deine Augen und stell dir vor, dass vor deinem inneren Auge eine Lichtsäule entsteht. Sie schimmert strahlend hell und rein. Du trittst in diese Lichtsäule ein und erlaubst ihr, dich zu reinigen. Das Licht durchströmt dich und löst alles, was nicht mehr zu dir gehört, deinem Bewusstsein nicht mehr entspricht oder dienlich ist, aus dir heraus. Es steigt wie Rauch in der Lichtsäule nach oben oder fließt in die Erde, je nachdem, was sich für diesen Anteil besser anfühlt. Auch die Seelenaspekte, für die es jetzt Zeit ist, deinen Körper zu verlassen und in das Reich deiner Seele zurückzukehren, verlassen dich und steigen ganz leicht nach oben auf. Sicher und geschützt strömen sie in der Lichtsäule nach Hause, ins Kraftfeld deiner eigenen Seele. Auch all das, was du für andere trägst, kehrt dahin zurück, wo es jetzt in die bestmögliche Erlösung kommen kann.

Auf einmal entsteht in dieser Lichtsäule ein goldenes Tor. Du trittst hindurch und befindest dich in einem Tempel oder in der freien Natur. Auch ein Steinkreis oder eine besonders zauberhafte Lichtung können ein Tempel sein. Hier, an dieser einzigartigen Stelle, ist es dir, als kämst du nach Hause. Ein Teil in dir, der schon lange seine Heimat sucht, sich selbst nicht wirklich als weiblich spürt, erwacht, kehrt zurück oder wird dir gerade jetzt zum ersten Mal bewusst. Du ruhst dich aus und nimmst die Energie dieses Tempels in dich auf.

Auf einmal tritt eine Lichtgestalt auf dich zu.

»Ich hüte etwas für dich«, sagt sie und du schaust genauer hin. Du erkennst, diese Gestalt hat dein Gesicht, lichtvoller vielleicht, aber unverkennbar stehst du selbst vor dir.

»Ich bin dein weiblicher Lichtanteil«, sagt die Gestalt, »ich hüte die Kraft der Göttin, der reinen, weiblichen göttlichen Kraft. Du bist auf der Erde, um sie auf deine unverwechselbare Weise zu leben. Dazu brauchst du dies hier« – und sie hält dir eine Schale hin. Diese Schale strömt eine unbändige Kraft aus, genau die Kraft, die zu dir passt und die deiner inneren Frau entspricht. Sie ist gefüllt mit reinem, klarem Wasser. Die Lichtgestalt reicht dir die Schale, du trinkst einen Schluck dieses Wassers, dann wäschst du dich an den Körperstellen, die genau dieses Wasser brauchen. Du fühlst dich, als würdest du von allem rein gewaschen, was deine Schönheit und Kraft je verhüllte – als würdest du getauft. Ein Herz liegt am Grund dieser Schale, als Zeichen dafür, dass sie allein der Liebe geweiht ist.

Ehrfürchtig und freudig zugleich hältst du nun die Schale, schimmernd und stabil liegt sie in deinen Händen.

»Hüte und beschütze sie«, sagt das Lichtwesen. »In dieser Schale hütest du deine Träume, das, wofür du brennst, das, was dir heilig ist und was du in die Welt bringen willst. Sie ist heilig

und irdisch zugleich, es ist deine Schale und du allein darfst entscheiden, was du darin nährst und was nicht.«

Noch während sie spricht, spürst du, wie die Schale Raum in deinem Körper einzunehmen beginnt, vielleicht spürst du ein Ziehen im Unterleib. Lass es sein, wie es ist. Es ist dein Hochzeitkorb, er öffnet sich selbst den Raum. Während die Kraft des Hochszeitskorbes immer weiter in deinen Körper fließt, wird dir auf einmal mehr und mehr bewusst, was dir wirklich wichtig ist, was du willst und wie du dich als Frau wahrnimmst. Du probierst für dich den Satz »Wenn ich Ja sage zu mir als Frau ...« und bemerkst vielleicht, dass er sich verändert hat, dass du dich selbst nun besser spürst, dass du, ohne nachzudenken, weißt, wer du bist. Du spürst die Verantwortung, die du für deine weibliche Macht trägst, und entscheidest dich vielleicht, von nun an präsent zu sein und dich mit dem, was du bist, zu zeigen.

Lass dir Zeit, ruh dich aus im Tempel und genieße den Kontakt mit deinem Lichtanteil. Wenn du Fragen hast, dann stelle sie dem lichten Wesen. Immer deutlicher wird dir die Heiligkeit deiner Schale bewusst, die Größe der Aufgabe, diese Schale zu hüten und weise zu nutzen. Und du versprichst dir selbst, nie wieder die Asche eines nie eingelösten Versprechens oder eines verlorenen Traumes zu hüten.

Wenn du genug hast, dann komm in deinen Raum zurück. Du kannst den Tempel jederzeit aufsuchen, um mit deiner Lichtgöttin, die du selbst bist, in Kontakt zu kommen. Durchschreite das Tor, es bringt dich zurück in diesen Raum, in diese Dimension. Hier kannst du all dem, was du in dir trägst, Form geben.

Es kann sein, dass du nach solch tief greifenden Übungen verfrüht deine Periode bekommst, sei unbesorgt, auch dein Körper reinigt sich und schafft Raum für Neues.

Wenn du dich noch einmal an die Verschränkung erinnerst, dann erkennst du vielleicht, dass du Wunder wirken kannst, sogar am anderen Ende der Welt. Wenn du fest, sicher und stabil in deiner Mitte, in deinem Hochzeitskorb, ruhst und dich mehr und mehr mit Frieden, Liebe und deinem Licht verbindest, entsteht augenblicklich an allen Orten, mit denen du dich verbunden fühlst, Frieden und Liebe. Selbstverständlich hat jeder einen freien Willen und du kannst niemanden mit deinem Licht manipulieren. Entscheidet er sich, etwas anderes zu manifestieren, kannst du nichts ändern. Aber dein Licht, deine Liebe sind ein Angebot, sie ermöglichen eine Wahl. Verbinde dich mit allem, was dir am Herzen liegt, mit den Wesen des Meeres, mit dem Wasser selbst, mit der Erde, den Pflanzen und Tieren, mit den Menschen und bleib im Frieden, bleib in der Ruhe. Damit entsteht auch in ihnen diese Energie, einfach, weil du dich mit ihnen verbunden hast oder zumindest in Wechselwirkung getreten bist. Tu im Außen, was du für richtig hältst, spende, tritt Hilfsorganisationen bei oder lebe allgemein bewusster. Das Wesentliche ist deine innere Haltung, deine Ruhe, deine mitfühlende friedliche Liebe, denn diese halten einen höheren Raum, eine höhere Ordnung aufrecht, für dich und für die Welt. Bist du in Angst, erhöhst du die Angst auf diesem Planeten, bist du in Liebe, erhöhst du die Liebe, so einfach ist das.

In Frieden kommen mit deinem Körper

 Bist du glücklich und zufrieden mit deinem weiblichen Körper? Oder mäkelst du an dir herum, schämst dich, bist vielleicht gar tief unglücklich über dein Äußeres? Wie wichtig das Aussehen sein kann, habe ich gerade gestern wieder erlebt, auch wenn es sich banal anhört. Ich war beim Optiker, um mir eine neue Brille machen zu lassen, meine alte Brille ist wirklich richtig alt. Ich setzte also ein neues, modernes, farbiges Brillengestell auf – und fühlte mich gleich zehn Jahre jünger, frischer, vitaler, irgendwie neu. Schon an diesem alltäglichen Beispiel wird klar, wie wesentlich unser Äußeres für unser Wohlbefinden ist, und genau deshalb ist es so wichtig, dass du dich gut um deinen Körper kümmerst.

Der Körper trägt alles, was du erlebst, er bildet die ausführende Kraft deiner Seele und deiner Absichten auf dieser Erde. Und er ist die Zielscheibe für die absurdesten Arten von Verurteilung und Abwertung, ein Objekt und ein Ort der vielfältigsten Begierden, er ist Lust-, Liebes- und Hassobjekt zugleich. Der Körper hat so viele Aufgaben und muss für so vieles herhalten, dass es wirklich schwierig ist, ein entspanntes, natürliches, leichtes Verhältnis zu seinem Körper zu haben. Hinzu kommt, dass es für den spirituellen Anteil, die Seele, ein äußerst ungewohnter Zustand ist, in der Energie eines Körpers zu agieren, sich zu fühlen, ihn zur Verfügung zu haben. So, wie du Auto fahren lernen musst, muss deine Seele erst mal verstehen, wie so ein Körper funktioniert. Und so, wie das Auto seine eigenen Gesetzmäßigkeiten hat – du trittst auf die Bremse, es bremst –, so hat auch der Körper eigene ihm innewohnende Funktionen und Wirkungsweisen. Vernachlässigst du sie, brauchst du dich nicht zu wundern, wenn er nicht funktioniert. Du kannst dein Auto nicht mit dem Geist lenken, du musst schon physisch auf die Bremse treten, wenn du anhalten willst. Genauso kannst du deinen Körper nicht nur durch pure Gedankenkraft verändern. Wenn du abnehmen willst, iss weniger. Willst du beweglicher werden, bewege dich. Es ist leider sehr, sehr einfach, und gerade deshalb verkomplizieren wir es so sehr, denn da gibt es noch diese systemimmanente Trägheit.

Zu den Grundlagen der klassischen Mechanik gehört das Trägheitsprinzip, das besagt, dass ein Körper in seinem momentanen Bewegungszustand verharrt, solange keine Kraft von außen auf ihn einwirkt. Das ist sehr sinnvoll, denn nur dadurch bleiben die Dinge an dem Platz, an den du sie stellst. Die träge Masse gibt die Größe der Trägheit an, und je größer die träge Masse ist, desto größer muss die Kraft sein, die den Körper in Bewegung versetzt. Ohne diese Trägheit würde kein Planet in seiner Bahn bleiben, alles würde völlig willkürlich durcheinanderwirbeln, wie es ihm gerade gefällt.

Unsere Aufgabe ist es nun, Gesetze wie dieses anzuerkennen, denn sie wirken, und mit unserem Bewusstsein die Energie zur Verfügung zu stellen, die wir brauchen – eben jene Kraft aufzubringen, die nötig ist, um aus der Trägheit in die Bewegung zu kommen, in jeder Hinsicht.

Nehmen wir einmal an, auch der Emotional- und der Mentalkörper haben ihre Trägheit, einfach, weil uns das die Erfahrung des gelebten Lebens nahelegt. Es gibt sinnvolle Aspekte der Trägheit, zum Beispiel, dass du nicht sofort und auf der Stelle deine emotionale Mitte verlierst, wenn ein Gefühl auftaucht. Doch ist die träge Masse zu groß, wirst du unbeweglich. Ist sie dann noch mit Schmerz verkoppelt, dann hängst du fest: im Schmerz, in der Abwertung und in der Selbstverurteilung.

Wenn du nicht im Frieden mit deinem Körper bist, dann schau einmal ganz genau hin, warum nicht. Sind es Aspekte, die du ändern kannst und solltest, weil sie deiner Gesundheit abträglich sind? Bist du unzufrieden, weil du spürst, du solltest beispielsweise Fahrrad fahren, dich mehr bewegen, in die Sonne gehen, dir mehr Ruhe gönnen, gesünder essen, nicht mehr rauchen, den Regeln deines Körpers besser folgen? Tausende Autofahrer verweigerten kürzlich E10-Benzin, weil es dem Motor ihres Autos schaden könnte. Würden sie so bewusst essen, wie sie ihr eigenes Auto nähren, wäre viel gewonnen …

Warum halte ich diesen sowieso bekannten Vortrag? Weil du nicht in Frieden kommen kannst, wenn du dich gegen besseres Wissen verhältst. In Frieden zu kommen ist kein Trick. Du wirst nicht in Frieden damit kommen, dass du etwas tust, was dir schadet, weil es ungesund und nicht sinnvoll ist. Dein System wird dir das nicht erlauben. Diese nagende innere Stimme wird dir zu Recht immer wieder vorhalten, dass du es besser weißt. Dein Körper hat einen eigenen Willen und eigene Gesetze. Wenn du sie nicht anerkennst, dann lässt du es eben bleiben – du setzt damit eine Kausalkette in Gang, die dir schon zeigen wird, wer in Bezug auf die Physis das Sagen hat.

Warum schreibe ich das so deutlich? Weil viele Menschen, die sich mit Spiritualität befassen, vergessen, dass sie hier sind, um die physischen Gesetze anzuerkennen und zu erfahren. Ja, du bist Geist. Und du bist Körper. Um in Frieden zu kommen, ist es wesentlich, dass du die physischen Gesetze beherzigst, sonst bleibst du im Kampf mit und gegen deinen Körper.

Wenn ich drei, vier Kilo mehr wiege, als es mir guttut, dann sieht das von außen niemand (hoffe ich zumindest). Ich spüre es aber. Ich habe drei Kilo mehr träge Masse, die ich mitbewegen muss, physisch wie auch emotional und geistig. Ich brauche mehr Energie, um mich zu bewegen, in jeder Hinsicht. Ich bin nicht stabiler, sondern träger. Es gibt eine »ideale träge Masse«, die sich auch in einem individuell idealen Gewicht äußert. So gibt es ein für jeden ideales Maß an Bewegung, an Ruhe, an Ausdauer- und an Schnelligkeitstraining, an Sex, Tanz, Massage, Nahrung, Schlaf und Reinigung. Es ist unsere Verantwortung, dafür zu sorgen, dass unser Körper zumindest näherungsweise bekommt, was er braucht, um in seinem Gleichgewicht zu bleiben oder zumindest immer wieder dahin zurückzukehren.

Es kann schon eine große Hürde sein, dass wir uns gescheitert fühlen – doch das sind wir nicht. Bewusstsein bildet sich, weil wir den Weg gehen, und letztlich geht es nur darum. Du bekommst am Ende keinen Preis für ein ideales Gewicht, einen ausgewogenen Mineralstoffhaushalt oder weiße Zähne. Wir verhalten uns sogar, als würden wir schwer bestraft, wenn wir all das nicht vorweisen können, auf den Preis hoffen wir ja nicht mal.

Aber du wirst nicht bestraft. Niemand steht da und guckt, ob du auch alles richtig gemacht hast. Alles, was du tust, tust du, damit du auf der Erde in Freude – und dazu gehört eben auch die für dich bestmögliche Gesundheit – leben kannst.

Lassen wir den Perfektionismus sein, er macht nur Stress und Falten. Mich macht er esssüchtig und nimmt mir die Freude daran, etwas für mich zu tun – einfach so, ohne ein Ziel zu verfolgen. Sprechen wir uns frei, erlauben wir uns, in Freude zu sein, in unserer Kraft, egal ob wir uns gerade unseren eigenen Maßstäben entsprechend verhalten oder nicht. Die Welt und auch dein Leben brechen nicht gleich zusammen, wenn du dich mal entspannst. Ganz sicher nicht. Du bist in Sicherheit, du bist bei dir, du kannst loslassen und voller Mut, Kühnheit und Entschiedenheit einfach tun, was dich glücklich macht.

Wenn dich diese Zeilen ärgern, dann lies sie gleich noch mal. Und wenn du jetzt glaubst, ich hätte gar keine Ahnung, wie es dir geht und wie schwer dein Leben ist, dann stimmt das. Du hast das Recht zu wählen, und du darfst auch wählen, dich unverstanden und nicht gesehen zu fühlen oder das, was ich schreibe, für arrogant und unsinnig zu halten. Falls ich dich verletze, bitte ich dich inständig um Vergebung. Ja, ich weiß nicht, in welchen Schuhen du gehst und wie schwer dein Leben ist. Ich weiß aber sehr, sehr gut, wie schwer man sich sein Leben selbst machen kann.

Solange wir nicht ganz sicher sind, dass wir die Schwere in unserem Leben nicht zum Teil selbst verursachen, ist es klug, mal loszulassen und zu schauen, was übrig bleibt, wenn wir nicht mehr alles im Griff haben wollen. Die Angelegenheiten, die tatsächlich deine Kraft, deinen Einsatz und deine Fürsorge brauchen, kommen von ganz allein auf dich zu. Auch wenn du loslässt, gehen sie nicht verloren. Aber all das, was du aufrechterhältst, weil du glaubst, es tun zu müssen, bleibt weg. So kannst du sehr gut erkennen, wo wirklich Handlungsbedarf ist und wo nicht.

Du brauchst nicht spirituell korrekt zu sein – woher meinen wir eigentlich zu wissen, was korrekt ist? Du hast das Recht, dich zu entziehen. Befasse dich mit dem, was für dich wesentlich ist, grenz dich aber ab, wo du nichts ausrichten kannst oder doch nur immer wieder in eine Art Machtkampf verwickelt wirst. Nutze die Haltung der Herzenskriegerin (Seite 71), um immer wieder zu erkennen, wo dein Raum ist und welche Wahrheit du in diesem Raum erlebst. Grenze dich sogar dir selbst und deinen allzu kritischen – oder soll ich sagen: vernichtenden – Stimmen gegenüber ab.

Gut. Wir haben die Voraussetzungen geklärt: Kümmere dich, wenn du in Frieden mit dir sein willst, zunächst um das, was du wirklich ändern solltest, damit die roten Lämpchen nicht mehr leuchten. Tanke, mach den Ölwechsel, zieh neue Reifen auf und sauge innen aus. Oder komm in Frieden damit, dass du es eben nicht tust, und akzeptiere die Trägheit und das Unwohlsein, auch das darfst du, es ist dein Erd-Experiment. Hör nur bitte auf, es vor dir selbst zu rechtfertigen, du verlierst dein Selbstvertrauen, besonders aber deine Selbstachtung. Übernimm die volle Verantwortung für dein Handeln, auch für dein Nichthandeln. Dein Inneres weiß, wofür du verantwortlich bist und wofür nicht. Respektiere dich selbst, indem du dich nicht belügst und dir selbst mit billigen Ausreden kommst, sondern zeige dir, dass du dich achtest, indem du zu dir stehst und voll und ganz die Verantwortung für dein Handeln übernimmst. Die Folgen trägst du ja sowieso, also kannst du auch gleich die Verantwortung übernehmen. Dann bleibst du handlungsfähig und würdevoll. Komm damit in Frieden und sei mitfühlend und ehrlich mit dir selbst.

 *Im Kreis der Frauen*

Sei nun willkommen im Kreis der Frauen. Wir alle hadern mit unserem Körper, sind unzufrieden und schämen uns für unser So-Sein, egal, wie uns andere wahrnehmen. Stell dir vor, du sitzt in einem Kreis. Um dich herum sind sehr viele Frauen, jede ist anders und doch verbindet uns alle das Frau-Sein. Sieh sie dir an, eine nach der anderen.

- *Vor dir sitzt eine Frau, die wie du oft mit sich und ihrem Aussehen hadert.*
- *Vor dir sitzt eine Frau, die wie du ihr Bestes gibt und sich doch oft für nicht gut genug hält.*
- *Vor dir sitzt eine Frau, die wie du glaubt, wenn sie sich nur genug anstrengt, wird sie endlich liebenswert.*
- *Vor dir sitzt eine Frau, die wie du geringschätzig über sich selbst denkt und versucht, zu verbergen, wie ungenügend sie in Wahrheit zu sein glaubt.*
- *Vor dir sitzt eine Frau, die wie du unglücklich darüber ist, dass ihr Körper ist, wie er ist – und die glaubt, sie wäre glücklicher, wenn sie anders aussähe.*
- *Vor dir sitzt eine Frau, die wie du zu selten gehört hat, was für eine wunderschöne Frau, was für ein zauberhaftes Mädchen sie ist.*
- *Vor dir sitzt eine Frau, die sich wie du für ihren Körper und seine Funktionen schämt, für seine so lebenswichtige Verdauung und für seine sexuelle Lust.*
- *Vor dir sitzt eine Frau, die wie du mit ihrer Sexualität hadert, zu oft oder zu selten Sex hat, oftmals anders, als sie es sich wünscht, und die dennoch nicht in der Lage ist zu sagen, was sie wirklich will.*
- *Vor dir sitzt eine Frau, die Verluste und Brüche erlitten hat und wie du dennoch tapfer ihren Weg geht.*

- *Vor dir sitzt eine Frau, die sich wie du nach einem erfüllten Leben sehnt, die oft hingefallen ist und doch immer wieder aufsteht.*
- *Vor dir sitzt eine Frau, die vollste Hochachtung für den Weg, den sie geht, verdient hat – genauso wie du.*
- *Vor dir sitzt eine Frau, die wie du ein geistiges Wesen ist, das oft mit seinem Körper hadert, und die wie du ein körperliches Wesen ist, das oft mit den Anforderungen der geistigen Ebene in Konflikt kommt.*
- *Vor dir sitzt eine Frau, die sich nach Liebe sehnt, sich dafür aufopfert und sich selbst dafür oftmals aufgegeben hatte – so wie du.*
- *Und vor dir sitzt eine Frau, die ihren Weg sucht, ihn findet, ihn wieder verliert und schließlich erkennt: All das ist der Weg. So wie du.*

Die Übung geht weit in den Alltag hinein: Wann immer du von nun an eine Frau siehst, erinnere dich daran, dass auch sie Teil dieses Kreises ist.

Wenn du weißt, dass all das Hadern, der Selbsthass und das Unglück über deinen Körper mit zum Weg gehört – wie wäre das? Denn auf einer höheren Ebene hast du gewählt, in eine Situation hineingeboren zu werden, in der du eben nicht lernst, achtsam und liebevoll mit deinem Körper umzugehen und stolz auf ihn zu sein. Es ist ziemlich klug, davon auszugehen, dass auch diese Erfahrung zu denen gehört, die du erleben wolltest, und dass du in dieser Spannung aus Sehnsucht nach Selbstliebe und der dennoch immer wieder spürbaren Selbstverachtung Bewusstsein entwickeln wolltest. Denn dazu dient die Polarität: Im Spannungsfeld der Pole entwickelt sich Bewusstsein.

Nicht das, was du lernst und anderen weitergibst ist das, was wirklich zählt, sondern dein täglicher Kampf um dein Gleichgewicht, deine tägliche Spannung, deine täglichen Entscheidungen. Sie bilden das Bewusstsein, das nur durch deine Erfahrungen entstehen kann. Nur du kannst auf genau deine Weise dieses Bewusstsein ausbilden. All das, was du gibst, ist wundervoll. Dein Weg als Spirit auf der Erde, als Geistwesen im Körper und als Erdwesen von einem Geist beseelt aber findet in dir statt. Das, was du in jeder Minute erlebst, fühlst, entscheidest und in die Tat umsetzt, bildet dein besonderes Bewusstseinsfeld aus. Es ist das, was stabil und unverwechselbar durch dich in das Gitternetz der Schöpfung hineingewebt wird.

Verstehst du? Dein Unglück, deine Scham über deinen Körper ergibt einen Sinn. Du entwickelst dadurch Mitgefühl und lernst, dich aktiv und bewusst zu lieben. Sich selbst zu lieben ist einfach, solange man nicht dabei gestört wird. Es ist sehr natürlich, dass du dich als Baby schön findest, dass du glaubst, deine Bedürfnisse wären richtig und angemessen. Das stimmt ja auch. Es ist aber ein sehr unbewusster Zustand.

Weil du durch deine Erfahrungen der Abwertung immer wieder aus deiner Selbstliebe herausgestoßen wurdest, musstest du lernen, ganz bewusst immer wieder in diesen Zustand zurückzukehren. Nur darum ging es. Natürlich bist du ein wunderschönes, lebendiges, beseeltes und von Licht durchströmtes Wesen. Dein Körper ist genauso so, wie er ist, richtig und schön. Aber weil dich immer wieder jemand vom Hochseil der Selbstliebe schubste – und du dachtest vielleicht auf der Seelenebene, es wäre eine breite, gemütliche Allee, die du nur entspannt entlangzuwandern brauchst, und warst deshalb nicht gewappnet gegen Angriffe –, musstest du lernen, stabil zu werden, mit all deiner Aufmerksamkeit und all deinem Bewusstsein in dir selbst verankert zu sein.

Warum musstest du das lernen? Weil du es offensichtlich noch nicht konntest, denn sonst hättest du dich in deiner Selbstliebe nicht stören lassen. Selbstliebe ist ein sehr hohes Gut und sie will bewusst gepflegt und genährt werden. Genau dazu dienen all diese Erfahrungen von Abwertung. Wir lernen dadurch, unsere Selbstliebe zu schätzen, zu nähren und stets wiederherzustellen. So lange, bis wir nicht mehr erlauben werden, dass uns jemand zum Straucheln bringt – wir erlauben nicht mehr, dass jemand unseren speziellen Hochseilaufbau stört. Es ist auch ohne Störung schwierig genug, das kunstvoll verwobene und empfindliche Zusammenspiel all der so unterschiedlichen Energien zu meistern und dabei noch möglichst gut auszusehen ☺.

Übung: Mein wundervoller Körper

Lass uns zurückgehen, zurück in den Zustand, in dem du wusstest, dass du ein perfektes, wunderschönes körperliches Wesen bist – egal ob du das in dieser Inkarnation oder in einer vergangenen wusstest. Irgendwann einmal wusstest du es. Und es gibt eine Art Blaupause in dir, die etwas weiß, wie es sich anfühlt, ganz und gar in der eigenen Kraft und Selbstliebe zu stehen.

Lass uns nun eine verwandte Technik des systemischen Aufstellens nutzen. Nimm dir ein größeres Blatt Papier, auf das du dich stellen kannst, und einen Stift. Schreib die Worte aus der folgenden Liste auf das Blatt, die dich am meisten berühren:

- Würde
- stolz auf meinen Körper sein
- Selbstliebe
- mich selbst lieben
- meine Schönheit erkennen
- mich wunderschön finden
- glücklich sein über meinen Körper
- in Frieden sein mit meinem Körper

Leg den Zettel auf den Boden, schließ deine Augen, komm in dir selbst an – und dann stelle dich auf das Blatt. Lass dich von der Energie dieser Worte durchströmen, nimm wahr, was in dir geschieht, wie deine Energie fließt, welche Gedanken und Gefühle kommen. Nimm vor allem wahr, wie du dein Leben von hier aus meistern und führen würdest: Was würdest du ändern, was beibehalten?

Wann immer du dich von nun an für dich selbst schämst, stell dich auf deinen Platz der Selbstliebe. Besorg dir vielleicht ein schönes Tuch oder einen kleinen runden Teppich und richte dir einen Selbstliebeplatz ein. Nutze ihn täglich, damit sich deine Zellen – und insbesondere deine Mandelkerne – an diese neue Erfahrung gewöhnen. So kannst du nach und nach diesen Zustand in dir halten und aus dir selbst heraus erzeugen. Am besten kannst du ihn übrigens verinnerlichen, wenn du ihn tanzt. Leg dir deine Lieblingsmusik auf, stell dich bewusst auf deinen Platz der Schönheit und der Selbstliebe und tanze, hab Spaß, bring deine Zellen zum Schwingen!

Das sexuelle Selbst und die innere Frau

🍎 Die Lehre der bereits erwähnten Twisted Hairs, einer ganz besonderen Gruppe von Schamanen, besagt, dass es neun unterschiedliche Frauentypen gibt, die sehr verschiedene sexuelle Bedürfnisse haben, je nachdem, wie sie anatomisch gebaut sind. In der schamanischen Tradition des Quodoushka, der Heilung der Sexualität, lernst du dich selbst als einen von neun verschiedenen Frauentypen (oder Männertypen) kennen, der in sich bestimmte Merkmale vereint. Die Zuordnung ist so deutlich und passend, dass es sehr erleichternd wirkt, sich in einem Typus wiederzuerkennen: Ja, du bist genau richtig, wie du bist, und alles passt zusammen, selbst wenn es dir in Bezug auf andere Wesensanteile widersprüchlich erscheinen mag. Natürlich kann es dennoch sein, dass du spürst, dass einiges erlöst werden will – aber im Grunde, im Kern bist du genauso, wie du hier sitzt, während du das liest, auch in sexueller Hinsicht richtig und einzigartig.

Das hätte uns mal einer sagen sollen, oder? Vergiss also alles, was du über vaginale, klitorale, reife, unreife und sonstige Orgasmen sowie Stellungen gehört hast. Vergiss auch alles, was du meinst, mögen, aber auch auf gar keinen Fall brauchen zu dürfen. Vergiss alles, was du über die Stärke deiner Libido gehört hast, und wie du glaubst, als Frau sein zu müssen. Ob du hinterher kuscheln willst oder nicht, ob du ein langes Vorspiel liebst oder Ruck-Zuck-Sex bevorzugst, ob du im Dunkeln oder bei voller Beleuchtung liebst oder all das in genau dieser Reihenfolge hintereinander willst – es gehört unverwechselbar zu dir, unabhängig von deiner sonstigen Persönlichkeit. Du kannst nach außen hin sehr kuschelig und anschmiegsam wirken, auf sexueller Ebene aber ganz anders sein, oder umgekehrt. Vielleicht brauchst du viel klitorale Stimulation, vielleicht eher vaginale, vielleicht beides – was immer du brauchst, du darfst dich darum kümmern, dass du es bekommst. Mach aber nicht deinen Partner dafür verantwortlich, er ist ohnehin beschäftigt, wenn ihr Sex habt. Du hast Hände, mach doch damit, was du willst! Lass nicht die Scham zur dritten Person in deinem Bett werden, wirf sie raus, sie hat hier nichts zu suchen. Achtsamkeit, ja. Liebe, natürlich, Freude, Spaß und körperliche, irdische Lust. Aber nicht die Scham. Du bist einzigartig. Niemand lebt seine Sexualität auf deine Weise, niemand erlebt seinen Orgasmus so wie du und niemand mag genau das, was du magst. Es geht vor allem niemanden etwas an. Es ist dein Körper, dein Sex, und du bist die Einzige, die etwas verpasst, wenn du dich selbst nicht so lebst, wie du bist. Du allein zahlst den Preis, wenn du keinen Spaß hast, also lass dir nicht hineinreden, nicht mal von deinen eigenen Vorstellungen, wie was zu sein hat. Lass deine Vorstellungen und dein falsches sexuelles Selbst los und lerne dich selbst ganz neu kennen.

Vor einigen Jahren erkannte ich für mich Folgendes: Ich will in jedem Bereich meines Lebens die lebendigste Susanne werden, die ich nur sein kann, und ich möchte mich in jedem Bereich meines Lebens kennenlernen, neu entdecken, wissen, wer ich wirklich bin, auch als Mensch. Das lebte ich bereits in vielen Bereichen. Aber ich lebte es nicht als sexuelles Wesen. So machte ich mich auf den Weg und ließ alle Vorstellungen über mich los. Ich begann, ganz offen herauszufinden, was ich wirklich mag, und auch zu schauen, was mir nicht gefällt. Woher weiß ich, ob mir ein Swingerclub, ein Tantrakurs, eine Bondage-Party gefällt oder nicht, wenn ich nicht wenigstens mal einen Cocktail (oder Pfefferminztee) dort getrunken und mir die Energie angeschaut habe? Woher weiß ich, ob ich nicht anderen gern zuschaue, wenn ich es noch nie getan habe? Ich muss ja nicht bleiben, ich kann sofort gehen und nie wieder kommen. Aber ich sollte doch mal schauen, meinem eigenen sexuellen Selbst zuliebe: Was mag ich und was nicht, gerade weil es unter so vielen Schichten von Scham und Idealen, vielleicht Vorstellungen über Chakrasex und spirituellen Verbindungen vergraben ist.

Lerne dich kennen und vergiss alles, was du über dich glaubst, es stimmt vielleicht nicht in diesem besonderen Bereich. Vielleicht hast du gar keine Lust auf spirituellen Sex, gerade weil du so viel meditierst, sondern willst einfach die Erde und deine Lust spüren. Vielleicht willst du diese ganz besondere Energie erleben, um mit ihr in höchstem Maße schöpferisch tätig zu sein, vielleicht beides. Und nein, damit meine ich natürlich nicht, dass du dich zu Dingen zwingst, dir Dinge anschaust, von denen du weißt, dass du sie nicht magst. Gib dir Raum, schenke dir Gelegenheiten, dich selbst kennenzulernen, weil du dich liebst und gut mit dir selbst umgehen willst. Rümpf nicht gleich die Nase, damit verurteilst du dich nur wieder selbst, sondern schau mit den Augen deines sexuellen Selbst, es schaut vielleicht anders.

Mach dich auf eine Entdeckungsreise nach diesem, deinem eigenen sexuellen Selbst. Es ist ganz anders als das aller anderen Frauen, steht außer Konkurrenz, ist einzigartig. Lass dir nie wieder einreden, was du zu mögen hast und auf welche Weise du deine sexuelle Lust leben darfst und wie nicht. Alles, was dir dient und was dir gefällt, ist für dich genau das Richtige. Es gibt wenig Bereiche, die so schambesetzt und reglementiert sind wie unsere weibliche Sexualität. Bin ich schön genug, auch »da unten«, bin ich sauber genug, kann ich schnell genug einen Orgasmus haben, bin ich zu gierig oder zu wenig lustvoll, habe ich die richtige »Frisur« …? Sind wir eigentlich noch zu retten? Ich hoffe, doch.

Was immer du bist, du bist einzigartig. Es braucht sehr viel Mut, sich als sexuelles Wesen kennenzulernen – denn zunächst müssen wir anerkennen, dass wir ein sexuelles Wesen sind. Das ist für den Engel oder das spirituelle, geistige Selbst in uns manchmal wirklich schwierig. Ich schämte mich früher sehr dafür, überhaupt ein sexuelles Wesen zu sein, dabei finde ich: Sex ist definitiv ein Inkarnationsgrund. Vielleicht schämte ich mich gerade deshalb für mein sexuelles Selbst, weil es ziemlich präsent und fordernd sein kann. Doch natürlich kann es das sein – es hütet das Leben! Je bewusster und liebevoller du mit deinem sexuellen Selbst in Kontakt bist, desto lebendiger wirst du. Das heißt aber auch, dass du den Mangel, die Verletzungen, vielleicht gar die Sucht, all die Scham, die Verbote und die inneren und äußeren Zwänge immer deutlicher spürst.

Es ist ganz einfach: Je bewusster du den Kontakt mit deinem sexuellen Selbst pflegst, desto mehr Verantwortung trägst du für deine sexuelle Kraft. Du kannst nicht mehr einfach unabhängig von deinen anderen inneren Anteilen machen, was du willst. Du hast eine Fürsorgepflicht deiner sexuellen Energie gegenüber, wie du auch für dein inneres Kind Sorge trägst. Verstehst du?

Je bewusster du erkennst, dass du ein sexuelles Wesen bist, desto klarer wird dir auch, was dieses sexuelle Selbst alles in dir anrichtet, wenn du es nicht gut hütest. Es lässt sich beiseitedrängen, wenn eine andere Frau mit einem fordernden sexuellen Selbst daherkommt, oder es tritt erst recht in Konkurrenz. Es lügt, betrügt, es nimmt sich, was es haben will, und verletzt dabei nicht nur dein eigenes inneres Kind, sondern auch die kollektive Weiblichkeit. Es setzt sich durch, das ist sein Auftrag, egal mit welchen Mitteln.

Ich hatte in einer schwierigen Zeit meines Lebens eine Reihe von schmerzhaften und unerfüllten Affären. Wenn du *Königin im eigenen Reich* von mir kennst, dann weißt du das bereits. Irgendwann bemerkte ich, dass ich immer wieder mein inneres Kind verletzte, indem ich ihm schmerzhafte Situationen zumutete. Natürlich schickte ich es immer wieder in den Zaubergarten, aber eines Tages musste ich ihm versprechen, mich nie wieder auf eine dermaßen schmerzhafte Affäre oder Ähnliches einzulassen, nie wieder um Liebe kämpfe – sondern die nun offenkundig werdende Leere auszuhalten.

Ein wundervoller Begleiter durch diese schwierige Zeit war das Buch *Packt ihn, wascht ihn, schafft ihn in mein Zelt* von Angela Voß. Es beschreibt, dass wir uns eine emotionale Auszeit nehmen und uns nach einer schweren Trennung gar nicht gleich verlieben können, egal wie sehr wir es versuchen. Auch die Anonymen Sexsüchtigen – sie arbeiten nach dem sehr erfolgreichen Prinzip der 12 Schritte der

Anonymen Alkoholiker (www.slaa.de) – haben mir damals sehr geholfen, denn es fühlte sich süchtig an, wie ich mich gegen mein inneres Wissen mit Männern verband, von denen ich, wenn ich ganz ehrlich war, durchaus wusste, dass sie mich nicht liebten. Ich durfte meinem sexuellen Selbst nicht mehr erlauben, mein inneres Kind zu verletzen, indem ich mich mit Männern einließ, die mich nicht liebten (aber »sehr mochten«), die nicht sicher waren, noch Zeit brauchten – soll heißen: die einfach nicht wirklich auf mich standen. Wir wissen ja alle, dass Männer weder kompliziert sind noch zweideutige Signale senden. Sie sagen höchst ungern, dass sie nicht auf eine Frau stehen. Wenn sie sie wollen, dann handeln sie. Und wenn sie nicht handeln … – noch Fragen?

Noch mal für die, die es noch nicht verinnerlicht haben, ja, für dich, falls du auf seinen Anruf wartest oder hoffst, dass er endlich seine Frau verlässt: Es ist tatsächlich so einfach. Ein Mann, der in seinem Feuer steht, wird vielleicht auch unsicher sein, doch er wird dir signalisieren, dass er für dich da ist und dich liebt, du wirst dich nicht fragen müssen, warum er nicht anruft, sondern du wirst wissen, warum er gerade verhindert ist. Du wirst dir keine Ausrede für ihn einfallen lassen müssen, sondern er wird dir eine echte, fühlbar stimmige Erklärung geben.

Es kann natürlich alles passieren, er kann dich zehnmal am Tag anrufen und dich dennoch betrügen, er kann dich zwei Wochen im Ungewissen lassen und dann einen Heiratsantrag vom Stapel lassen, der dich zu Tränen rührt. Trotzdem ist es sinnvoll, sich nicht allzu lange mit Zweifeln herumzuschlagen. Deine innere Frau weiß es besser, denn sie steht in Wechselwirkung mit dem Männlichen.

Eine Information in Bezug auf Männer möchte ich dir geben, die dem, was weiter oben steht, zu widersprechen scheint. Sie vervollständigt aber meiner Ansicht nach nur das Bild: Männer brauchen mehr als Frauen in ihrem Leben eine Phase, in der sie vollkommen frei von Verpflichtungen tun können, was sie wollen – egal ob uns das gefällt oder nicht und egal ob wir das anerkennen oder nicht. Die berühmte Freiheit, die ein Mann sucht, dient dazu, sich selbst und die eigenen männlichen Grenzen zu erforschen und auszuloten. Diese Phase ist äußerst wichtig für Männer. Je intensiver und bewusster sie diese verantwortungsfreie Phase ausleben, desto bereitwilliger und bewusster sind sie später bereit, feste Bindungen einzugehen. Wenn sich ein Mann in der Selbstfindungsphase befindet, dann ist er nicht bereit für eine innige Beziehung, weil er fürchtet, dass er seine Freiheit verliert – und das stimmt. Ein Mann gibt viel von sich auf, wenn er für eine Frau, eine Familie, zu sorgen beginnt, vorausgesetzt, er steht wirklich mit seiner Liebe und seiner männlichen Energie zur Verfügung.

Er kann erst dann sein Feuer geben, wenn er es selbst hüten und nähren kann, und das lernt er in seiner Sturm-und-Drang-Phase. Wenn seine Seele weiß, dass er noch nicht reif genug ist, weil er sich selbst noch nicht genug erforscht und erkundet hat, weil sein Feuer noch nicht stark und gleichmäßig brennt oder weil er es noch nicht eigenverantwortlich hüten kann, dann wird er sich nicht auf eine feste Bindung einlassen.

Dann geh lieber weiter oder gib ihm Zeit, aber bleib nicht voller Hoffnung stehen, sondern schau, was dir selbst guttut und ob sich das Warten lohnt – selbst dann, wenn du nicht sicher sein kannst, dass er jemals bereit sein wird. Denn diese

Phase kann sehr lange dauern, je nachdem, wie kompromisslos und intensiv ein Mann sich selbst erforscht und sucht. Bleibt er auch in der Phase, in der er sein Feuer entfacht, halbherzig und ängstlich, weil sein inneres Kind fürchtet, von der Mutter abgewiesen zu werden, dann findet er womöglich niemals den Weg heraus. (Eine, wie ich in Absprache mit vielen Männern finde, wirklich gute Internetseite über Männer findest du bei www.Christian-Sander.net, falls du dich mehr mit der Psyche von Männern beschäftigen willst.)

Ist das sexuelle Selbst das gleiche wie die innere Frau? Ich erlebe es anders, es hat eine eigene geschlechtsneutrale Energie. Die innere Frau ist die Akteurin auf der Beziehungsbühne, das ist ihr Raum. Wir lassen oft das spirituelle Selbst, das innere Kind und/oder die innere Mutter, manchmal auch das sexuelle Selbst als Hauptdarstellerin auftreten, wenn es um Liebesbeziehungen geht, aber es ist die Bühne der inneren Frau.

Das sexuelle Selbst spüre ich so: Ich bin Lebendigkeit, ich bin Schöpferkraft. Ich sorge dafür, dass das Leben weitergeht, ich hüte den Auftrag der Fortpflanzung, ich hüte das Leben selbst. Ich verkörpere tiefste Lebenskraft, ich hüte die stärkste Energie, das Weitergeben von irdischem Leben, egal, wie widrig die Umstände auch sein mögen. Ich bin auf Erden die stärkste Kraft, denn ich sorge dafür, dass das Leben weitergegeben wird, dabei sind mir die Gegebenheiten nicht wesentlich. Ich bin stärker als alles andere, ich gehe meinen Weg, weil es mein Auftrag ist, unter allen Umständen Leben weiterzugeben. Ich wirke unabhängig von Beziehungen und Liebe, ich hüte das Leben, das Samenkorn, die heilige Saat. Ich bin Urkraft und ich agiere ungezügelt, wild und frei, weil mein Auftrag das Leben selbst ist. Ich bin weder männlich noch weiblich, ich bin Urkraft. Ich bin das Leben auf der Erde.

Die innere Frau dagegen hört sich für mich so an: Ich verkörpere den weiblichen Pol, ich wirke im männlichen und weiblichen Wechselspiel als weibliche Kraft. Ich agiere als Gegenpol, brauche den männlichen Aspekt, um meine Energie in Wechselwirkung zu bringen. Ich diene der Polarität, dem Spiel der Kräfte, aus denen heraus Bewusstsein entsteht. Ich bin verbunden mit der weiblichen Energie, verkörpere auf Erden eine ganz bestimmte Energieform. Mein Ziel ist, das Energiefeld, das aus männlicher und weiblicher Kraft entsteht, zu halten und zu ermöglichen. Ich bin nicht ausdrücklich sexuell, ich bin eine Art, mit den Dingen umzugehen, um die weibliche Kraft sichtbar wirksam werden zu lassen. Und weil ich den weiblichen Pol verkörpere, spüre ich unbestechlich, ob der männliche Pol anwesend und aktiv ist. Ich aktiviere durch meine Anwesenheit den männlichen Pol, denn ich berühre ihn, ich nähre ihn und ich bin in Wechselwirkung mit ihm.

Verstehst du? Wenn deine innere Frau nicht auf der Beziehungsbühne erscheint, dann wirst du den männlichen Anteil deines Partners nicht wirklich berühren können, denn das kann nur dein weiblicher Pol. Steht da die Mutter oder das Kind, dann berührst du sein inneres Kind oder den Vater, aber nicht den Mann. Der Mann wird durch die innere Frau berührt – und am Ende müssen diese beiden zusammenpassen, wenn die Beziehung auf der Mann-Frau-Ebene funktionieren soll.

Nur am Rande: Es ist für eine Beziehung nicht unbedingt erforderlich, dass die Mann-Frau-Ebene stimmig ist, das hängt vom Auftrag ab und von dem, was euch in einer Beziehung wesentlich ist. Manchmal geht es auch um den inneren Priester und die Priesterin, je nachdem, worin die Bestimmung eines Paares liegt. Passen die Energien des inneren Mannes und der inneres Frau nicht zusammen, gibt es allerdings immer wieder Schwierigkeiten, es fehlt das ganz entspannte, natürliche Fließen zwischen den Polen. Je nach Bestimmung einer Beziehung ist die Mann-Frau-Ebene aber nicht unbedingt die Wichtigste. Ich habe lange Jahre in einer sehr liebevollen, tragenden und nährenden Beziehung gelebt, in der die Mann-Frau-Ebene eine einzige Baustelle war, denn mein »Mann« war auf seinem Weg zur vollkommenen Transformation, hat sich operieren lassen und lebt nun als Frau. Aber die spirituelle und die emotionale Ebene trugen so stark und waren so wertvoll und für diese Zeit wesentlich, dass der Schmerz darüber nebensächlich war. Wir waren verabredet, genau diesen Weg zusammen zu gehen. Ich unterstützte sie in dem, was sie für sich brauchte und wollte, und sie hielt mich, als ich durch die Bewusstseinsarbeit in sehr schmerzhafte Prozesse geriet. Ohne ihre immerwährende Unterstützung und Liebe hätte ich diesen Weg nicht gehen können, genauso wie sie ohne mich diese vollkommene, grundlegende Transformation und Neugeburt nicht überstanden hätte. Wir waren verabredet, weil genau das für diese Inkarnation unser beider Seelenplan entsprach. Alles darf sein, es ist nur sinnvoll, sich bewusst zu machen, welche Energien wirken.

Warum ist es so wichtig, die Ebenen – in deinen Augen vielleicht zu akribisch – auseinanderzuhalten? Weil echtes Bewusstsein nur entstehen kann, wenn du ganz genau hinschaust, was wann und wie wirkt. Stell dir vor, du wärst ein Ingenieur und wolltest ein Gerät bauen. Wenn du deine Leiterplatte, deinen Träger für elektronische Bauteile, entwirfst, dann ist es wesentlich, dass du verstehst, wie der Strom, wie die Informationen fließen, und welches Bauteil was genau macht, denn nur dann kannst du verantwortungsbewusst und schöpferisch eingreifen. Wenn wir die inneren Aspekte durcheinanderwerfen, dann verstehen wir unser eigenes Schauspiel nicht. Ich höre manchmal: »Aber das bin doch alles ich!« Ja. An einem Fernseher ist auch alles ein Fernseher. Aber wenn er nicht funktioniert, dann müssen wir schon schauen, welches Teil genau kaputt ist und welche Funktionen es hat, wie es mit anderen wechselwirkt und wodurch es gestört wurde.

Schauen wir nach. Was kannst du dir selbst nicht vergeben? Wofür brauchst du Absolution? Was liegt dir auf der Seele und stört damit immer wieder deinen wundervollen weiblichen Energiefluss, wofür schämst du dich so sehr, dass du dich an dieser Stelle von dir selbst abgespalten hast?

Liebste Freundin, wir sind miteinander verschränkt. Was du dir selbst angetan hast, hast du auch dem weiblichen Kollektiv angetan – und hier liegt die Chance. Du kannst dir nicht vergeben? Dann bitte uns, den Kreis der Frauen, um Vergebung für das, was du dir selbst zugemutet hast. Wir werden dir stellvertretend für dich vergeben und damit dürfen auch in dir Frieden und neue Freiheit einkehren. Du kannst diese Übung auch für und mit deinen Ahninnen ausführen und dazu die hier im Anschluss an das Ritual beschriebene Meditation machen.

Übung: Vergebungsritual

So komm in den Kreis, auch wenn du allein zu Hause sitzt. Was kannst du dir nicht vergeben? Hab keine Angst vor sogenanntem negativem Denken, durch diese Übung manifestierst du Vergebung. Sprich laut aus, was du dir nicht vergeben kannst, indem du immer wieder folgenden Satz beginnst und ergänzt:

Ich fühle mich schuldig, weil …

Oder, wenn dir das besser dient: Ich kann mir nicht vergeben, dass …

Die Erfahrungen mit dieser Übung zeigen, dass es oft um folgende Themen geht, ich biete sie dir an, damit du deinen tieferen Schichten auf die Spur kommst. Natürlich können deine Themen auch ganz anders sein.

Ich kann mir nicht vergeben, …

… dass ich ein Kind nicht wollte.

… dass ich mich selbst oft abwerte und kritisiere.

… dass ich meine Kinder, Tiere oder Familie nicht retten konnte.

… dass ich meinen Körper immer wieder verachte.

… dass ich meinen Partner betrogen habe, dass meine Sexualität einen anderen Menschen verletzte.

… dass ich mir selbst nicht vertraue.

… dass ich nicht die Tochter sein kann, die meine Eltern gern gehabt hätten.

… dass ich um Liebe kämpfe und bettele.

… dass ich mich selbst erniedrige und zum Opfer mache.

… dass ich immer besser und schöner sein will als andere.

… dass ich mit anderen Frauen immer wieder in Konkurrenz gerate.

… dass ich Männer anziehe, die nicht zu mir passen und die mich verletzen.

... dass ich mein inneres Kind nicht gehütet habe.
... dass ich einer anderen Frau den Mann genommen habe.
... dass meine Sexualität eine andere Frau verletzte.
Bitte sprich alles aus oder schreib es dir auf.

Alles hat viele verschiedene Ebenen, und auf manchen Ebenen bist du nicht verantwortlich. Auf einigen aber schon, und die schauen wir uns hier an. Wenn du zum Beispiel einer anderen Frau den Mann ausgespannt hast, eine Affäre mit ihm hattest, nun, dann ist das natürlich in erster Linie die Verantwortung des Mannes. Aber wir kümmern uns hier um das, was wir selbst beigetragen haben. Egal, wie viel Prozent der Verantwortung du für die ganze Situation trägst, für dich selbst und deine Entscheidungen sind es genau einhundert.

Bitte uns nun stellvertretend für das Weibliche in dir um Vergebung. Wir können für dich tun, was du für dich selbst nicht tun kannst. Beginne mit dem Satz: Ich bitte das Weibliche um Vergebung, dass ich ...

Und dann sprich noch einmal alles aus. Stell dir vor, ganz real, dass wir bei dir sind, und nach jedem Satz hörst du unser: Wir vergeben dir.

Ich, Susanne, vergebe dir ganz ausdrücklich stellvertretend für das Weibliche, mit dem auch ich verschränkt bin.

Wenn dir das leichter fällt oder mehr zusagt, dann bitte die große Göttin, einen Engel deines Vertrauens, Mutter Maria, Kuan Yin, Lady Nada oder einfach das weibliche Lichtbewusstsein um Vergebung. Selbstverständlich wird auch Jesus Christus dir vergeben.

Schließe die Augen, nachdem du alles ausgesprochen hast, und nimm das Licht und die Liebe, den Frieden der Vergebung in dich auf. Du kannst dir vielleicht selbst nicht verzeihen, aber das Weiblich-Göttliche kann es. Und damit darfst auch du in dir loslassen und in Frieden kommen. Indem du das weibliche Prinzip um Vergebung bittest, bittest du auch dich selbst um Vergebung.

 Die Vergebung deiner Ahnenreihe

(Diese Meditation findest du in ähnlicher Form auf meiner CD *Deine Seele ist frei.*)

Erlaube dir, dich zu entspannen, es gibt nichts für dich zu tun, lass alles in dir sein, wie es gerade ist, folge deinen inneren Bildern und Gefühlen. Vertraue dem, was du in dir wahrnimmst. Stell dir ein Tor vor, das kann ein Steintor sein, vielleicht ein goldener Lichtbogen, ein natürlich gewachsenes Tor aus Bäumen – oder es ist ganz anders. Du gehst hindurch und befindest dich auf einmal in einer anderen Welt, einer Welt, in der die Dinge eine tiefere Bedeutung haben. Du befindest dich in einer Landschaft. Vor dir liegt ein Weg, und du entscheidest dich, ihn zu gehen. Rufe die Kräfte der Ahnen und der Erde – und du spürst, wie sich tatsächlich etwas verändert, wenn du diese Kräfte rufst. Du gehst den Weg weiter und bemerkst auf einmal ein großes Feuer. Um dieses Feuer herum sitzen sehr viele Wesenheiten, vielleicht welche, die du kennst, vielleicht auch andere, Schutzengel, Krafttiere, Lichtkräfte oder auch dunkle Energien. Schau einfach hin und lass es sein, wie es ist. Ein Platz ist noch frei.

Eine sehr große, machtvolle Wesenheit tritt auf dich zu und sagt dir: »Dies ist deine Ahnenreihe und ich bin der Hüter eures Schicksals. Hier findest du auch Inkarnationen deiner Selbst, wenn du noch etwas für sie trägst und wenn es noch etwas zu vergeben gibt.«

Das große, machtvolle Wesen führt dich an den freien Platz und du setzt dich ans Feuer. All deine Ahnen, alle, die um das Feuer herumsitzen, verneigen sich vor dir. Du spürst die sehr feierliche, sehr machtvolle Stimmung. Das große Wesen, das dich willkommen geheißen hat, sagt dir: »All deine Ahnen tragen Schuld wie du und alle leiden darunter – wie du. Wir sind zusammengekommen, um alle gemeinsam frei von Schuld zu werden, um dir Gelegenheit zu geben, uns um Vergebung zu bitten. Damit befreist du uns alle, denn du tust damit, was wir selbst für uns nicht tun können. Deine Schuld, sei sie nun echt oder nur angenommen, ist auch unsere, und unsere Schuld trägst auch du.«

Du spürst in dich hinein, lässt dir Zeit, um zu erkennen, wo sich in deinem Körper diese ganz besondere Schwere, Trauer und Reue aufhält. Atme noch einmal tief durch, dann sprich die für dich stimmigen Sätze aus, das, was du dir selbst nicht vergeben kannst. Bitte stellvertretend für dich deine Ahnenreihe um Vergebung. Zum Beispiel:

Ich bitte euch um Vergebung ...

... dass ich ein Kind nicht wollte.

... dass ich mich selbst oft abwerte und kritisiere.

... dass ich meine Kinder, Tiere oder Familie nicht retten konnte.

... dass ich meinen Körper immer wieder verachte.

... dass ich meinen Partner betrogen habe, dass meine Sexualität einen anderen Menschen verletzte.

... dass ich mir selbst nicht vertraue.

... dass ich nicht die Tochter sein kann, die meine Eltern gern gehabt hätten.

... dass ich um Liebe kämpfe und bettele.

... dass ich mich selbst erniedrige und zum Opfer mache.
... dass ich immer besser und schöner sein will als andere.
... dass ich mit anderen Frauen immer wieder in Konkurrenz gerate.
... dass ich Männer anziehe, die nicht zu mir passen und die mich verletzen.
... dass ich mein inneres Kind nicht gehütet habe.
... dass ich einer anderen Frau den Mann genommen habe.
... dass meine Sexualität eine andere Frau verletzte.
Und dann höre, fühle, sieh, wie die Ahnen dir vergeben, wie sie bei jedem einzelnen Punkt nicken und dir Wellen des Friedens, der Liebe und der Vergebung schicken. Gleichzeitig werden auch sie freier und lichtvoller. Es kann nun sein, dass dir Gedanken kommen, die mit deinem Leben nichts zu tun zu haben scheinen – sprich sie aus, möglicherweise tust du es für eine Ahnin und erlöst damit deine ganze Reihe. Möglicherweise auch tust du es für dich selbst, für eine frühere Inkarnation. So absurd es auch sein mag, was vergeben werden will, sprich es aus. Wir alle haben die merkwürdigsten Inkarnationen durchlebt.

Jede Verabredung, die du auf der seelischen Ebene getroffen hast, um anderen ein Spiegel zu sein, darfst du nun wie einen Brief, einen Vertrag, ins Feuer werfen, wenn sie nicht mehr stimmig sind. All die magischen Verstrickungen, durch wen auch immer sie erschaffen wurden, darfst du wie Fesseln und schwarze Bänder aus dir herausziehen und ins Feuer werfen. Deine Ahnen tun das Gleiche, und du spürst, wie die Energie sich ändert, wie Licht und Liebe euch alle durchströmt. Du spürst auf einmal Frieden, Frieden mit dem, was ist. Immer freier werden deine Ahnen, immer lichtvoller.

»Dir ist vergeben, du bist jetzt frei, ein neues Leben zu führen, du bist jetzt frei, in Erfüllung, in Glück, in Freude zu

leben«, scheinen sie dir zuzuwispern. »Wir danken dir aus tiefster Seele, dass du dich selbst und uns alle erlöst hast.«

Du bist tief bewegt und dankbar, dass du dir selbst und deinen Ahnen diesen Dienst erweisen durftest. Es kann sein, dass du noch ein paar Mal ans Feuer zurückkehren wirst, vielleicht gibt es verschiedene Aspekte, die nach und nach erlöst werden wollen.

Irgendwann stehst du auf, verlässt das Feuer und bemerkst ein zweites, ein goldenes Tor. Du weißt, wenn du durch dieses Tor hindurchgehst, betrittst du ein anderes Leben, ein Leben, in dem Liebe, Erfüllung, Freude und Glück auf eine ganz andere Weise möglich sind, als du das bisher erlebtest und kanntest. Dein Leben voller Freiheit und Schöpferkraft wartet auf dich. Und so verneige dich noch einmal vor dem Hüter eures Schicksals und dann geh hindurch durch das goldene Tor in dein neues Leben. Von nun an kann sehr viel mehr Liebe, Freude und Glück auf Erden verwirklicht werden, in der Gegenwart, in der Zukunft und rückwirkend.

Noch einmal: Du manifestierst Liebe und Vergebung, indem du es ausprichst. Ehrlich gesagt, ein bisschen kann ich es nicht mehr hören, wenn geistige Lehrer sagen, dass wir alles, was wir aussprechen, gleich als Auftrag in den Kosmos geben. So blöd ist der Kosmos nicht, er spürt schon sehr genau, welche Energien wir hineingeben, welche Absicht. Du sprichst diese Sätze aus, auch wenn sie sich zunächst wie negative Glaubenssätze anhören. Es sind aber keine Glaubenssätze, es ist deine momentan gefühlte Wahrheit. Das ist ein wichtiger Unterschied!

Ob du einem Glaubenssatz dienst oder ob du eine gefühlte momentane Wahrheit aussprichst, kannst du ganz leicht überprüfen. Beginne deinen Satz einmal mit:

Ich glaube, dass ...
Und dann mit:
Ich fühle, dass ...
Sofort erkennst du, was du einfach nur glaubst und was du wirklich fühlst. Das ist wichtig, weil du mit Glaubenssätzen dann anders umgehen kannst als mit echter gefühlter Wahrheit. Einen Glaubenssatz kannst du ziemlich leicht entlarven, indem du dich fragst: »Stimmt das wirklich? Stimmt das immer und unter allen Umständen?« Das tut es nie, wenn es ein Glaubenssatz ist. Ist es aber ein Gesetz, geistiger oder physikalischer Natur, makrokosmisch oder mikrokosmisch, mathematisch oder quantenmechanisch, dann wirkt es, ob es dir gefällt oder nicht.

Ein Glaubenssatz ist im Mentalkörper verankert und lässt sich relativ leicht ändern. Eine gefühlte Wahrheit dagegen sitzt im Emotionalkörper und damit im Mandelkern. Und natürlich kann diese gefühlte, weil erlebte Wahrheit auch mit einem Glaubenssatz gekoppelt sein. Dann brauchst du einen positiven Gegenpol, eine bewusste andere Erfahrung, die zum Beispiel in einer geschützten therapeutischen Umgebung erfolgen kann.

Ist es eine momentan gefühlte Wahrheit, dann schau, wodurch diese Energie in dein Leben gerufen wurde und wozu sie dient. Manchmal genügt es, sie zu erkennen und dann zu gehen. Manchmal stimmt sie auch einfach. Und manchmal braucht es tiefere Prozesse, weil du etwas für deine Ahnen trägst oder ein altes Trauma immer wieder nach Erlösung ruft. Dann such dir Hilfe. Eine Rückführung in das Leben, in dem diese Überzeugung entstanden ist, kann sehr hilfreich sein, damit du erkennen kannst, welche seelische Erfahrung du in Wahrheit machen wolltest. Vieles löst sich, wenn du verstehst, worum es in Wahrheit ging, was hinter deiner schmerzlichen Erfahrung steckte.

Lass dir das, was du weißt, nicht ausreden, nur weil einige meinen, es wäre ein Glaubenssatz und sobald du anders denkst, wird sich alles ändern. Auf der Erde ändern sich die Dinge üblicherweise dann, wenn du anders handelst. Das Denken ist die notwendige Voraussetzung, aber nicht die hinreichende.

Es ist ein sehr mutiger Schritt, deine Wahrheit auszusprechen, denn damit kann und darf dich das Licht des Bewusstseins auch an dieser so schmerzlichen Stelle berühren. Es ist immer wieder die Absicht, die Realitäten schafft, das, was du in der Tiefe, durchaus auch unbewusst, im Schilde führst. Durchlebst du ein Ritual mit der Bitte um Frieden und um innere Freiheit, dann wird genau das geschehen. Lass dir nichts einreden und lass dich nicht lähmen. Und ja, ich schreibe »nicht«. Der Kosmos kann sehr wohl unterscheiden, was wir meinen. Es ist unser eigenes Bewusstsein, das sich leicht programmieren lässt, nicht die göttliche Ordnung.

Und nur deshalb ist es sinnvoll, Dinge positiv zu formulieren. Denn schon während der Suche nach der positiven Formulierung und damit dem Gegenpol zu dem, was du mit dir herumträgst, macht sich dein Bewusstsein auf den Weg, diese Energien zu verwirklichen. Du änderst deinen Fokus, das Zentrum deiner Aufmerksamkeit, indem du dich auf das konzentrierst, was du verwirklichen willst – wie ein Motorradfahrer nicht auf sein Hindernis schauen sollte (wahrnehmen muss er es natürlich schon), sondern auf die Straße hinter dem Hindernis, auf sein Ziel.

Wir manifestieren das, was unserer inneren Haltung

entspricht, egal, was wir sagen. Das Universum liest unsere Energie, nicht unsere Worte. Du kennst diese Menschen, die dauernd von Frieden, Fülle und Liebe plaudern, bei denen du aber unterschwellig Groll und Wut spürst – sie wundern sich oft, dass sie immer wieder in Streitereien und Schwierigkeiten geraten. Vielleicht gehörst du sogar selbst dazu? Es ist nicht das Wort, das zählt, sondern deine wahrhaftige innere Haltung und die Taten, die daraus folgen.

Und dennoch sind Worte sehr machtvoll, das ist kein Widerspruch, denn sie manifestieren sich im Bewusstsein – welches wiederum Teil der Ordnung ist und somit wirkt. Sei kühn und sprich beherzt aus, was du fühlst, auch wenn es »negativ« ist. Sonst kontrollierst und verurteilst du dich nur und hinderst dich an echter Erlösung. Sprich es aus und bitte um Kraft, Liebe, Frieden oder Vergebung. Das ist der Weg: Mutig zeigen wir uns mit allem, was gerade in uns lebt, auch wenn es uns nicht gefällt, und bitten den Kosmos darum, uns in die höchstmögliche Ordnung zu führen.

Sexuelle Freiheit für Maria

🍎 Vor ein paar Wochen stand ich in einer Aufstellung, Mike und ich hielten ein Tor aus erlöster männlicher und erlöster weiblicher Kraft. Eine Klientin trat ein, um ihre eigene weibliche Energie zu spüren – ging in die Knie, verneigte sich und sagte, sie spüre ganz deutlich Jungfrau Maria. Sie konnte nicht wieder aufstehen, blieb voller Scham knien, sagte, sie fühle sich schuldig, wenn sie das Weibliche annähme.

Ich in der Rolle des erlösten Weiblichen wurde auf einmal unglaublich wütend. Da kniete sie nun, anstatt ihren eigenen Hochzeitskorb entgegenzunehmen. Da kniete sie, betete Maria an und fühlte sich schuldig, ihre weibliche Kraft zu leben. Maria, die Frau, die deshalb heilig gesprochen und als Frau in den oberen katholischen Rängen geduldet wird, weil sie keinen Sex hatte. Dabei spielt es überhaupt keine Rolle, wie Jesus entstanden ist, sie kann sehr wohl ein Wunder erlebt und einen Sohn geboren haben, der ohne zweiten menschlichen Chromosomensatz entstanden ist. Lassen wir es so stehen, warum soll es keine Wunder geben? Lassen wir es auch stehen, dass dies deshalb eine ganz besondere Schwangerschaft war.

Lassen wir es aber auf gar keinen Fall so stehen, dass Maria heilig wurde, weil sie unbefleckt blieb. Was soll das? Was sagt das über das Männliche? Beflecken uns Männer, wenn sie uns ihre körperliche Liebe schenken? Fühlst du dich befleckt, wenn der Mann, den du liebst, dir sein Feuer und seine Schöpferkraft zur Verfügung stellt und dir einen Teil seines Körpers in Form seines Samens schenkt? Was halten Männer von sich selbst, wenn sie eine Frau heilig sprechen, die sich ihnen eben *nicht* hingegeben hat? Maria wird angebetet, weil sie zwar Mutter ist, zwar Heilige – aber keine Frau. Aphrodite wird mit Füßen getreten. Und was halten eigentlich die Männer, die Jungfrau Maria in Stein gemeißelt haben, von ihrer eigenen Mutter? Wie können wir Frauen und Mütter diese immense Abwertung erlauben?

Ich wurde also wirklich, wirklich wütend, ging zu ihr hin, wie sie da kniete und sagte ihr ziemlich derb: »Du weißt schon, dass Maria nur heilig ist, weil sie nie gevögelt hat. Willst du das wirklich anbeten? Ist es nicht viel heiliger, das Leben zu teilen?«

Vielleicht solltest du, liebe Leserin, noch wissen, dass wir dabei waren, uns die energetische Ursache für ihren Brustkrebs anzuschauen. Spannend, oder?

Und dann bat ich die Klientin und die Gruppe der Frauen, mit denen wir arbeiteten, in Gedanken in eine Kirche ihrer Wahl zu gehen, sich vor Maria zu stellen und sie inständig um Vergebung zu bitten für das, was wir, wir Frauen, erlaubt haben. Niemals hätten wir zulassen dürfen, dass eine von uns dermaßen von ihrer eigenen Kraft abgeschnitten wird. Wir sollten der katholischen Kirche – und selbstverständlich auch jeder anderen – verbieten, eine von uns in diesem Ausmaß in ihrer Rolle als asexuelle Heilige gefangen zu halten, nur weil es die Männer dieser Kirche nicht anders ertragen. Es geht dabei nicht um die Kirche, sondern um das, was den Frauen angetan wird. Hexenverbrennungen hin oder her – das, was Maria jeden Tag verkörpert, schädigt uns mindestens genauso sehr, weil es angebetet und gelobt wird.

Wir hinterfragen die Rolle von Maria nicht, sondern akzeptieren ihre Leblosigkeit.

Es ist Marias Sache, ob sie sich jemals ihrem Ehemann oder sonst jemandem hingegeben hat oder nicht, und es geht uns auch nichts an. Hat sie sich bewusst für ein Leben ohne sexuellen Austausch entschieden, so ist das ihre Wahl und ihr lebendiger, ureigener Ausdruck. Aber es darf nicht die Voraussetzung dafür sein, zur Heiligen erhoben zu werden. Dass sie deshalb und überhaupt nur deshalb ihren Platz in der katholischen Kirche einnehmen darf, verletzt das Weibliche mehr, als es dir womöglich bewusst ist. Es verletzt außerdem die innere Mutter, denn Maria musste ihren Sohn, als er zwölf war, ziehen lassen, sie musste zusehen, wie er später verraten und gekreuzigt wurde, und durfte nicht einschreiten. Ist es heilig, sich dermaßen dem angenommenen Willen Gottes zu unterwerfen und nicht wenigstens einmal auf den Tisch zu hauen? Womöglich. Wie sie sich damit fühlte – es steht nirgendwo geschrieben.

Weil es in der Aufstellung so deutlich war: Erlösen wir endlich Maria und geben ihr die Freiheit, wählen zu dürfen. Wenn dich das anspricht, dann ist die folgende Meditation für dich.

Maria erlösen

Folge mir in Gedanken zu Maria in einer Kirche deiner Wahl, eine, die du kennst, oder eine, die gerade jetzt vor deinem inneren Auge entsteht. Vielleicht auch nimmst du keine Kirche wahr, sondern triffst Maria auf andere Weise – so, wie es für dich passt und stimmig ist. Lass dich ihre besondere Energie spüren, ihre Liebe und Hingabe, ihren Trost und ihre Kraft. Verneige dich vor ihr, wenn du möchtest, und dann frag sie, wie es ihr geht und was sie braucht. Wenn du magst, dann probiere Folgendes aus: Nimm sie als Statue in die Arme, trag sie aus der Kirche heraus und bring sie in die freie Natur, auf eine Blumenwiese oder an einen Kraftort. Möglicherweise steht sie auch lebendig vor dir, dann frag sie, ob sie dir folgen will.

Gemeinsam – ich tu es jetzt, während ich das schreibe – rufen wir all jene weiblichen Kräfte, die ihr abgesprochen wurden, all die Kräfte, die sie nicht leben durfte. Bitte die ursprüngliche weibliche Kraft, das starre Bild, das von Maria entstanden ist, aufzulösen, zu sprengen. Spürst du die Müdigkeit, die Lähmung, die darin liegen? Ich kann fast nicht weiterschreiben, so müde werde ich auf einmal. Das Bild ist so uralt und ihre Energie fließt schon so lange nicht mehr frei.

Rufe Mutter Erde und die Kräfte des Lebens, dann lass geschehen, was geschehen will. Jede von uns erlöst einen anderen Aspekt der weiblichen Kraft, so erlebst du diese schamanische Reise vielleicht ganz anders als ich oder andere Frauen. Gib sie in Gruppen weiter, wenn du mit Frauen arbeitest, so erlösen wir alle gemeinsam im Kollektiv das erstarrte Marienbild. Sie darf ja als Bildnis in der Kirche stehen und Kraft und Trost spenden. Sie muss aber nicht – und das ist der Unterschied.

Nimm deine Trommel, wenn du eine hast, und trommle für Maria eine Reise, lass sie sich selbst neu finden und entdecken, erlöse sie aus ihrer starren Rolle und erlaube ihr, die Frau zu sein, die sie tatsächlich war, die sie sein will. Erlaube ihr auch, wenn sie will, heimzukehren ins Licht. Halte ihr dazu eine Lichtsäule und bitte ihre Seele, in das große Reich der Marien-

kraft zurückzukehren, in ihre eigene Energie, ihre seelische Heimat. Noch einmal: Es geht nur um Freiheit. Maria braucht die Freiheit, zu sein, wer sie ist, sie braucht unsere Aufforderung, das immer wieder in Stein gemeißelte Bild zu sprengen.

Sie darf sexuell sein oder nicht. Sie darf auch mehrfache Mutter sein oder gar keine. Sie darf einfach sein, wer sie sein will. Marias Energie wird missbraucht, wenn sie dermaßen starr und steinern festgehalten wird, die weibliche Kraft will fließen und sich immer wieder neu entfalten.

Das Leben ist heilig. Sex ist heilig. Das Leben weiterzugeben ist heilig. Gemeinsam in einer liebevollen Vereinigung männliche und weibliche Energien zu mischen und etwas vollkommen Neues, Einzigartiges zu erschaffen, einem geistigen Wesen zu ermöglichen, die körperliche Ebene zu erleben, ist heiliger als alles, was mir sonst einfällt.

Nachdem wir bei dem eingangs erwähnten Seminar Maria mit dieser Reise gemeinsam erlöst hatten, füllte ich, noch immer in der Rolle des erlösten Weiblichen, den Hochzeitskorb mit Blumen als Symbol für Befruchtung, für lebendiges Wachstum, für die Vereinigung von Himmel und Erde, und gab ihn der Klientin. Sie begann zu weinen. Vielleicht spürte sie jetzt: Das Leben ist heilig. Nicht die Vermeidung von Leben.

Der Kreislauf der Energien

🍎 Im Tantra und in vielen schamanischen Traditionen wird immer wieder folgender Energiekreislauf beobachtet: Wir Frauen geben das Leben über das Herz und über die Brüste weiter, und wir nehmen es durch unseren Schoß auf. Männer geben das Leben durch ihren Feuerstab, ihren Penis weiter, und sie nehmen Energie über das Herz auf. Männer nähren sich selbst, das Leben und uns mit Energien, indem sie ihr Feuer geben, nichts zurückhalten, sondern sich selbst immer wieder ganz und gar dem, wofür sie brennen, hingeben. Wir nähren Männer, die Welt und unser eigenes Leben, indem wir sie aus den Brüsten und dem Herzen heraus mit emotionaler Energie und mit Liebe versorgen.

Falls du transsexuell bist: Denk daran, nach der Operation deinen Energiekreislauf von einem Schamanen oder in einer eigenen inneren Reise umdrehen zu lassen. Denn egal, wie du dich dein Leben lang fühltest, wenn deine Schöpferorgane, auch wenn sie nicht deinem seelischen Ausdruck entsprechen, körperlich funktioniert haben, dann bildeten sie deinen vitalen Lebenskreislauf. Kamst du als körperlicher Mann zur Erde, dann floss deine Zeugungskraft wie die eines Mannes, auch wenn du eine weibliche Seele hast. Kamst du als biologische Frau, obwohl du in der Seele ein Mann bist, dann floss auf körperlicher Ebene wahrscheinlich die Energie in weiblicher Richtung. Spüre einfach für dich nach, es ist nur ein Angebot aus unseren Erfahrungen heraus.

Die folgende Übung dient dir zur Heilung deiner Brüste – einem überfließenden Quell deiner Energie.

Übung: Die Heilung deiner Brüste

Umfasse deine Brüste jeweils mit einer Hand und schließe deine Augen. Stell dir nun vor, wie aus deinem Herzen Lichtnahrung, weiß schimmernde Muttermilch in deine Brüste fließt. Es kann sein, dass diese Flüssigkeit zu Beginn eher dunkel oder gar blutig ist, weil du in deiner weiblichen Kraft verletzt wurdest. Lass es sein, wie es ist.

Atme so lange Herzkraft in deine Brüste, bis sie damit angefüllt sind. Falls das schwierig ist, dann öffne zunächst dein Wurzelchakra, damit Energie in dich einfließen kann. Nimm Energie in dich auf, lass sie in dein Herz fließen und von da aus in deine Brüste. Dieser Prozess kann ein bisschen dauern, je nachdem, wie offen du dafür bist, dich nähren zu lassen. Nimm dann Energie aus dem Kosmos durch dein Kronenchakra auf, lass es in dein Herz und von da aus in deine Brüste fließen, damit sich Himmel und Erde in dir vereinen.

Nun stell dir vor, dass diese Muttermilch, die aus deinem Herzen kommt und aus deinen Brüsten herausströmt, zunächst in die Erde fließt. Nähre die Erde mit deiner Muttermilch, selbst wenn sie noch blutig oder dunkel ist, die Erde kann diese Energie ganz leicht in Liebe und Lebensenergie verwandeln. Vielleicht spürst du nun, wie gestaut deine Brüste sind, wie schwer es dir fällt, Liebe und Nahrung aus ihnen herausfließen zu lassen. Deine Brüste sind heilig, durch sie nährst du das Leben. Lass alle Gefühle zu, die vielleicht dem Fluss deiner weiblichen Kraft entgegenstehen, lass dich weinen, atmen, spüre die Erstarrung oder auch die Leere, falls du zu leicht und zu oft andere nährst, statt zunächst dich selbst zu erfüllen. Hier zeigt sich auch der Schmerz darüber, dass deine Nahrung nicht angenommen wurde, zum Beispiel weil dein Kind dich nicht mehr braucht, weil deine Projekte nicht funktionieren, obwohl du so viel zu geben hast, weil deine Liebe nicht frei und aufrichtig fließen kann. Bleib in dem Gefühl. Lass Muttermilch aus dem Herzen in die Brüste strömen und erlaube, dass die Erde davon trinkt. Vielleicht magst du dir tatsächlich Mutter Erde oder im weiteren Verlauf auch ein Kind oder ein Tier vorstellen, wie sie an dir trinken, vielleicht sogar dich selbst, dein eigenes inneres Kind. Möglicherweise nimmst du das Fließen der Energie auch eher wie einen Lichtstrom wahr – lass es sein, wie es ist. Irgendwann beginnt deine Milch, weiß zu fließen, licht und rein, weiß schimmernde Erd- und Lichtnahrung zugleich. Gib sie dorthin, wo es für dich stimmig ist. Und nähre auch und zuerst dich selbst.

Wenn diejenigen, denen du diese Energie in deinem Leben schenken willst, sie nicht nehmen möchten, dann lass los. Du tust dir nur selbst weh und bekommst einen energetischen Milchstau, wenn du jemanden mit deiner Liebe nähren willst, der sie gar nicht haben möchte. Lass los und nähre dich selbst, dein inneres Kind und all die Projekte und Wesenheiten, die deine Liebe und deine weibliche Nahrung tatsächlich brauchen und in Liebe und Dankbarkeit annehmen.

Loslassen heißt noch lange nicht, zum Beispiel die Beziehung oder Freundschaft zu verlassen, das kann ich nicht oft genug sagen. Lass aber los, den anderen nähren zu wollen. Die Energien der Beziehung sortieren sich dann von ganz allein neu, weil du die Kontrolle aufgegeben hast.

Falls du bei dieser Übung spürst, dass dir jemand an der Brust hängt und dich leer saugt – womöglich das innere Kind eines anderen –, dann löse ihn sanft oder auch weniger sanft von deiner Brust und übergib ihn der großen Erdmutter. Sie hat genug Nahrung für alle, du kannst und brauchst nicht zuständig zu sein. Es ist deine Energie, deine Brust, und du darfst wählen.

Dein lustvolles Selbst rufen

🍎 Kann es sein, dass du ein wenig vergessen hast, wie es ist, lustvoll zu sein? Vielleicht bist du es so sehr gewöhnt, dich zu kontrollieren, um dünn genug, gesund genug, spirituell genug oder sonst wie gut genug zu sein, dass du vergessen hast, dass du ein freies, lustvolles Wesen bist. In einer schamanischen Reise vollen wir dein lustvolles Selbst wieder rufen, damit du dir deinen Spaß zurückeroberst, lachen, tanzen, Sex haben und ein fröhliches körperliches Leben führen kannst. Warum in einer »schamanischen« Reise? Weil wir Aspekte deiner Selbst zurückrufen, und das ist schamanische Arbeit.

Das Zurückholen ist die eine Sache – schwieriger ist das Halten. So stelle dir zunächst folgende Fragen: Wodurch schicke ich mein lustvolles Selbst immer wieder in die Verbannung, auf welche Weise vertreibe, entmutige und ignoriere ich es? Wenn ich Ja sage zu meinem lustvollen Selbst – was geschieht dann in mir?

Probiere diesen Satz aus: Wenn ich Ja sage zu meinem lustvollen Selbst, dann ...

Hast du Sorge, dann maßlos zu werden? Deine eigenen Werte nicht mehr zu respektieren, sondern dir zu nehmen, was du haben willst? Hast du Sorge, süchtig zu werden und nichts mehr auf die Reihe zu bekommen, weil du nur noch im Genuss schwelgst? Egoistisch zu werden, eine Zumutung für die anderen, übergriffig oder einfach »zu viel«?

Liebe Freundin – all das stimmt womöglich. Aber nur,

wenn dein lustvolles Selbst ein Eigenleben führt und nicht an dein Herz angebunden ist. Du hast es vielleicht abgespalten und im wahrsten Sinne des Wortes in die innere Wüste geschickt, weil es dich einst in Schwierigkeiten brachte. Doch jetzt ist es Zeit, diesen Anteil deiner Kraft aus der Verbannung zu holen und ihm einen guten, angemessenen Platz in dir zu geben. Denn am Ende geht es immer um den angemessenen Platz. Nur wenn die verschiedenen Aspekte ein voneinander getrenntes Eigenleben führen, können sie dir schaden. Alles in dir darf sein – und *du* bist das Alpha-Weibchen in deinem Reich. Dein lustvolles Selbst ist ein Aspekt, aber du bist die Königin. Wenn du das weißt, dann kannst du die rigorose Selbstkontrolle aufgeben und auf achtsame Weise zu regieren beginnen.

 Dein lustvolles Selbst zu dir zurückholen

Geh in deiner Vorstellung durch ein Tor, tritt ein in eine wundervolle Landschaft, in der du dich rundherum wohlfühlst. Eine Landschaft, die deine Fülle, deine Sinnlichkeit, das Leben, das du liebst, widerspiegelt. Vielleicht gibt es blühende Blumen oder Bäume mit reifem Obst, ein glitzerndes Meer oder schroffe Felsen, die dich herausfordern – so, wie es für dich richtig ist, ist es gut. Geh spazieren, schwimmen, klettern, tu, was sich gut anfühlt. Schon lange vermisst du einen Teil deiner Lebendigkeit, das ist dir bewusst. Du lebst dein Leben, aber manchmal ist es ein wenig grau, weil du ein bisschen zu viel Kontrolle ausübst. In all der Arbeit an dir selbst hast du vielleicht vergessen, dass es

einen sehr natürlichen, lustvollen Anteil gibt, der einfach Spaß haben kann. Vielleicht hast du diesen Teil abgespalten, weil er dir Schwierigkeiten gemacht hat, dich zu süchtigem Verhalten verführte oder Anstoß erregte, als du ein Kind warst. Vielleicht schämst du dich gar für deine Lust, sei es beim Essen, beim Tanzen, beim Sex oder bei allem, was du tust. Womöglich wurde deine Lust als Gier ausgelegt, und du hast begonnen, sie zu verbergen und dich für sie zu schämen.

Geh spazieren und rufe dein Krafttier, wenn du es kennst. Wenn du es nicht kennst, dann rufe es dennoch und schau, was dir begegnet. Stell es nicht infrage, die geistige Welt weiß, was sie tut, egal, was du selbst gerade für richtig hältst. Kommt dir dein Krafttier zu fremd vor, dann frage es einfach: »Bist du mein Krafttier?« Und dann schau, was geschieht. Vielleicht nimmst du auch kein Krafttier wahr, es ist nur ein Angebot, nicht wirklich wichtig. Du gehst immer weiter und auf einmal bemerkst du in einiger Entfernung ein Feuer.

Du gehst auf das Feuer zu und siehst eine Gestalt um das Feuer herum tanzen, selbstvergessen und ganz und gar bei sich. Vielleicht kennst du sie, vielleicht ist sie dir auch gar nicht vertraut. Nimm Platz am Feuer und schau dieser Gestalt zu. Atme und nimm wahr, was es in dir auslöst, diese Gestalt zu beobachten. Bekommst du Lust mitzutanzen? Hast du Angst vor der Lebendigkeit, oder gibt es in deinem Leben so wenig Raum für Genuss, dass es dich schmerzt, diese Gestalt zu sehen?

Nach einer Weile stehst du auf und gehst zu ihr hin, falls sie dich nicht sowieso schon längst bemerkt hat. Ihre unbändige Energie strömt zu dir. Sie hält inne, begrüßt dich und ihr setzt euch zu einem Gespräch ans Feuer. Vielleicht auch magst du einfach mit ihr tanzen, ihre Kraft in dich aufnehmen oder sie bitten, von nun an als Anteil deiner Selbst zur Verfügung zu stehen.

Wenn ihr euch unterhalten wollt, dann frag sie, wem sie dient und ob sie bereit ist, sich in den Dienst deines Herzens zu stellen. Frag sie, wann du sie abgespalten hast und wozu das diente, welche Energie sie dir bringt, und auf welche Weise sie sich am liebsten ausdrückt. Vielleicht kommen dir innere Bilder und Erinnerungen an Situationen, in denen du sehr lustvoll warst – was hast du früher getan, was macht dir Freude, auf welche Weise feierst du das Leben am liebsten?

»Deine Lust ist immer nur einen Tanz weit entfernt. Wie du ein Bewusstsein für deine spirituelle Kraft entwickelst, so darfst du auch ein Bewusstsein für deine Lust entwickeln, auch ich bin Spirit, Geist, Energie, Leben«, sagt sie dir und dann macht sie dir ein Angebot: »Wann immer du von nun an mehr Genuss oder Freude brauchst, ruf mich. Ich bin immer hier am Feuer. Ruf mich und bitte mich, meine Energie wirksam werden zu lassen, gib mir Raum in dir. Wenn du tanzen willst, dann lass mich tanzen, wenn du Sex hast, gib mir Raum, ruf mich, lass mich in deinen Zellen, in deiner Venus wohnen und gib mir das Zepter in die Hand.«

Und auf einmal erkennst du, du hast deine Lichtbahnen zwar wundervoll trainiert, wenn es um geistige und spirituelle Kräfte geht, hast dabei aber die genauso wertvollen und wichtigen Lichtbahnen deiner Freude vergessen. Auch Lust ist spirituelle Kraft, das erkennst du jetzt, es ist ein anderer Ausdruck von Lebendigkeit.

Vielleicht erinnerst du dich an eine oder sogar viele Situationen, in denen deine Lust geradezu verteufelt wurde, vielleicht wurdest du gar für deine Lust vernichtet. Bestimmt hast du sie selbst missbraucht, sonst hättest du nicht erlaubt, dass sie in die Verbannung geschickt wurde, weder durch dich selbst noch durch andere.

Auf einmal bemerkst du: Das Feuer, an dem du sitzt, hat seine Farbe verändert. Es glüht in Violett, Purpur oder in genau der Farbe, die für deine Energie richtig ist. Die Gestalt führt dich in das Feuer hinein. Egal, was du in Bezug auf Feuer erlebt hast, dieses Feuer fühlt sich gut an und schenkt dir Energie. Du stellst dich hinein, die Flammen summen durch dich hindurch. Jetzt spürst du, dieses Feuer ist wie ein Seelenmagnet. Es zieht durch Raum und Zeit all deine Energien zu dir zurück, alles, aber auch wirklich alles, was du jemals abgegeben, verloren und abgespalten hast, kommt auf sehr achtsame und gesunde Weise zu dir zurück. Besonders all die lebendigen, lustvollen, freudigen Aspekte, die seelischen und irdischen Kräfte deiner Selbst, die das Leben genießen und sich daran unbändig freuen können, zieht das Feuer wie magisch an. Gleichzeitig verpuffen alle Energien in dir, die deinen lebendigen Ausdruck, deine Freude mindern. Ganz leicht lösen sie sich in Licht, Rauch oder Funken auf. Besonders dein mentaler Energiekörper erfährt eine vollkommene Erneuerung, glaubtest du doch womöglich, Lust und geistiges Wachstum, spirituelle Hingabe und irdische Freuden schlössen sich gegenseitig aus.

»Willkommen in der neuen Energie«, scheint die Gestalt dir zuzuwispern, »hier gilt Sowohl-als-auch. Auch deine Lust, dein Genuss, deine irdische, körperliche Freude ist ein Aspekt deiner spirituellen Weisheit, Wahrheit und Intelligenz. Du kannst mir, und damit dir selbst, nun vertrauen.«

Mehr und mehr spürst du, wie sich dein Körper mit dir selbst füllt, dass du kraftvoller, selbstbestimmter und freudiger wirst. Nun strömt auch Erdkraft in dich ein. »Deine Erdung ist immer einen einzigen Tanzschritt weit entfernt«, raunt dir die Erde zu. Du schaust dich um und auf einmal scheint alles zu tanzen, die Sterne tanzen ihren langsamen Walzer, die Atome und Mo-

leküle führen einen stürmischen Rock 'n' Roll oder eine komplizierte Quadrille vor, je nach Aggregatzustand. Das Feuer, die umgebende Natur, alles tanzt. Leben ist Tanz, Lust ist Tanz, Sex ist Tanz, Liebe ist Tanz, geistige Arbeit ist Tanz – das erkennst du mehr und mehr. Und du fragst dich ernsthaft, wie du vergessen konntest, zu tanzen.

»Wie immer dein Tanz aussehen mag, versprich dir von nun an, dir jeden Tag Zeit für den Tanz deines Lebens zu nehmen«, hörst du die Gestalt lachen. Deutlich kannst du sie nun erkennen – das strahlende Lachen deiner eigenen Lust. Schau dir selbst ins Gesicht, erkenne deine Schönheit, deine Lebendigkeit, deine Lebensfreude, deine spirituelle Weisheit. Möglicherweise strömt diese Energie, diese Gestalt nun in dich ein und nimmt ihren Platz in dir ein. Vielleicht aber fühlt es sich für dich besser an, sie am Feuer zu wissen, damit du sie jederzeit rufen kannst, wenn du etwas brauchst. Jedes System funktioniert anders und so schau, was für dich am besten ist. Es ist genau richtig, wie es ist.

Das Feuer öffnet sich nun zu einem Funken sprühenden Tor, die Gestalt nickt dir zu und lädt dich ein, mit ihr gemeinsam das Tor zu durchschreiten. Das seelenmagnetische Feuer lodert weiter für die anderen Wesensanteile deines Selbst, die nachkommen wollen. Du bist ein multidimensionales Wesen, und es gibt immer wieder den einen oder anderen Anteil, der wahrgenommen und zurückgeholt werden will, immer dann, wenn die Zeit dafür reif ist.

Du betrittst ein neues Reich, eine Welt voller Freude, Glück und spiritueller Weisheit. Ein goldener Weg führt mitten hinein in ein riesiges, leuchtendes Herz – ihr beide, dein lustvolles Selbst und du, geht Hand in Hand mitten hinein in dieses lebendige, mitfühlende, freudestrahlende Herz.

Bleib noch ein wenig bei dir – und irgendwann, wenn es Zeit ist, kommst du ganz von selbst mit deiner Aufmerksamkeit in die Welt der Formen zurück, denn hier kannst du alle diese Kräfte freudig in die Tat umsetzen.

Der Treffpunkt für all die Energien dieser Reise, der Ort, an dem sie sich vereinen, ist das Herz. All diese so unterschiedlichen Kräfte dienen der Liebe und dem Leben, sie unterstehen dem Dienst des Herzens – wenn du ihnen diesen Auftrag gibst, wenn du in dieser Absicht lebst.

Die Märchenprinzessin

 Es gibt einen weiteren inneren Anteil, den wir uns anschauen sollten, denn wenn er unbewusst wirkt, kann er ziemlich destruktiv sein: die Märchenprinzessin. Sie hütet all die Träume und Sehnsüchte, die wir uns aus anderen Inkarnationen, aus Büchern, Filmen, allen möglichen Dimensionen und Astralwelten eingefangen haben. Sie träumt vom rettenden Prinzen auf dem weißen Pferd und ist so romantisch, dass sie hinter jeder Gemeinsamkeit Seelenpartnerschaft und hinter jedem Hormonschub wahre Liebe vermutet und erhofft.

Die Märchenprinzessin kann ein sehr starkes Feld aufbauen, und sie ist sehr überzeugend – besonders wenn du dich mit spirituellen Themen beschäftigst. Sie verdeckt den grundlegenden Trennungsschmerz, dem du als Mensch ausgesetzt bist, weil du die Einheit mit allen Wesen und deiner seelischen Heimat nicht mehr spürst. Leider hindert dich ihr Traum daran, diese Einheit auf gesunde, vernünftige und kraftvolle Weise wiederherzustellen. Denn wie du ja weißt, wenn du einen Traum verwirklichen willst, musst du erst aus ihm erwachen. Solange du den Traum hütest und nicht bereit bist, dich dem Schmerz zu stellen, der dahinter liegt, kannst du nicht wirklich auf der Erde ankommen. Deine Erlösung als Mensch, als Frau aber liegt auf der Erde, in der auf die Erde gebrachten, bewussten und tatkräftig gelebten Liebe.

Woran erkennst du die Märchenprinzessin, und was

unterscheidet sie von der liebevollen, romantischen, aber sehr realen inneren Frau?

Die Märchenprinzessin ...
... hält auch die absurdesten äußeren Umstände immer noch für »spirituell geführt« und setzt sich über alle vernünftigen und den anderen respektierenden Grundsätze hinweg. Sie hat zum Beispiel keine Probleme damit, einen Mann, der in einer festen Beziehung lebt, in ihr Bett zu holen, selbst wenn es drei Tage vor seiner Hochzeit ist – weil wahre Liebe sich ihrer Meinung nach nicht von äußeren Umständen beeinflussen lassen sollte und weil sie hofft, dass doch in Wahrheit sie zu ihm gehört. Sie rechtfertigt auch rücksichtsloses und verletzendes Verhalten damit, dass sie innerlich geführt ist und dass ja jeder seine eigene Wahl trifft, auch der, den sie verletzt (zum Beispiel die Frau, deren Mann sie in ihrem Bett hat).

Die innere Frau ...
... tut äußerlich vielleicht genau das Gleiche, aber sie macht sich nichts vor, sondern weiß, dass der Preis immens sein wird und dass sie ihn zahlen muss, ob ihr das gefällt oder nicht. Sie behält die Verantwortung für sich und ihre Entscheidungen und ist bereit, mit all dem zu leben, was ihre Entscheidung mit sich bringt, und dazu zu stehen.

Die Märchenprinzessin ...
... lässt sich schlecht behandeln, weil »er noch nicht so weit ist« und weil sie hofft und glaubt, dass ihre Liebe ihn heilen wird. Sie lässt sich ausnutzen und erlaubt, dass ein Mann ihr Asche, Versprechungen, Absichtserklärungen statt echtem Feuer, nämlich seiner tatkräftigen, sichtbaren und offenen

Liebe, zur Verfügung stellt. Sie versieht auch die demütigendsten Erfahrungen mit spirituellen Untertiteln und hofft weiter. Sie interpretiert, anstatt zu sehen, was geschieht. Sie hat diese spirituell verklärte Aura und rechtfertigt sich vor sich selbst, indem sie glaubt, niemand würde sie verstehen, weil niemand so liebt wie sie. Sie liebt mit geschlossenen Augen, voller Hoffnung und lebt in der Hauptsache in ihren Vorstellungen von der Zukunft.

Die innere Frau ...
... lässt sich vielleicht auch schlecht behandeln, weil sie noch nicht loslassen kann. Aber sie macht sich nichts vor, sondern sieht klar und deutlich, was sie erlaubt, sie trägt die Verantwortung dafür und sammelt Kräfte, um eines Tages ihren Weg auf gesündere Weise weiterzugehen. Sie hofft nicht, sondern sie geht aktiv ihren Weg und sie kennt und überprüft ihre Handlungsgrundlage. Sie vermittelt etwas Irdisches und Bodenständiges, sie ist erreichbar und durchaus fähig, deutlich und offen zuzugeben, dass eventuell nicht alles stimmig ist. Sie liebt mit offenen Augen, voller Tatkraft und der Bereitschaft, in jedem Moment neu zu wählen – hier und jetzt und heute. Sie rechtfertigt sich nicht, sondern trägt Verantwortung.

Die Märchenprinzessin ...
... hat sehr klare Vorstellungen darüber, wie eine ideale Beziehung aussieht, wie sie behandelt werden will und was »gar nicht geht«. Das sieht manchmal so aus, als hätte sie sehr viel Selbstwertgefühl. Doch in Wahrheit ist sie rigide, lässt sich auf der einen Seite zu viel gefallen, auf der anderen Seite lässt sie sich von Äußerlichkeiten blenden und beeindrucken, anstatt genau hinzuschauen – in jeder Hinsicht. Sie

lässt sich abschrecken, wenn ihr eine Äußerlichkeit, sei es eine Lebensweise, ein finanzieller oder beruflicher Umstand, eine Krankheit oder eine Art, sich zu kleiden, nicht gefällt, anstatt zu schauen, welche Energien wirken und ob sie sich wohlfühlt. Gleichermaßen lässt sie sich blenden, wenn ihr bestimmte Umstände gefallen, dann schaut sie nicht mehr, was ihr Herz, besonders aber ihre unbestechliche innere Stimme tatsächlich sagen, sondern sieht sofort ihren Traum realisiert. Sie ist sehr schnell bereit, Ja oder Nein zu sagen, prüft nicht, wählt nicht, sondern folgt ihrem ersten Impuls – ohne zu überprüfen, woher er kommt. Sie glaubt, er käme aus dem Herzen, doch meistens ist er ein Produkt ihrer Projektionen, Wünsche, Träume und Sehnsüchte.

Die innere Frau ...

... spürt ihren Hochzeitskorb und überprüft ihre Impulse. Sie lässt sich von einem echten, warmen Gefühl im Herzen leiten, kennt ihre Co-Abhängigkeiten, Sehnsüchte und Wünsche, nimmt sie ernst, lässt sie aber nicht zur Handlungsgrundlage werden. Sie ist mutig genug, auch ihren Verstand zu nutzen, und sie traut sich, ihre Impulse zu überprüfen, auf die eventuell warnende innere Stimme zu hören und im Zweifel ihre innere Leere auszuhalten, statt sich selbst zu beschwichtigen. Immer, immer ist sie bereit, die volle Verantwortung für ihr Tun zu tragen.

Die Märchenprinzessin ...

... glaubt an die große Liebe, die alles heilt und gut macht. Sie glaubt, dass die große Liebe den Schmerz über die grundsätzliche Trennung löscht.

Die innere Frau ...

... weiß, dass gerade die größte Liebe größte Herausforderungen in sich birgt, den Schmerz aktiviert und ihn dadurch in die Heilung bringen kann.

Die Märchenprinzessin ...
... glaubt an Wunder und bezieht sie fest in ihre Lebensplanung mit ein. Sie braucht auch oft Wunder, weil der Weg, den sie gehen will, in Wahrheit eine Illusion ist – und oft genug erwacht sie für kurze Zeit enttäuscht und verletzt aus ihrem Traum. Doch sofort erschafft sie sich einen neuen Traum, um den Schmerz nicht spüren zu müssen.
Die innere Frau ...
... hält Wunder für möglich, weiß aber, dass sie in der Regel ohne Wunder auskommen muss, und ist bereit, den irdischen, langen Weg zu gehen, um zu erreichen, was sie will. Erreicht sie ihr Ziel nicht, trauert sie, hält den Schmerz aus, sucht sich Hilfe und überprüft ihren Weg, korrigiert ihn gegebenenfalls und ist bereit, sich dem zu stellen, was ist.

Die Märchenprinzessin ...
... glaubt, dass alles gut ist, wenn sie nur den Richtigen gefunden hat.
Die innere Frau ...
... weiß, dass der Richtige derjenige ist, mit dem sie die Herausforderungen des Lebens meistern kann, weil auch er bereit ist, sich wirklich und wahrhaftig dem Leben so zu stellen, wie es ist.

Die Märchenprinzessin ...
... lebt von der Hoffnung und in ihren Gedanken und Vorstellungen. Ein Zeichen dafür ist, dass sie sehr viel Energiearbeit, schamanische Reisen oder andere spirituelle

Techniken anwendet, um in Kontakt mit dem anderen zu kommen und um Dinge zu ändern. Sie tut das allein, ohne die physische Anwesenheit des anderen.

Die innere Frau ...

... lebt das, was wirklich sichtbar und ganz und gar irdisch da ist, hier und jetzt. Auch sie wendet vielleicht viele spirituelle und psychologische Techniken an – aber gemeinsam, in echtem, wahrem Kontakt mit dem anderen.

Und Vorsicht: Die Märchenprinzessin kann auch als Bettelprinzessin daherkommen, nämlich dann, wenn sie glaubt, wertlos zu sein, und wenn sie vergessen hat, dass die innere Frau eine Königin ist.

So weit, so schwierig. Denn meistens reagieren wir aus beiden Anteilen heraus. Unterschätzen wir nicht, wie immens und zwingend die Sehnsucht nach einer erfüllten Liebesbeziehung, nach Einheit, nach der großen romantischen Liebe sein kann und wie sehr wir bereit sind, dafür einen sehr hohen Preis zu bezahlen. Dennoch gibt es einen entscheidenden Hinweis darauf, ob du in der Hauptsache aus der inneren gesunden oder zumindest genesenden Frau oder aus der romantischen und vielleicht spirituell verklärten Märchenprinzessin heraus handelst: Lebst du in Hoffnung auf Besserung und Veränderung oder bist du im Moment, jetzt, während du das Buch liest, handlungsfähig? Fühlst du dich im Vollbesitz deiner Kräfte, oder wartest du darauf, dass etwas geschieht, damit alles endlich gut wird?

Und, die wichtigste Frage: Bist du dir treu? Sind deine Lebensumstände so, dass du im Spiegel voller Respekt »Ich achte dich« sagen kannst, oder nimmst du einiges in Kauf, das dich schwächt und dich dazu verführt, deine eigene innere Wahrheit zu beugen und nicht ernst zu nehmen? Trägst du zu hundert Prozent die Verantwortung für das, was in deinem Leben passiert, erkennst du, dass du immer eine Wahl hast, oder fühlst du dich in deinen Lebensumständen gefangen und hängst romantischen Träumen und Sehnsüchten nach, anstatt immer wieder neu zu wählen und das, was du gewählt hast, mit all deiner Liebe und Fürsorge zu pflegen?

Schau genau hin. Die Märchenprinzessin verhindert ein erfülltes Leben, weil sie in ihren Träumen schwelgt. Es kann wirklich sehr schmerzhaft sein zu erwachen, und vielleicht erlebst du eine Menge Scham, wenn du erkennst, dass du der Märchenprinzessin das Zepter in die Hand gegeben hast. Nimm es zu dir zurück, sie ist keine gute Herrscherin.

Erinnerst du dich an meine Geschichte mit dem Mann, in den ich mich so sehr verliebt hatte? Sie ging noch weiter. Ich hörte, dass er mit seiner Freundin ein paar Monate durch Asien touren wollte, sie studierten beide und wollten sich ein Freisemester nehmen. Weil ich aber wusste, dass wir beim Positiven Denken so tun sollten, als sei schon alles erfüllt, als seien die Dinge bereits so, wie wir sie affirmieren, setzte ich mich an die Stelle der Freundin – und verletzte damit das Weibliche, weil ich ihren Platz nicht achtete, die Rechnung kam dann auch mit Zinsen. Ich stellte mir immer wieder vor, ich reise an seiner Seite durch Asien. Ich schaute nicht einmal, ob ich das überhaupt mochte und woher ich das nötige Geld haben würde, hatte nur die Idee, mein Auto zu verkaufen. Weil ich das Positive Denken sehr ernst nahm, berichtete ich auch in der Praxis, in der ich arbeitete, von dieser Reise. Ich hielt es für richtig, meine Chefin davon in Kenntnis zu setzen, dass ich bald für ein paar Monate unterwegs sein würde, damit das Universum mein Vertrauen erkannte und mich ernst nahm. Meine Märchenprinzessin ist äußerst überzeugend – das sind sie immer, weil sie an all das mit einer Inbrunst glauben, die Zweifel gar nicht erlaubt.

Meine Chefin nahm mich leider sehr ernst und suchte Ersatz für mich. Und spätestens jetzt wird klar: So romantisch die Märchenprinzessin auch ist, wenn du ihr Raum gibst, dann greift sie in deine vitalen Systeme ein. Für die Erfüllung ihres Traumes – der dazu dient, dich von Schmerz zu befreien – tut sie alles, glaubt alles und hinterfragt nichts. Meiner Chefin im Brustton der Überzeugung zu erzählen, dass ich in ein paar Monaten für längere Zeit mit meinem Partner unterwegs sei, obwohl nichts davon bereits Wirklichkeit war – das wenigstens wusste sie –, war nicht mehr romantisch, sondern einfach selbstschädigend.

An Ende konnte ich bleiben, aber das war nicht mein Verdienst. Nun könnte man meinen, all das sei geführt gewesen, vielleicht stimmt das. Letzlich aber hatte ich einfach Glück, dass die Chefin noch keinen Ersatz gefunden hatte, dass ich aus dem Traum erwachen durfte, ohne dass um mich herum alles in Scherben lag. Es hätte auch anders kommen können, und oft genug geschieht das auch. Die Märchenprinzessin hat durchaus das Potenzial, dein Leben zu zerstören, weil sie wie eine Sucht wirken kann. Sie verdreht dein Denken und nimmt dir den Blick für das Wesentliche, für das, was tatsächlich stattfindet. Es gibt in den Suchtselbsthilfegruppen den Begriff »romanzensüchtig«, und das kann man der Märchenprinzessin durchaus unterstellen. Sie füllt dein

Leben mit Illusionen, das können sogar schmerzliche Illusionen sein, damit du deinen echten Schmerz nicht zu spüren brauchst. Sie hält dich aber genau dadurch davon ab, dahin zu gehen, wo du echte Erfüllung und Nähe findest.

So schau genau hin und überprüfe die Wirklichkeit, hier kann dein nüchterner, klarer Verstand Wunder wirken. Er unterstützt die Liebe und gibt ihr Raum, er enttarnt deine unangemessenen Träume und Hoffnungen, aber auch deine unangemessenen Ängste und Zweifel. Hält dein Traum einer sorgfältigen Prüfung durch deinen Verstand – noch mal: nicht deine Angst ist gemeint, sondern der klare, nüchterne, kluge Verstand – nicht stand, dann schau, ob du einen Schmerz, eine Leere verdrängst. Stell dich dem Schmerz und öffne dich für eine echte Erlösung. Finde zunächst heraus, was du durch eine Lösung im Außen zu verdecken versuchst, dann kommst du dir selbst und deiner inneren Frau wieder nahe.

Noch einmal zur Unterscheidung zwischen Verstand und Angst: Dein Verstand kann es durchaus für sehr sinnvoll erachten, zum Beispiel eine kitschige, rosarote Plüschboutique zu eröffnen, in der du Kristalle, spirituelle Bücher und Künstlerpuppen verkaufst, weil du das liebst. Aber er wird dir raten, einen Businessplan zu machen und dich um die Finanzierung zu kümmern, er wird dir helfen, deinen Traum auf die Erde zu bringen. Niemals wird dir dein Verstand sagen: »Das wird nichts«, außer, es stimmt, weil der Standort unmöglich ist, weil es in Wahrheit gar nicht zu dir passt oder aus sonstigen stimmigen Gründen. Verstehst du den Unterschied? Die Angst dagegen wischt deinen Traum ungeprüft mit einem »Das schaffst du sowieso nicht und was soll das überhaupt?« vom Tisch.

Genauso wird dir dein Verstand raten, in deiner Firma zu bleiben und dich nicht zu utopischen Träumereien hinreißen zu lassen, wenn du deine Arbeit magst und sie dich in jeder Hinsicht gut ernährt. Nicht jeder muss spirituell arbeiten, es kann sein, dass dir deine Arbeit, deine Beziehung, deine Art zu leben, auch wenn sie nicht besonders spirituell wirken, einfach sehr viel Halt und Rückendeckung geben, dich nähren und stabilisieren. Auch das weiß dein Verstand. Deine Angst wird glauben, du machst etwas falsch, wenn du deinen Träumen nicht folgst, aber manchmal sind diese Träume eher Ideen darüber, wie es sein sollte, und nicht das, was du wirklich willst. Überprüfe das sorgfältig. Durch das Überprüfen und durch echte, kühne innere Aufrichtigkeit entziehst du der Märchenprinzessin die Nahrung, die sie braucht, um dein Leben zu bestimmen: Verleugnung, Hoffnungen und Illusionen. Verwirkliche lieber deine Träume, statt dich in Illusionen zu verlieren. Dann wird das Märchen wahr und die Märchenprinzessin arbeitet Hand in Hand mit der Königin, die das Reich regiert und sich dabei klug und weise beraten lässt.

Wenn du erkennst, dass du der Märchenprinzessin dein Leben in die Hand gegeben hast, und sei es auch nur ein kleiner Teil davon, dann lass deine innere Frau zu ihr gehen. Deine innere Frau nimmt sie in den Arm und sagt ihr, dass sie sich kümmert, dass sie weiß, was sie tut, und dass sich die Prinzessin entspannen darf. Richte der Märchenprinzessin in Gedanken ein Zauberzimmer ein, einen wunderhübschen Raum, in dem sie ihren Träumen nachhängen und kreativ und romantisch sein darf. Einen Raum, in dem sich alles erfüllt, was sie sich wünscht.

Die Märchenprinzessin hat keine weibliche Schale. Weil

sie nicht real ist, hat sie keinen Hochzeitskorb, das heißt, sie kann deine Tatkraft nicht wirklich nähren, nicht so, dass etwas Kraftvolles daraus entsteht. Agiere also nicht aus den Impulsen der Märchenprinzessin heraus, sondern lass die innere Frau zu Wort kommen.

Die Sehnsucht nach dem Mann

🍎 Hat man dir auch erzählt, dass du alles in dir selbst finden musst? Und damit deine Sehnsucht nach deinem Partner abgewehrt? Ich bin damit gescheitert und ich glaube auch nicht daran. Natürlich muss ich alles in mir finden – alles, was zu *mir* gehört, alles, was ich bin. Und auf einer sehr hohen Ebene bin ich auch *alles*. Aber nicht auf der Erde. Auf der Erde bilde ich einen weiblichen Pol. In mir sind Yin und Yang im Gleichgewicht, zumindest arbeite ich daran, in mir selbst bin ich komplett, und wenn nicht, dann rufe ich meine Einzelteile zurück. Ich sammle meine Knochen ein und nehme dabei jeden noch so steinigen Weg auf mich. Das ist bei dir sicher auch so.

Aber die innere Frau braucht den Gegenpol, um sich selbst zu spüren. Wenn dein Hochzeitskorb zwar wundervoll dein eigenes Feuer hütet, aber nicht das eines Mannes oder einer anderen Frau – in einer lesbischen Beziehung haben oftmals beide sowohl das Feuer als auch den Hochzeitskorb anzubieten –, dann bleibt ein Teil ungenutzt, und das tut weh. Es ist doch ganz einfach, ihr liebsten Frauen: Kannst du allein ein Kind zeugen? Nein. Auch Maria nicht, sie bekam die göttliche Energie. Ein Kind, das nur aus dir selbst heraus entsteht, ist ein Klon. Es ist vollkommen natürlich und auf der Erde ziemlich weit verbreitet, sich einen Partner zu suchen, um das Leben weiterzugeben. Leben gibst du nicht nur weiter, indem du ein Kind bekommst, sondern indem du deine Energie mit der eines Partners verbindest – damit daraus etwas Neues entsteht. Deine Schale hütet das Feuer des Mannes, damit aus euch beiden heraus etwas Neues entstehen kann, das ohne den anderen eben nicht entstanden wäre. Lass dir nicht einreden, dass du alles in dir selbst finden musst, das stimmt nicht. Aber, und das ist in Wahrheit gemeint: Du selbst darfst erstmal einigermaßen komplett werden, sonst kannst du mit deinem Partner nichts Neues entstehen lassen.

Probier einmal folgendes Bild für dich aus: Du bildest eine Säule, dein Partner bildet eine andere. Weil und nur weil ihr zusammen steht, kann ein Dach darüber gelegt, ein Haus gebaut werden. Es ist klar, dass beide Säulen fest und sicher stehen müssen, sonst bricht das Konstrukt zusammen. Die Säulen müssen auch gleich hoch sein, sonst gerät euer Dach ins Wanken. Ihr könnt nichts Neues erschaffen, wenn du die Energie deines Partners zum Ausgleich deiner eigenen Defizite brauchst. Das ist gemeint, wenn du hörst, du musst erst alles in dir selbst finden. Lass dir deine Sehnsucht nicht ausreden. Das ist Verrat an deiner inneren Frau. Werde die stabilste Säule, die du nur werden kannst, und erlaube dir gleichzeitig, deinen Partner mit deinem Herzen zu rufen. Er ruft dich auch, denn auch er sehnt sich nach dir.

Selbstverständlich kann es genauso erfüllend sein, den Weg für sich selbst zu gehen oder ihn mit immer wieder neuen Partnern, auch Geschäftspartnern, zu teilen – je nachdem, was wir auf der Erde verwirklichen wollen. Für eine solche Frau fühlt es sich stimmig an, wie es ist. Sie hat keine unerfüllte Sehnsucht in sich. Sie ist in Harmonie damit, allein zu sein.

Männer sind anders – und wir auch ...

🍎 Weil wir gerade über Beziehungen reden – ich möchte dir ein paar Punkte zeigen, die wir Frauen im Umgang mit Männern beachten dürfen, aber auch Punkte, die du vielleicht deinem Partner zeigen willst. Es gibt noch viele andere, die du hier nicht findest, aber schau, ob dir etwas davon hilfreich erscheint. Es würde mich wirklich sehr freuen. Lies sie mit offenem Herzen. Du wirst sehen, ob dich etwas berührt. Die Erfahrung zeigt, dass wir durch dieses Wissen viele Missverständnisse vermeiden können, damit die Liebe so oft wie möglich frei fließt.

Für Frauen:
1. Vergiss, was er sagt. Schau, was er tut.
2. Wenn du ihm unrecht getan hast, egal, wie verständlich und gut deine Gründe waren, sage: »Es tut mir leid.« Punkt.
3. Er zeigt dir seine Liebe, indem er versucht, es dir so recht wie möglich zu machen und dir zu geben, was du brauchst oder was du in seinen Augen zu brauchen glaubst. Hilf ihm, dir seine Liebe zu zeigen, indem du ihm sagst, was du willst und brauchst, klar und direkt. Männer hören keine Subtexte. Gibt er es dir gern und freudig, liebt er dich, ganz einfach. Das Ergebnis selbst allerdings, welches er auf deine Bitte hin anstrebt,

braucht natürlich Entwicklung und Zeit. So hab Geduld – lass ihm aber keine Ausreden durchgehen.
4. Er spürt sich selbst über die Tat, nicht über das Reden. Willst du ihn wirklich stressen, dann frag ihn, was er fühlt. Willst du ihn unterstützen und sein Feuer hüten, dann frag ihn, was er will. Was er will, spiegelt, was er fühlt.
5. Wenn er etwas für dich tut, sag ihm ein Danke. Etwas für dich zu tun ist seine Art, dir »Ich liebe dich« zu sagen.
6. Er spürt deine Liebe zu ihm, indem du ihn sein lässt, wie er ist, egal ob du es verstehst oder nicht. Kannst du ihn nicht lassen, wie er ist, dann frag dich, ob du ihn wirklich liebst. Gefällt dir etwas nicht, dann sag es laut und deutlich und frag ihn, warum er etwas tut, wie er es tut. Akzeptiere seine Erklärung, lass sie gelten. Willst du, dass er etwas ändert, dann sag es deutlich und klar – kein Subtext. Er liebt dich, er will dir gefallen und wenn es zu ihm passt, wird er es ändern. Ändert er es nicht, obwohl er es sagt, dann will er nicht oder er kann nicht – schau auf das, was er tut, und lass dir keine Asche andrehen.
7. Er muss Männersachen machen, um sich und den inneren Jungen zu spüren. Wage es nicht, das zu belächeln. Wirklich nicht. Ihr könnt gemeinsam über das, was er für sich braucht, lachen, aber nur, wenn er es von sich aus anbietet. Nimm es ernst, für ihn ist es ernst. Er fühlt sich tief gekränkt, wenn du ihn auslachst. Er wird es wie immer nicht sagen, aber er zieht sich ein Stück zurück.
8. Wenn er dir Blumen kauft, dann freu dich darüber und sage: »Danke, ich liebe dich auch.« Es sind Blumen, was willst du noch? Für ihn sind Blumen Blumen. Du weißt

sicherlich auch nicht, welche besonderen Schrauben er gerade haben will. Ausnahmen gibt es natürlich.
9. Koch, was er gern isst, außer er kocht selbst. Das gehört zu dem Punkt »Lass ihn sein, wie er ist.«. Kannst du das aus irgendwelchen Gründen nicht, dann erlaube, dass er ab und zu »fremd isst«, und sei dankbar, dass ein anderer diese Dinge kocht.
10. Das, was du glaubst, was er braucht, ist oft nicht das, was er wirklich braucht. Er geht den männlichen Weg, dieser ist vollkommen anders als der weibliche.
11. Respektiere ihn. Er ist ein Krieger, und er kämpft jeden Tag um und für sein Leben, auch wenn du das nicht so wahrnimmst.
12. Erfülle deine Aufgabe als weiblicher Pol dieser Beziehung. Verwirkliche, was du am besten kannst, was dir heilig und wichtig ist, und behalte die Verantwortung für dich und deine Anliegen bei dir. Dazu gehört auch, ihn zu fordern und ihm im Dienst eurer gemeinsamen Aufgaben zu sagen, was du von ihm willst.
13. Verlasse die Kampfarena. Lass ihn in Männerdingen besser sein. Er ist ein Mann, du eine Frau, worum kämpfst du so verbissen?

Hier ist die Liste für Männer:
1. Hör ihr zu. Sie wird handeln, als sei alles in Ordnung, aber sie wird dir jeden Tag sagen, was sie braucht, fühlt und will. Richte deine Taten nach ihren Worten aus und nimm sie so ernst, als seien es Taten. Nimm sie wahr. Sie wird sonst eines Tages gehen. Für dich aus heiterem Himmel, doch sie hat es oft genug gesagt.

2. Frag sie, was sie von dir will. Sie weiß nicht, dass sie dir das klipp und klar sagen darf und muss. Sie glaubt, du liest zwischen den Zeilen. Sie glaubt sogar, du zeigst umso mehr Liebe, je besser du zwischen den Zeilen liest. Willst du für sie da sein, frag sie, was sie braucht, und bitte sie, es dir deutlich zu sagen, gerade weil du es aus Liebe zu ihr gern tun willst.
3. Erkläre ihr, warum du etwas auf eine bestimmte Art tust. Sie tickt völlig anders als du und versteht deine Handlungen sonst oft nicht – wie du ihre oft nicht verstehst. Willst du ein Bier trinken gehen, dann sag ihr, dass du wiederkommst und dass du Männersachen machen musst, um dich zu spüren – damit du umso inniger bei ihr sein kannst.
4. Hör ihr zu und gib ihr deine Wärme und deinen Schutz. Sie weiß, was zu tun ist, wenn sie sich erst selbst wieder spürt. Dazu braucht sie dein Verständnis und deine Liebe. Hör aus dem Herzen zu, du weißt vielleicht nicht, wie sehr sie dich braucht.
5. Sag ihr, dass sie schön ist, auch wenn sie das Kompliment abwehrt. Sag es ihr noch mal und bitte sie, dir ernsthaft zuzuhören.
6. Übernimm die volle Verantwortung für dein Handeln. Rede dich nicht heraus und sag, was du fühlst, so gut du es kannst, erkläre dich. Sie nimmt dich wahr, indem du sie emotional berührst und ihr ein Stück Wahrheit über dich schenkst.
7. Sie ist weder deine Mutter noch deine Konkurrentin, sondern deine Gefährtin, die dich verstehen will und die dich liebt. Danke ihr und achte sie dafür.
8. Erkenne an, dass sie jeden Tag und immer dabei ist, die

Dinge zu verschönern, zu nähren und zu hüten, egal ob du es erkennst oder nicht. Das ist ihre Aufgabe und sie verdient deinen innigen Respekt. Sie hütet das Leben. Lass sie Frauensachen machen, das geht dich einfach nichts an.

9. Lass sie die Dinge auf ihre Art machen. Sie tut es auf weibliche Weise – lerne, ihre Art, die Dinge zu erledigen, zu achten. Sie wird dich fragen, wenn sie Hilfe braucht. Erkenne es an, wenn sie tatsächlich bessere Lösungen findet, sie hütet den weiblichen Weg. Dieser ist weder besser noch schlechter als der männliche, er bildet einfach die andere Hälfte der Schöpfung.

10. Rede mit ihr und öffne dich, so weit du es kannst. Es ist besser, ihr zu sagen, dass es dir schwerfällt zu fühlen, als gar nicht zu reden. Sie wird dich und eure Verbindung nur spüren, wenn ihr euch emotional nahe seid, selbst wenn ihr den ganzen Tag miteinander verbringt. Du spürst Nähe über das gemeinsame Tun. Sie spürt Nähe über emotionale Öffnung.

11. Erfülle deine Aufgabe als männlicher Pol, schütze sie und alles, was durch sie und durch euch genährt wird. Gib ihr dein männliches Feuer, den Teil, der für eine Beziehung zur Verfügung steht.

12. Wenn sie dich um etwas bittet und du vergisst es, obwohl du Ja sagtest, wird sie es irgendwann selbst kommentarlos tun. Entschuldige dich sofort bei ihr und übernimm die Aufgabe, jetzt, sofort. Du hast ihr dein Feuer, deine Tatkraft geschenkt. Sagst du Ja und handelst nicht, gibst du ihr Asche.

13. Sag ihr, dass du sie liebst, und zeig es ihr, indem du sie berührst und dich für ihr Inneres und ihre Sicht der

Dinge, ihre Gefühle, interessierst. Sie nimmt deine Handlungen nicht als Liebe wahr. Sie spürt deine Liebe, indem du ihr zuhörst, sie verstehst oder zumindest zu verstehen versuchst. Sag ihr zugleich, dass du deine Liebe über deine Handlungen zeigst. Dann tu es.

Das innere Kind in Beziehungen

🍎 Vor einiger Zeit war ich zu einer Podiumsdiskussion zum Film *Die Prophezeiungen von Celestine* eingeladen. Es ging um offene, freie und aufrichtige Kommunikation, darum wie man ohne zu projizieren und ohne Schuldzuweisung, sondern selbstverantwortlich, mitteilt, was man zu teilen hat. Alles war wunderbar, wir hatten eine anregende und bestimmt spannende Diskussion und konnten viele Fragen aus dem Publikum beantworten. Danach geschah, was ich normalerweise zu vermeiden versuche: Ich wurde eingeladen, in ganz zwangloser Runde noch etwas zu trinken und ein bisschen zu plaudern. Ich mache das nicht gern, denn ich komme sofort in innere Schwierigkeiten: Bin ich nun aus der Rolle der »spirituellen Lehrerin« (mir fällt kein stimmiges Wort ein) entlassen? Wenn nicht, dann habe ich erst recht keine Lust, denn meine Arbeit hört hier auf und ich werde oft dennoch zu persönlichen Themen befragt. Soll ich einfach ganz frei ich selbst sein? Dann würde ich lieber in aller Ruhe für mich sein und mich ausruhen. Smalltalk zu halten fällt mir sehr schwer, wenn ich in meiner Funktion als Autorin anwesend bin, denn ich bin dann sehr konzentriert und innerlich »auf Sendung«. Schalte ich das ab, dann bin ich einfach ich selbst, aber dann habe ich nach einem Vortrag oder Seminar gern meine Ruhe und fahre nach Hause. Ich zögerte also ein bisschen, aber weil Mike dabei war und weil auch der Veranstalter mit in der Runde saß, setzte ich mich für einen Kaffee dazu.

Nur für dich und dein inneres Kind: Ich bin sehr gern mit Menschen zusammen und ich genieße es, mit spirituell interessierten Menschen zu reden, ich mag sehr viele Frauen aus all den Seminaren sehr, sehr gern und unterhalte mich auch gern mit meinen Leserinnen. Aber es ist echt Stress, wenn ich so zwischen den Rollen hänge, denn der Unterschied ist immens, ich bin in einer völlig anderen Energie, wenn ich arbeite. Bin ich privat, dann bin ich verletzlich, empfindsam, ich kontrolliere nicht, was ich sage. Bin ich beruflich unterwegs, bin ich spirituell »online« und natürlich professionell distanziert – wie du ja auch in deinem Job. Die kleine Sanne in mir ist sicher und geschützt, wenn ich arbeite. Bin ich privat, dann darf sie da sein und Raum haben.

Nun aber saß ich in dieser Runde. Der Veranstalter wandte sich mir zu, weil ich wirklich nur ein paar Minuten bleiben wollte, fragte, was ich sonst noch so machte, und wir begannen, nach weiteren gemeinsamen Projekten zu schauen. Einige andere hörten zu, stellten Fragen zu meinem neuen Buch, viele plauderten auch einfach mit ihren Nachbarn weiter – es war eine wirklich angenehme, überraschend freie Atmosphäre. Keine persönlichen Fragen nach dem Motto: »Kannst du das mal rasch für mich spüren«, wie ich es sonst erlebe (Und: Nein, kann ich nicht!).

Ich fühlte mich sehr wohl und entspannt, wollte gerade das Gespräch beenden, als plötzlich eine anklagende Stimme laut sagte: »Also, Susanne, seit du in dieser Runde sitzt, ziehst du die ganze Aufmerksamkeit auf dich, und das gefällt mir nicht.«

Eine Frau, wunderschöne Frisur, tolle esoterische Kleidung, sehr gepflegt und offensichtlich schon länger spirituell interessiert und auf dem Weg, schaute mich verletzt an.

Die gute Atmosphäre stürzte in sich zusammen, und ich war sprachlos. Tausend Impulse schossen durch mein System. Wäre ich ausdrücklich in der Rolle einer Seminarleiterin, hätte ich sie voller Mitgefühl auf ihr inneres Kind angesprochen und sie gebeten, es besser zu hüten, damit es sich nicht zurückgewiesen und verletzt fühlt. Aber es war nur der Ausklang einer Podiumsdiskussion, die Seminarleiterin hatte nichts zu sagen. Der Unterschied ist wirklich riesig: Leite ich ein Seminar, dann kommen die Teilnehmerinnen und bitten mich um Hilfe bei persönlichen Themen, und ich habe die Möglichkeit, etwas zu ihrer Energie zu sagen, deshalb kommen die Menschen ja. Bin ich Teilnehmerin einer Podiumsdiskussion, dann ist es ein Übergriff, die Therapeutin rauszukehren, denn niemand hat mich um psychologische Rückmeldung gebeten.

Mein eigenes inneres Kind zog sich geschockt zurück und fragte sich panisch, ob es zu präsent, zu laut, zu viel war. Ich überprüfte, was eigentlich passiert war und ob sie Recht hatte: Zog ich die Aufmerksamkeit auf mich? Der Veranstalter, der zuvor mit mir geplaudert hatte, verstummte und setzte sich augenblicklich wieder neben sie, er ließ sich einschüchtern. Ich wusste wirklich nicht, was ich machen sollte, ich wollte sie auf keinen Fall beschämen und meine therapeutische Erfahrung ausnutzen, indem ich sie auf ihr inneres Kind verwies, obwohl es sich mehr als deutlich zeigte. Wäre ich ganz privat hier und säße mit Bekannten zusammen, würde ich sie fragen, ob sie sie eigentlich noch alle hätte.

Ich stammelte etwas von »Ich wollte dich nicht verletzen, und ich habe wirklich nicht die Absicht, etwas auf mich zu ziehen«, doch die angenehme, anregende Energie war wie weggewischt. Ich zog mich total zurück, hatte wirklich

Schwierigkeiten, weil ich das, was ich tatsächlich zu sagen hatte, nicht kundtun wollte. Und, wenn ich ehrlich bin, weil ich keine Lust dazu hatte. Sie hatte mich ungerechtfertigt angegriffen in einer Situation, in der ich nicht frei agieren konnte, weil ich zwischen allen Stühlen hing, und ich war sauer.

»Ach«, meinte sie, »da haben wir es wieder. Statt offen und ehrlich zu kommunizieren, verteidigst du dich. Das erlebe ich oft.«

Auch dazu sagte ich nichts, der Raum gab es einfach nicht her, das war kein Seminar, ich konnte ihr nicht sagen, was ich erlebte und spürte. Es hätte sie beschämt, auch wenn das nicht meine Absicht wäre. Und ich konnte ihr nicht einfach sagen, dass ich ihre Reaktion sehr unhöflich fand – denn das hätte mir als Bewertung ausgelegt werden können, immerhin hatte ich gerade einen Vortrag darüber gehalten. Ich war aber sauer, und ich fand es bescheuert, klar wertete ich. Oder nein. Etwas in mir *wehrte* sich. Sie konnte sein, wie sie wollte. Aber ich musste es mir nicht gefallen lassen. Sie hatte mich wirklich angegriffen. Gleichzeitig konnte ich ziemlich genau spüren und verstehen, was in ihr vorging.

Sie kam noch einmal zu mir, als ich meine Sachen zusammenpackte, und meinte, es wäre schade, dass ich nicht reagiert hätte. Ich fragte sie nur, ob sie will, dass ich als Seminarleiterin oder einfach als Susanne reagiere.

Ob das denn so ein großer Unterschied sei, meinte sie, das wäre ja schade.

Aha. Es ist ein immenser, wirklich riesiger Unterschied, ob ich auf einer Bühne stehe oder ein Seminar gebe oder ob ich einfach privat bin. Natürlich ist es das. Oder interessiert es jemanden, wenn ich arbeite, wie es mir selbst geht und welche Bedürfnisse ich habe? Oder was ich selbst fühle, was in mir berührt wird, wenn ich jemandem zuhöre? Natürlich nicht, und das ist auch richtig so. Ich sorge für mich, indem ich mir Auszeiten nehme und mich bewusst in die professionelle Rolle hineinbegebe, meine Energie umschalte. Objektivität ist ein wesentliches Werkzeug für spirituelle Arbeit. Dein Chef will auch nicht wissen, was bei dir im Innersten los ist, er will zu Recht, dass du deine Aufgaben erledigst. Ich diene wie du dem, was ich gerade tue, dafür schicke ich mein inneres Kind in den Zaubergarten und kümmere mich um meine Aufgaben, nicht um mich selbst. Für mich selbst sorge ich, wenn ich meine Aufgaben erledigt, das Seminar gegeben, einen Vortrag gehalten habe. Nichts Besonderes, das tun wir alle – außer, das innere Kind funkt dazwischen.

Wir sollten immer genau hinschauen, was in uns passiert. Diese Frau hat sicher gedacht, sie sorgt gut für sich, indem sie ausspricht, was sie fühlt. Am Ende aber hat sie einfach nur alles kaputtgeschlagen, weil ihr inneres Kind das Gefühl hatte, dass es nicht mitspielen darf. Sie fühlte sich von den Menschen, die neben ihr saßen, zurückgewiesen, weil sie sich mir zuwandten. Das verstehe ich zu gut, das kenne ich auch selbst sehr gut, aber dafür kann ich nichts. Gerade weil ich es selbst sehr gut kenne, weiß ich, wie wichtig hier die Selbstverantwortung ist und wie sehr das innere Kind gehütet werden muss. Eine alte Wunde ist berührt worden, sonst hätte sie nicht so heftig reagiert.

Die selbstverantwortliche Variation dieser Geschichte wäre gewesen, sich zu fragen, warum man gerade so wütend wird, die eigene Wunde zu erkennen und dem inneren Kind zu versichern, dass es nichts mit ihm zu tun hat. Die innere Frau war womöglich verletzt, weil sich ein Mann abgewandt hat, auch darum muss sie sich selbst kümmern, es ist ihre Wunde. Ich war völlig hilflos, weil ich nicht wusste, in welcher Eigenschaft ich nun reagieren sollte – ob ich sagen soll, was ich fühle, nämlich dass ich wütend und geschockt bin und überhaupt keine Lust auf solche Angriffe habe, außerdem gerade eine spannende und wertvolle Unterhaltung führe, die sie unhöflich und rüde unterbrochen hatte – oder ob ich freundlich-distanziert als Seminarleiterin, ohne persönliche Gefühle, wie sich das gehört, in der Rolle einer Therapeutin fungiere, was anmaßend gewesen wäre. Und wozu ich auch keine Lust hatte, sie hatte keinen Anspruch darauf.

Wenn ich genau hinschaue, dann habe ich sehr ehrlich und offen gezeigt, was ich in dem Moment fühlte. Mein inneres Kind hat dichtgemacht, hat sich zurückgezogen, ist verstummt und wollte weg. Das war, wenn ich ehrlich bin, meine private, sehr persönliche und wesentliche Wahrheit. Ich habe mich nicht in die Seminarleiterin gerettet und mich damit selbst bezwungen – oder verraten? Die Erwachsene in mir hat das Ganze so geregelt: Ich ging weg, stand der Teilnehmerin nicht weiter Rede und Antwort, sondern nahm mein inneres Kind ernst und ließ sie stehen. Zu mehr Klarheit war ich nicht in der Lage, mein inneres Kind war völlig durcheinander, weil der Angriff so unvorbereitet kam.

Wozu schreibe ich das? Weil es zeigt, wie zerstörerisch und unangenehm ein nicht gehütetes, unbewusstes inneres Kind wirken kann, selbst wenn du noch so spirituell geschult bist. Wie gehen wir nun damit um, mit unserem eigenen inneren Kind, besonders aber mit dem, das wir bei anderen spüren? Über den Umgang mit dem eigenen inneren Kind habe ich ein ganzes Buch geschrieben *(Die Heilung des inneren Kin-*

des), deshalb werde ich mich hier nicht ausführlich wiederholen. Wenn du spürst, dass du irgendwie zu empfindlich reagierst, unsicher wirst, dein Erwachsenen-Ich verlierst, weil dein inneres Kind Angst bekommt oder durch eine Situation eingeschüchtert oder an eine alte Verletzung erinnert wird, dann ist es Zeit zu handeln. Beispielsweise mit folgender Übung:

Übung: Das innere Kind hüten
Schließ die Augen und schau, wo sich dein inneres Kind befindet, wie es ihm geht und ob es sich sicher fühlt. Dann geh zu ihm als Erwachsene hin, so, wie du da gerade sitzt, und nimm das Kind in den Arm. Sag ihm: »Ich bin für dich da, ich passe auf dich auf, und ich, die Erwachsene, regele das. Es hat nichts mit dir zu tun.«

Das kannst du auch rückwirkend und vorbeugend tun. Lass dir von deinem inneren Kind zeigen, wie es ihm geht, und beschütze es, indem du ihm einen sicheren inneren Raum gibst.

Manchmal verunsichert uns etwas so sehr, dass wir in dieser Situation selbst nicht gut auf unser inneres Kind achten können. Das ist unser gutes Recht, wir dürfen dem anderen, wenn er uns ungebührlich behandelt hat, ruhig auch zeigen, dass er uns verletzt hat. Wichtig ist aber, dass wir unser inneres Kind nicht in dieser Verletzung hängen lassen, sondern den Erwachsenen in uns aktivieren – für unser inneres Kind. Dazu nehmen wir uns hinterher Zeit. Dann gehen wir noch einmal in die Situation hinein, lassen uns zeigen, wo das innere Kind steht und was es braucht. Und wir nehmen es aus der Gefahrenzone.

Immer dann, wenn dich eine Situation überfordert, wenn du über Gebühr eifersüchtig, trotzig oder verletzlich bist, kann es sehr gut möglich sein, dass dein inneres Kind versucht, sie zu meistern. Geh dann hin und versichere ihm, dass sich die Erwachsene darum kümmert – und dann tu das auch.

Willst du erkennen, welches deine eigene, kraftvolle Wahrheit in jeder Situation ist, dann nimm die Haltung der Herzenskriegerin ein (Seite 71). Frage dich selbst in diesem gesicherten Herzraum nach deiner tiefsten Wahrheit und Klarheit. Wende ich das an, so erlebe ich in Bezug auf die beschriebene Situation folgende innere Wahrheit: »Ich lasse deines bei dir, ich bin hier und ich bin bei mir.« Das zu sagen wäre richtig gewesen. Ich war aber zu verwirrt und geschockt, um das zu tun und zu erkennen. Ich spüre mich selbst wieder, wenn ich in dieser Haltung bin, und ich kann nach bestem Wissen und Gewissen sagen, ich habe der Frau weder Aufmerksamkeit noch Energie geraubt, ich war einfach da und einige Menschen haben sich mir zugewandt.

Während du deinen Herzraum schützt, spürst du sehr deutlich, was tatsächlich wirkte. Falls du erkennst, ja, ich habe tatsächlich Energie geraubt, ich habe meine Bedürftigkeit genutzt, um Aufmerksamkeit zu binden, dann kannst du dich geistig in dieser Haltung beim anderen entschuldigen und ihm die Kraft, die du ihm geraubt hast, symbolisch zurückgeben. Sei ehrlich und schau genau hin, sonst zahlst du mit deiner Selbstachtung. Und dieser Preis ist zu hoch für ein bisschen geraubte und erschlichene Aufmerksamkeit.

Wenn du nun deine Wahrheit spürst, dann geh in Gedanken zurück in die Situation und sprich sie jetzt aus. Es ist nie zu spät für Klärungen. Du reinigst damit das Feld, die Situation wird klar und die entstandenen Verwirbelungen und Verknotungen lösen sich auf. Probier das aus, nimm die Haltung der Herzenskriegerin ein und geh zurück in die Situation, spüre deine tiefste Wahrheit und dann sprich sie aus.

Was aber, wenn wir ein ungehütetes, verletztes und meistens ziemlich aggressives oder weinerliches Kind beim anderen spüren? Jede vernünftige Unterhaltung wird zunichtegemacht, wenn das innere Kind des anderen stört. Das passiert sehr häufig, du erkennst es daran, dass du im wahrsten Sinne des Wortes das Gefühl hast, ein trotziges Kind steht vor dir. Fast immer stimmt das auch. Sprechen wir den anderen nun darauf an? Wenn ihr eine offene, bewusste und aufrichtige Beziehung führt, sei es eine Liebesbeziehung, eine Freundschaft oder auch ein Arbeitsverhältnis, dann kann das durchaus eine gute Idee sein. Doch im Regelfall ist es nicht so sinnvoll, außer, du hast Lust auf richtig Ärger.

Schick besser dein eigenes inneres Kind sofort in Sicherheit, damit es nicht auf das innere Kind des anderen reagiert, und weise es an, wenn nötig, auch ein bisschen streng, spielen zu gehen, damit die Erwachsene agieren kann. Halte inne, atme und schick dem inneren Kind des anderen in Stille einen Schutzengel oder ein Krafttier, sag ihm, dass du es wahrnimmst und seinen Schmerz siehst – wenn das stimmt. Ruf die große Göttin, Maria oder Mutter Erde, damit sie sich des inneren Kindes des anderen annehmen. Aber tu es nicht kund.

Verneige dich innerlich, wenn du das willst und kannst, und sage deinem Gegenüber: »Ich achte und ich sehe dein Schicksal.« Tu innerlich, was immer sich für dich gut anfühlt, erkenne es an und sei voller Mitgefühl und Achtsamkeit, aber erlaube nicht, dass es deine äußere Reaktion über Gebühr beeinflusst.

Komm immer wieder in die Klarheit, nimm dir Zeit und halte inne, verlasse, wenn es nicht anders möglich ist, den Raum, um dich und die ganze Situation zu beruhigen. Es hat wirklich überhaupt keinen Sinn, wenn verletzte innere Kinder aufeinander einschlagen. Mehr als damals im Sandkasten kommt auch jetzt nicht dabei heraus, am Ende weinen alle und alles ist kaputt.

Vermeide es, für das innere Kind des anderen zu sorgen, sonst verlierst du sofort deinen eigenen Stand. Nutze die goldene Acht oder jedes andere energetische Bild, das dir hilft, deine Position zu halten. Es ist ein Unterschied, ob du das innere Kind des anderen wahrnimmst und ihm einen Schutzengel schickst oder ob du es an deine Brust hängst und deinen eigenen Standpunkt aufgibst. Damit verletzt du erstens dein eigenes inneres Kind, weil ein anderes – wieder einmal – wichtiger war, und zweitens verlierst du deine Klarheit, verlässt deinen Platz, den Punkt, an dem du stehst. Damit ist nichts gewonnen, das innere Kind des anderen wird genährt, aber nicht wirklich, nicht so, wie es das bräuchte. Am Ende hat der andere lediglich das Machtspiel um Energie gewonnen und beide haben nichts zur Sache beigetragen.

In einer Liebesbeziehung darf das ein wenig anders aussehen, wenn ihr sehr vertraut und bewusst miteinander umgeht. Es kann sehr liebevoll und hilfreich sein, das innere Kind des anderen mit einzubeziehen und ihm zu sagen, das du es siehst, dass es aber jetzt in dieser Angelegenheit nichts zu suchen hat – wenn das stimmt. Manchmal aber haben die inneren Kinder sehr wohl ein Wort mitzureden. Denn du führst mit dem Partner, aber auch mit dem inneren Kind deines Partners eine Beziehung, es ist ja immer dabei. Also ist es wichtig, es mit einzubeziehen und ihm bewusst Raum zu geben.

Ein ganz alltägliches Beispiel: Mike hat ein altes Motorrad, an dem er sehr hängt, weil es das erste war, das er sich nach seiner Flucht aus der DDR in den Westen leisten konnte. Es steht seit Jahren nur herum, es ist viel zu teuer, es wieder zu reparieren, außerdem ist es viel sinnvoller, wenn wir zusammen ein stärkeres Motorrad fahren. Eine größere Maschine war sowieso sein Traum, also ermöglichten wir es uns. Es fiel ihm dennoch schwer, das alte Motorrad loszulassen, und lange Zeit stand es in der Werkstatt, einfach so. Doch jetzt war es so weit, ein befreundeter Händler kam und holte die Maschine ab. Das war absolut sinnvoll, Mike bekam ein wenig Geld dafür und ließ einen Teil seiner Vergangenheit los.

Er kam in die Küche, alles war gut, ich umarmte ihn und auf einmal sagte er unvermittelt: »Mein inneres Kind grummelt ganz schön.« Ich fragte das innere Kind, was es denn bräuchte, und es sagte, es will nur gesehen werden, es fühlt sich ja auch viel wohler auf der intakten, großen Maschine, hätte aber Abschiedsschmerz. Ich fragte es, ob es ein Spielzeugmodell der verkauften Maschine haben will, als Erinnerung, aber das war nicht nötig. Es wollte nur sagen, dass es grummelt, dann war es wieder gut. Hätten wir es nicht gesehen, hätte es weitergegrummelt und uns vielleicht den Spaß am Fahren vermiest. Oft braucht das innere Kind nicht viel, aber es ist wichtig, es einzubeziehen, besonders wenn es um die Planung der gemeinsamen freien Zeit geht.

Gib immer auch dem inneren Kind eine Stimme, auch bei schwierigen Themen, damit es gehört wird. Viele Themen sind überhaupt nur deshalb schwierig, weil die verletzten und ängstlichen inneren Kinder Sicherheit, Geborgenheit und Liebe brauchen. Werden sie gesehen und bekommen bei uns selbst, aber auch beim anderen einen guten Platz, dann beruhigen sie sich und lassen die Erwachsenen in Ruhe ihre Entscheidungen treffen.

Noch ein Beispiel? Mike und ich gaben zusammen ein langes und intensives Seminar. Wenn wir zusammen arbeiten, verbinden sich unsere Energien stark, weil wir ein gemeinsames großes Energiefeld halten. Mike braucht danach etwas Raum für sich, um sich wieder zu spüren und um in seine männliche Kraft zu kommen. Ich dagegen, Fische, Aszendent Krebs – oder einfach: Frau –, möchte gar nicht mehr aus der Verbindung heraus.

Er sagte also, als wir heimfuhren: »Du, ich möchte heute Nacht bei mir schlafen, ist dir das recht?« Natürlich kann ich nicht Nein sagen. Es hätte auch nicht gestimmt, ich wusste, es tut mir selbst auch sehr gut, mich wieder unabhängig von ihm zu spüren, gerade weil ich so sehr zum Verschmelzen neige. Dennoch war etwas in mir so traurig, dass ich am liebsten geweint hätte. Ich reagierte ziemlich kurz angebunden, ohne das zu wollen. Ich verstand ihn sehr gut und es war wirklich stimmig. »Ja, ist okay« oder so sagte ich, aber er kennt meinen Tonfall sehr genau. Sofort wurde ich ängstlich, weil ich so bedürftig erschien. Ich wollte ihn nicht einengen und ich wollte bestimmt nicht klammern …

Wüsste Mike nichts vom Umgang mit dem inneren Kind, seinem und meinem, hätte er nun seinerseits knapp reagiert und sich abgewandt, sich distanziert, damit er ohne Schuldgefühle bei sich bleiben kann, denn sein inneres Kind bekommt sofort Schuldgefühle, wenn er spürt, dass ich verletzt bin. So aber konnte er wundervoll reagieren, auf eine Weise, mit der ich mich mehr als geliebt und wahrgenommen fühlte: »Ich weiß, was mit dir los ist, du glaubst sicher, ich gehe dann sofort, wenn ich dich nach Hause gebracht habe, oder? Aber ich will den Abend mit dir verbringen und die Kleine in dir bringe ich auch noch ins Bett. Dann fahre ich zu mir. Ist das so okay?«, fragte er. Kann man liebevoller sein?

Ich umarmte ihn tief dankbar. Natürlich war das so okay. Ich konnte ihn ganz leicht loslassen und sagte: »Ich danke dir sehr, dass du mein inneres Kind gesehen und deines gut gehütet hast.«

Ist der Partner nicht bereit anzuerkennen, dass bei ihm ein verletztes inneres Kind wirkt, dann hilft auch hier: Schau, ob du es nährst, und hör auf damit. Übergib es der großen Urmutter, Mutter Erde oder einer Göttin deines Vertrauens. Rufe die Schutzengel und bitte sie darum, sich dem inneren Kind des anderen anzunehmen. An deiner Brust hat es nichts zu suchen, es saugt dich nur aus. Erkenne seinen Schmerz an, handle aber aus der Erwachsenen heraus und bleib bei dem, was du für dich und deine – äußeren und inneren – Kinder brauchst. Wenn das auf die Dauer nicht geht, dann solltest du dich vielleicht in bestimmten Bereichen distanzieren. Oder du übst dich in Gelassenheit und erkennst diesen Mangel an Bewusstsein schlichtweg als Teil eurer Beziehung an. Kümmere dich vor allem gut um dein eigenes inneres Kind, allein das ergibt oft überraschend viel Raum. Schau, womit du in Frieden kommen kannst und was dich selbst immer wieder in Schwierigkeiten bringt. Manchmal ist es eine Aufgabe, eine Herausforderung, sich nicht aus der Ruhe bringen zu lassen, sondern die eigene innere Wahrheit zu halten, im eigenen Feuer stehen zu bleiben. Manchmal aber darfst du dich auch energetisch abgrenzen. Du wirst spüren, was richtig ist, indem du auf deine körperlichen Impulse hörst. Dein irdischer Teil weiß genau, ob eine Energie gefährlich ist und ob du deshalb den Raum verlassen solltest oder ob du üben darfst, stehen zu bleiben.

Die Schlange am Busen

 Was ist, wenn du erkennen musst, dass du ausgenutzt wurdest? Wie gehst du mit der Wut und vor allem der Scham um, wenn du feststellst, dass jemand, den du nährtest, dich auf welche Weise auch immer hintergangen, schamlos ausgebeutet und verraten hat? Willst du spirituell bewusst handeln, dann pflückst du dir symbolisch diese Schlange vom Busen und fragst sie, was sie dich lehren wollte. Das kann sehr hilfreich sein, vor allem wenn du immer wieder dazu neigst, allzu gutgläubig zu sein.

Und da ist es auch schon: Der Engel in mir widerspricht augenblicklich energisch. Es gibt kein »allzu gutgläubig«, meint er, öffne dich immer wieder, die wahre Tugend ist es, immer wieder zu vertrauen und das Herz zu öffnen, denn dadurch kommst du in Frieden und bleibst innerlich in der Liebe. Ja, lieber Engel. Danke für die Info, aber jetzt träum weiter.

Natürlich hat er Recht, der liebste Engel in mir. Aber nicht nur. Denn da gibt es zum Glück auch das irdische, physische Gesetz des Überlebenswillens. Und das wird dir raten: Reiß dir die Schlange vom Busen und brich ihr das Genick.

Ist das zu brutal? Zu wenig erleuchtet?

Und dann wunderst du dich, wenn du dich immer wieder ausnutzen lässt und dich schwach und müde fühlst? Wenn du dein Selbstvertrauen verlierst? Frag mal einen Mann, was der machen würde.

Wenn dir jemand heimtückisch und hintenherum Energie stiehlt, sei es ihm bewusst oder nicht, dann kannst du auf einer sehr spirituellen Ebene viel von ihm lernen – nämlich, das nie wieder zu erlauben! Wenn jemand etwas von dir will, dann hat er zu fragen. Fertig, aus. Du kannst so viel geben, wie du willst. Aber *du* entscheidest, wem du was gibst. Denn es ist deine Energie und damit hast du ein Recht darauf, sie so einzusetzen, wie es dein Herz gebietet. Mitleid ist keine Liebe. Co-Abhängigkeit ist keine Liebe. Sich ausnutzen zu lassen ist ganz sicher kein Indiz für Liebe, weder für den anderen noch, und das ist viel wichtiger, für dich selbst.

Wenn du also nicht sicher bist, ob du ausgenutzt wirst oder nicht, dann bitte dein Inneres, dir ein energetisches Bild der Situation zu geben. Hängt dir jemand am Busen, ohne dass du es erlaubst, dann kannst du davon ausgehen, dass du ausgenutzt wirst. Sag Nein und schau, was passiert. Nicht immer muss eine Freundschaft oder eine andere Art der Beziehung deshalb beendet werden. Bleib. Aber nur, wenn der andere von nun an dein Nein anerkennt und deine Grenze respektiert.

Immer wieder hilft das Bild der goldenen Acht, die um dich und den anderen herumliegt, die Kreuzung ist in der Mitte. Die Kraft der goldenen Acht unterstützt dich, zentriert und bei dir zu bleiben. Sie schützt dich, wenn du in Kontakt mit anderen bist – auch am Telefon. Stell dir nur einfach immer wieder vor, wie diese Acht um euch kreist und alle Energie, die zu dir gehört, zu dir zurückbringt und genauso alle Energie, die du für den anderen trägst oder aber ihm genommen hast, zu ihm fließen lässt.

Natürlich schauen wir selbst auch sehr genau und ehrlich hin, wo wir uns nähren lassen, wo wir selbst ausnutzen und von der Kraft eines anderen leben. Denn die Schlange, die wir am Busen genährt haben, zeigt uns vielleicht, dass auch wir selbst irgendwo saugen. Hier hilft die goldene Acht genauso, du trennst dich damit energetisch vom anderen ab und holst dich zu dir zurück.

Diszipliniere dich immer wieder selbst, besonders wenn du dazu neigst, dich von anderen nähren zu lassen. Das ist keine Schande. Es wird aber eine, wenn du es weißt und es dennoch tust, denn Scham über dich selbst ist der Preis, den du immer dann zahlst, wenn du dich gegen dein besseres Wissen verhältst. Scham kann durch vieles andere auch entstehen, und oftmals ist sie nicht angemessen, sondern Ursache für tiefe Verletzungen. Aber die Scham darüber, sich selbst unter dem eigenen Energieniveau aufzuhalten, ist die Folge, wenn du die Verantwortung für dich selbst abgibst.

Loslassen, wenn du nicht mehr nähren kannst

🍎 Gestern war Frühlingsanfang. Es ist wundervoll warm, ich habe Krokusse im Garten, gelbe und violette. Ich habe dieses Buch zu schreiben, eine Arbeit, die ich sehr liebe, ich muss nicht ins Büro oder in eine Physiotherapiepraxis, kann meine Zeit frei einteilen. Meine Herzmilch, meine Liebe, darf fließen, frei und üppig. Alles ist im grünen Bereich, ich habe im Moment keine Sorgen. Vieles beschäftigt mich, und ich habe einiges zu verarbeiten, aber heute ist ein idealer Tag, um zu schreiben, dann ein wenig Fahrrad zu fahren und mich in die Sonne zu setzen, zu kochen und heute Abend den Sonnenuntergang anzuschauen.

Und was mache ich? Essen. In der Wohnung herumlungern. Wäsche waschen, damit ich das Gefühl bekomme, überhaupt etwas zu leisten. Zum Glück schreibe ich wenigstens gerade darüber, das ist meine Rettung. Ich fühle mich undankbar, unlebendig, süchtig, ich brauche Rückzug und Ruhe, obwohl das Leben ruft, ich will mich am liebsten mit einem Film auf das Sofa verkriechen. Am helllichten Tag, während draußen der Frühling anbricht! Ich werte, ich verurteile, ich kann das so nicht akzeptieren. Und ich weiß nicht, was richtig ist und was nicht. Was ist meine Trägheit, die es zu überwinden gilt, damit es mir gutgeht? Was ist echte Müdigkeit und echtes Für-mich-Sorgen? Was tut mir gut? Ich weiß es nicht. Was mir auf jeden Fall immer gut tut, ist nicht zu essen. Es fällt mir heute sehr schwer, ich rutsche in ein Essverhalten hinein, das sich nicht gut anfühlt. Meine Abstinenz vom zwanghaften Essen schmilzt dahin, sogar meine Bereitschaft, gesund zu essen, finde ich heute nicht. Ich habe Gründe. Meine Katze ist gestorben. Aber es gibt immer Gründe, das Leben ist voll von Gründen, mich zu überessen.

Ich weiss nicht, wie ich heute, nur heute, die Kraft aufbringen kann, bei mir zu bleiben, das zu essen, was mir guttut und was sich gesund anfühlt und mich nicht vor mir selbst zu entschuldigen – typisches Suchtverhalten. Ja, ich brauche Trost. Ja, ich brauche Ruhe. Ja, ich brauche Rückzug. Habe ich alles in meinem Garten, nicht im Kühlschrank. Auch in der Kaffeetasse finde ich nicht, was ich brauche. Vielleicht in meinem Herzen. Heute will ich nach Hause, in meine spirituelle Heimat – oder mich auf der Erde so glücklich, frei und leicht fühlen, wie ich es aus Sternstunden kenne.

Was brauche ich heute? Ist heute einer dieser Tage, an denen schon das Weiteratmen eine echte Herausforderung ist? Ich kann anfangen, mich tiefer und tiefer in meine Gefühle hineinzuversenken, oder ich kann einfach rausgehen und schauen, was die Sonne mir schenken will. Ich kenne dieses Gefühl, es ist wie ein einsamer Sonntagnachmittag, an dem du dich fragst, ob du das Leben verpasst.

Verpasse ich das Leben? Oder sollte ich genau dieses Gefühl auch als Teil meines Lebens anerkennen, obwohl ich es selbst verursache, indem ich mich überesse? Ich weiss es nicht. Ich weiss, was hilft, nämlich in die Sonne zu gehen und mich zu bewegen. Aber ich finde nicht den Antrieb, es zu tun, auch nicht, während ich darüber schreibe.

Aber eins wird mir klar. Und genau deshalb ist es so hilfreich, darüber zu schreiben. Ich beginne, mich selbst wieder zu spüren. Vergiss die Sonne. Vergiss die Sucht. Es geht um etwas ganz anderes: Ich kann meine Katze nicht mehr nähren und habe gleichzeitig vergessen, mein inneres Kind zu versorgen. Meine Lilly ist tot. Vor zwei Tagen habe ich sie begraben. Ich habe Angst, dass ich es verursacht habe, durch Resonanz oder was weiß ich. Geht es den anderen Katzen gut? Was habe ich falsch gemacht? War meine Energie giftig für sie, die Herz-Muttermilch schädlich? Nichts wäre schlimmer als das, ich muss diese Frage für mich beantworten. Und ich habe nicht genug getrauert. Mein inneres Kind ist noch lange nicht fertig damit, obwohl wir ein so berührendes und großartiges schamanisches Abschiedsritual machten. Meine Katze ist tot, ich fühle mich einsam und ich sollte meinem inneren Kind erlauben, heute darüber zu weinen. Dann kann ich vielleicht aufhören zu essen.

Ich gehe zu dem Grab im Garten, mein inneres Kind bestand darauf, etwas von Lillys Lieblingsfutter mitzunehmen. Das vergraben wir jetzt zusammen. So leicht kann ich sie nicht abstillen, ich muss noch ein bisschen weiternähren. Ich hatte sie bewusst an meinen Erdungsstrahl gehängt, damit ich spürte, ob sie Schmerzen hatte, als sie noch lebte. Ich habe sie mit mir selbst genährt, sie mit meiner Kraft gesäugt. Ich bin noch nicht fertig damit, ich muss sie langsam abstillen. Mein inneres Kind war klüger als ich, der Impuls, Lilly ein bisschen Futter zu geben, kam von ihr. Es ist meine innere Mutter, die ihr Kind nicht loslassen kann. Ich bin auf dem Weg. Ich gebe mir Zeit. Und schon kann ich aufhören, stellvertretend zu essen, was ich in Wahrheit meiner Lilly geben wollte. Wir beide brauchen noch ein bisschen, um uns voneinander zu lösen, die jetzt zerrissene Nabelschnur, die uns durch Lillys Krankheit verband, braucht Zeit, um zu heilen.

Spirituell gesehen ist alles gut, ich spüre sie sehr weiß im Licht, ihr Krafttier ist bei ihr und sie ist lichtvoll und glücklich. Gestern lag eine Lilie auf meinem Weg, ein Zeichen von ihr, ein Wunder. Aber die Erde, der Körper – hier wirkt die Zeit, hier wirken Prozesse und ich erkenne sie an. Sie wirken sowieso.

Ich spürte, als wir sie begruben, dass der Erdteil in ihr, der Teil, der die Form hält, unendlich müde ist und zutiefst erleichtert war, sich zur Ruhe legen zu dürfen. Für die Materie ist es genauso anstrengend, ständig hoch schwingen zu müssen, wie es für die inkarnierte Seele schmerzlich ist, in der Dichte zu leben. Diese beiden völlig unterschiedlichen Aspekte müssen sich irgendwann wieder trennen, um jeweils in ihr natürliches Gleichgewicht zu kommen und sich zu erholen, Seele wie auch irdischer Anteil. Ich schreibe extra nicht »Körper«, weil das nicht stimmt, auch der Körper hat feinstoffliche Anteile. Das, was übrig bleibt, wenn Seele und Aura den Körper verlassen, ist weniger als der Körper. Das ist der echte Erdanteil, für den das Erdbett eine unermessliche Erholung darstellt – Erde zu Erde, Asche zu Asche, Staub zu Staub. Endlich wieder Ruhe. So habe ich es zumindest mit Lilly erlebt.

Wenn du einmal in einer Aufstellung auf dem Platz eines Toten gestanden hast, dann weißt du, wie tief erleichternd es ist, sich endlich hinlegen zu dürfen. So fühlte sich das an: Ich gab Erde auf ihr kleines Köpfchen, und es war so richtig und gut, dass ich mich wunderte. Dachte ich doch, ich könnte sie nicht in die Erde legen. Doch, diesen Teil schon. Ich dankte der Erde dafür, dass sie eine so wunderschöne Form gebildet hatte, und gab sie ihr leichten Herzens zurück. Ich dachte deshalb nicht, dass meine innere Mutter so sehr trauert.

Lass deine Prozesse sein, wie sie sind. Die Erde, dein Körper und seine Verbindung zum Leben, sie haben eigene Gesetze und ein eigenes Bewusstsein, deshalb nutzt dir dein spirituelles Bewusstsein für deine irdischen Prozesse nicht viel. Ob dir das gefällt oder nicht: Die Erde hat eigene Gesetze. Sie sind stark und präsent.

Danke, mein Baby, für diese Lektion. Ruhe in Frieden.

Auszeit für Engel

🍎 Vor vielen Jahren, ich machte gerade meine Ausbildung zur psychologischen Beraterin und war zeitgleich sehr fasziniert, um ehrlich zu sein, geradezu besessen von spirituellen Themen, kam eine Kommilitonin und Freundin nach einem Reiki-Wochenende in die Abendklasse. Sie sah anders aus, strahlte, ruhte in sich. Sie schaute mich an und sagte: »Ich weiß jetzt, was für ein Privileg es ist, ein Mensch sein zu dürfen.«

Dieser Satz berührte mich tief, weil ich es überhaupt nicht so spürte, aber wusste, tief in mir wusste, dass ich erst erlöst sein würde, wenn ich es genauso erlebte. Ich machte mich auf die Suche. Ich durchlebte wie so viele verwundete Heiler tiefe Täler, in denen es mir eher als Strafe vorkam, auf der Erde sein zu müssen. Später fühlte ich das Leben auf der Erde wie einen Dienst, dann wie etwas, das ich entschieden habe und das ich zu Ende bringen musste. Nur in seltenen Sternstunden fühlte ich, dass es ein Privileg sein könnte. Üblicherweise erlebte ich das Dasein als Mensch eher wie eine Quelle von Schmerz, auch wenn ich mich unterdessen oft glücklich und wohl auf der Erde fühle. Ich musste all den Inkarnationsschmerz erleben, aber in mir hielt ich diesen einen Satz heilig. Ich wusste, ich würde den Sinn des Lebens auf der Erde erst dann verstanden haben, wenn ich dieses Leben als Privileg erkannte, als absoluten Glücksfall, als etwas, für das ich tief dankbar sein durfte.

Ich weiß, dass viele von euch das vielleicht schon wissen.

Ich schreibe diesen Abschnitt für die Engel unter euch, für die geistigen Wesen, die das Gefühl haben, sich hierher verirrt zu haben. Ihr Liebsten, wir werden herausfinden, worum sich diese ganze Aufregung überhaupt dreht, und wir werden unser Leben tanzen, voller Glück und Freude, diese irdische Realität erleben zu dürfen.

Wenn dich das berührt, lies es, wenn nicht, überspringe es bitte. Pflück die Kräuter und Blumen dieses Buches, die dir dienen und die dir gefallen – auch hier bitte ich dich, zu wählen und das stehen zu lassen, was du nicht brauchst. Eine andere Frau nimmt es vielleicht gern.

Manchmal ist es ganz schön anstrengend und befremdlich, ein menschlicher Engel zu sein – kennst du dieses Gefühl? 1993 saß ich in meiner Küche und tat, was ich morgens so tue: Ich trank Kaffe, schrieb, las in einem spirituellen Buch, schrieb, meditierte, las wieder, schrieb wieder. Plötzlich traf es mich mitten ins Herz: »Man findet dich in allen Lebensbereichen, in zahllosen Berufen und Lebensstilen, du gehörst all den verschiedenen Kulturen an, die dieser Planet zu bieten hat. Und doch hast du nie empfunden, hier am richtigen Platz zu sein. Viele von euch fühlten sich verlassen, als ob sie von ihren wirklichen Eltern zur Adoption freigegeben und einer fremden Familie überlassen wurden. Vielleicht hast du, als du jung warst, deiner Mutter, deinem Vater und Geschwistern tief in die Augen geblickt und dich gewundert, wer sie sein mochten und warum du mit ihnen zusammenlebtest. Nachts schautest du zum Himmel hinauf und riefst dein wahres Volk, dich aus dieser ungewohnten Wirklichkeit zu erretten. Ja, du bist ein Sterngeborener.« Das las ich in *An die Sterngeborenen* von Solara (erschienen im chfalk-verlag,

Seeon 1991, Seite 19). Energie durchströmte mich, und ich fühlte mich, als käme ich nach Hause. Der Text hat mich zutiefst, berührt und ich brauchte ein paar Tage, um mich zu stabilisieren. Ich erkannte meinen Engelnamen und spürte zum ersten Mal meine Flügel. Seit diesem Tag beschäftige ich mich damit, Werkzeuge zu finden, um als Engel glücklich und im Vollbesitz aller Kräfte auf der Erde zu leben. Ich weiß, dass ich neben dem menschlichen Selbst auch einen Engel in mir trage, der besondere Pflege braucht.

Solara schreibt: »Je mehr du bereit bist, deine Engelgegenwart einzubringen und zu verkörpern, desto mehr wirst du verwandelt werden« (Seite 92). Bist du also ein Engel? In letzter Zeit ist es immer stärker üblich geworden, über das Engeldasein zu reden, es ist kein Geheimnis mehr, dass wir auch geistige Wesen sind. 1993 war die Befürchtung groß, dass uns das Ego etwas vorgaukelt, um etwas Besonderes zu sein. Heute, bald zwanzig Jahre später, wissen wir, dass wir etwas Besonderes sind und doch auch wieder nicht – denn jeder von uns, jeder Mensch, jedes Lebewesen, hat eine geistige Natur, die sich als Engel äußern, aber auch in anderen Dimensionen zu Hause sein kann.

Nicht jedes geistige Wesen ist ein Engel, Engel haben eine ganz bestimmte Schwingung, an der sie sich selbst und andere Engel erkennen. Es ist ganz einfach: Wenn du ein Engel bist, dann berührt es dich, wenn du darüber liest oder hörst. Es kann aber auch sein, dass du es völlig abwehrst, weil dir das Leben auf der Erde so viele Opfer abverlangt hat, dass du dich von dir und deinen Flügeln entfernt hast. Vielleicht hast du sie dir verzweifelt herausgerissen, um auf der Erde zu bleiben, vielleicht hast du sie geopfert oder in Liebe und in gutem Glauben abgegeben, um als Mensch hier zu sein. Du bist aber ein Engel, und so nimm deine Flügel wieder zu dir, damit deine Energie, Liebe, Freiheit und Unabhängigkeit hier wirksam werden können. Engel sind zutiefst unabhängige Wesen, weil sie auch auf der Erde vom Licht genährt werden, wenn sie in ihrer Engelgegenwart ruhen. Sie fühlen sich auf der Erde aber oft völlig ausgeliefert und haben sich in ihrer eigenen Hilfsbereitschaft verstrickt.

Bist du ein Engel, dann vermisst du deine Flügel, ohne zu ahnen, was du überhaupt vermisst. Wenn dich dieser Satz berührt, dann geh davon aus, dass du Flügel hast und sie dir wiedergeben lassen darfst. Dann wirst du ruhiger, vollständiger, kompletter.

Es gibt eine ganze Reihe von Eigenschaften, die einen menschlichen Engel ausmachen. Aber ganz ehrlich, es kommt mir anmaßend vor, hier eine Liste zu schreiben, denn vieles davon ist einfach zutiefst menschlich und lässt sich nicht vom Engel in dir unterscheiden. Engel aber definieren und spüren sich geradezu über die folgenden Eigenschaften:

- Du bist übermäßig hilfsbereit.
- Co-Abhängigkeit ist eine typische »Engel-auf-Erden-Sucht«. Nicht jeder Co-Abhängige ist ein Engel, aber Engel sind fast immer co-abhängig. Warum? Weil du es in geistigen Dimensionen gewohnt bist, Energie zu geben. Du bist aber immer vom Licht durchströmt und brauchst dir um deine eigene Kraft keine Sorgen zu machen. Du brauchst dich nicht zu nähren, wenn du ein nicht inkarnierter Engel bist, denn du bist sowieso genährt und gehalten. Es ist sehr ungewöhnlich und ein wirklich fremdes Gefühl, dass du dich auf der Erde auch selbst nähren, also dem Menschen

in dir das geben darfst und sollst, was du sonst für andere so bereitwillig zur Verfügung stellst.
- Mitgefühl bis hin zu übermäßigem Mitleid, Verschmelzung mit dem anderen bis hin zur Selbstaufgabe.
- Emotionale Überempfindlichkeit, ja, ich nenne es so. Das Wort »hochsensibel« passt für mich nicht, es gehört an eine andere Stelle. Emotional überempfindlich zu sein beeinträchtigt das Leben sehr und ist nicht besonders hilfreich. Hochsensibel zu sein dagegen ist ein wundervolles Werkzeug, mit dem du, wie mit jedem anderen Werkzeug auch, umzugehen lernen darfst und solltest.
- Spirituelle Hochsensibilität – gerade deshalb brauchst du einen stabilen, geerdeten Emotionalkörper.
- Schwierigkeiten mit dem Erden, Misstrauen und Angst vor der Erdenergie, als würde dir die Erde deine Erinnerung an die spirituelle Heimat rauben, wenn du dich zu sehr auf sie einlässt.
- Tiefe, manchmal gar lebensbedrohliche Sehnsucht nach dem wahren Zuhause.

Ich werde an dieser Stelle keinen Text darüber schreiben, wie man nach Hause zurückkehrt, das hat Solara bereits getan, als ich noch keinen blassen Schimmer hatte, und ich verneige mich tief vor ihrer Weisheit. Sie hat alles gesagt, was zu sagen ist. Wenn du dich tiefer mit dir selbst verbinden willst, dann hilft dir vielleicht *Channel werden für die Lichtsprache*, mein Buch mit Meditations-CD.

Wie aber nimmt man sich als Engel eine Auszeit? Es ist wirklich überlebensnotwendig, dass du dir immer wieder Raum nimmst, in dem du dich selbst spürst. Es kann sein, dass du so hochfeine Antennen besitzt, dass du immer wieder bewusst allein sein musst. Was du dann für dich tust, ist gar nicht wichtig, Hauptsache, du tust es in deinem eigenen Rhythmus und es tut dir gut. Tanzen ist eine wundervolle Möglichkeit, in deinen Rhythmus zu kommen. Such dir genau die Musik, die dich wirklich anspricht, und bewege dich, schüttele deine Flügel aus und komm in deine Mitte zurück. Hüte dich vor allzu romantischen, melancholischen, aggressiven oder aufwühlenden Energien, falls du dazu neigst, emotional überempfindlich zu sein, sonst verlierst du dich womöglich in einem emotionalen Drama und verwechselst das mit Lebendigsein. Lebendigsein, das sage ich ausdrücklich für uns Engel, bedeutet, mit den Füßen fest und pragmatisch auf der Erde zu stehen und in der Lage zu sein, das zu tun, was du von innen heraus wirklich tun willst, mutig, kühn und frei. So, wie sich das Wasser, die Magma, jede Pflanze, jedes Tier seinen Weg sucht und ihn geht, so darfst auch du deinen Weg finden und ihn gehen.

Halte dich fern von Menschen, die deine Energien anzapfen wollen, und übe dich darin, deine gesunden Grenzen zu erkennen und zu wahren. Gerade weil du ein Engel bist, hast du die Aufgabe, das Menschsein zu üben und darüber dein Engelsein nicht zu vergessen. Halte dich fern von allem, was dich künstlich allzu sehr aufwühlt, sei es Nahrung, seien es bestimmte Filme, Beziehungen oder Musikarten. Für dich ist es wichtig, besonders gesund, nüchtern und stabil zu leben, denn deine feinen und feinsten Antennen sorgen für genug Aufregung und Bewegung in dir.

Hier ist eine Auswahl dessen, was Menschen brauchen, falls es der Engel in dir immer wieder vergisst:

- gesunde Nahrung,
- gesunde emotionale Beziehungen,
- Nähe und Zärtlichkeit mit atmenden Wesen (auch Pflanzen atmen),
- eine Aufgabe, die erfüllt und zugleich herausfordert,
- Zeit für sich selbst, um zu tun, was guttut,
- Bewegung, die angenehm, aber auch herausfordernd ist,
- eine funktionierende Strategie, um mit dem, was das Leben bringt, umzugehen,
- Zeit in der Natur.

Gesunde Menschen haben:
- gute, stabile Grenzen,
- Selbstrespekt und Würde,
- funktionierende Selbstheilungskräfte in jeder Hinsicht,
- ein sehr gutes Gespür für das, was wirklich gut und gesund ist,
- eine natürliche, liebevolle Bindung an die Erde und an das Leben selbst,
- eine gesunde Aggression, die ihnen hilft, ihre Grenzen zu wahren und gut für sich selbst zu sorgen,
- Freude am Lebendigsein.

Je mehr du das Menschsein vermeidest, desto weniger stehen dir diese ganz natürlichen Kräfte des Menschlichen zur Verfügung. So komm in Frieden damit, ein Mensch zu sein, komm in Frieden damit, ein Engel zu sein, und nimm das Beste aus beiden Welten, solange du hier bist. Das klingt einfach, und das ist es auch, aber es ist nicht leicht – genau aus dieser Kombination der Energien ergibt sich dieses einzigartige Bewusstsein, um das es hier geht. Das ist gemeint, wenn wir sagen, wir holen den Himmel auf die Erde. Wir sind Engel und wir sind Mensch, beides zugleich. Wenn du einmal als Mensch auf der Erde warst, hast du unweigerlich deine Energie verändert. Du bist immer noch ein Engel, aber du weißt nun auch über die Körperlichkeit Bescheid und bist damit stabiler, stärker, präsenter geworden. Dein Bewusstsein und deine Mitte sind größer geworden, haben sich ausgedehnt, du bist in vielen verschiedenen Zuständen zu Hause, spürst dich selbst in allen möglichen Dimensionen und Energien und breitest damit deine Mitte, dein Zentrum immer wieder aus.

Übung: Die wachsende Mitte

Schließ deine Augen, nachdem du diesen Text gelesen hast, verbinde dich mit deiner inneren Mitte. Vielleicht siehst du sie als Lichtkugel in deinem Inneren, vielleicht eher wie eine Lichtsäule oder es ist ein Zustand der Ruhe und des Friedens. Atme dich aus der Vergangenheit und aus der Zukunft in deine Mitte, bis du, so gut es dir im Moment möglich ist, bei dir selbst ankommst und dich fühlst.

Nun atme bewusst weiter, bleib bei dir, bleib in Kontakt mit dir und denke an eine Situation, in der du deine Mitte verloren hast. Schau dir die Situation an und atme sie ein, nimm sie in deine Mitte auf, verankere sie in deiner Mitte – augenblicklich wird diese Mitte größer. Bei jeder Situation, die du gemeistert hast, jedes Mal wenn du Stroh zu Gold gesponnen hast, dehnt sich deine Mitte um dieses Stück Lebenserfahrung aus. In der Mitte sein heißt: Du bleibst mit dir selbst in Kontakt, egal wie du dich fühlst.

Schau dir nun eine weitere Situation an, sei sie angenehm

oder unangenehm, in der du das Gefühl hattest, deine Mitte verloren zu haben. Nimm auch diese Situation und alles, was du fühlst, in deine Mitte auf. Umarme dich selbst mit dem, was du fühlst. Geh hinein in diese Situation als die, die du jetzt, heute, bist, und nimm die Frau oder das Kind von damals in den Arm. Du bist jetzt da und damit gehört diese Erfahrung zu deiner Mitte.

Wenn du eine ähnliche Erfahrung machst, wirst du von nun an dennoch bei dir bleiben und dich selbst fühlen können, und damit bleibst du in deiner Mitte. Deine Mitte wird immer größer und größer, irgendwann hast du vielleicht das Gefühl, sie ist größer als du selbst, wie eine Lichtkugel, in der du dich nun befindest, oder wie eine Lichtsäule, die dich umhüllt, durchströmt und umgibt. Je größer deine Mitte ist, desto stabiler bist du in dir selbst verankert egal, was geschieht, und egal, wie es sich anfühlt.

Das Leben auf der Erde kann die kraftvollste Erfahrung sein, die sich in diesem Universum nur machen lässt. Manchmal weiß ich das schon, wenn ich tanze, mit meinem Liebsten zusammen bin, in den Garten gehe und meine Katzen streichle. Manchmal weiß ich, was es für eine Gnade ist, dass wir unsere Energien in die Tat umsetzen können und ihre Auswirkungen studieren, erleben, fühlen, auch durchmachen, ja. Lass uns tiefer hier ankommen, lass uns den Erdstrahl spüren, der unsere Seele mit dieser Dimension verbindet. Ich bin sehr, sehr sicher, es lohnt sich.

Dein Erdungsstrahl

🍎 Du hast einen ganz besonderen, einzigartigen Erdungsstrahl, der genau auf die Schwingung deiner Seele und deiner Inkarnation abgestimmt ist. Wenn du diesen Strahl wahrnimmst, dich in ihn hineinstellst und ihn so, wie er ist, annimmst, dann stehst du fest und sicher auf der Erde. Du kannst dich in der stabilen, sicheren Kraft der Erde, in deinen Knochen, ausruhen und entspannen. Die Erde selbst ist ein Wesen, das wie wir alle ein- und ausatmet, sich bewegt, sich schüttelt, sich verändert und ihre Position im Sonnensystem immer wieder neu ausrichtet. Erdbeben, Tsunamis, Überschwemmungen, Vulkanausbrüche – all diese für den Menschen katastrophalen Ereignisse sind für das Wesen Erde selbst so, als würdest du dir die Nase putzen oder dich strecken. Die Erde selbst ist ein Ort äußerster Sicherheit, denn sie lebt einfach ihre eigenen Rhythmen. Das kannst du sofort spüren, wenn du dich bewusst mit der Kraft der Erde verbindest. Diese Ereignisse sind für sie völlig undramatisch, es sind einfach ihre Bewegungen, die Bewegungen eines sehr großen Wesens. Dazu brauchst du nicht einmal daran zu glauben, dass die Erde ein eigenes Bewusstsein hat. Sie folgt wie alles einer höheren Ordnung, einer sich selbst immer wieder ordnenden Kraft, so wie das gesamte Universum.

Es gibt verschiedene Ebenen der Wahrnehmung, das weißt du sowieso. Was aber bedeutet es für dich? In welcher Wahrnehmungsebene hältst du dich in der Hauptsache auf, und tut sie dir gut? Wenn du dich in der Hauptsache im Gefühlskörper – oder gar im Schmerzkörper! – aufhältst und dein Leben von hier aus lebst, dann nimmst du eben in der Hauptsache auch Schmerz und starke Auf-und-Ab-Bewegungen wahr. Du kannst nicht kontrollieren, was geschieht, zumindest in weiten Teilen nicht, denn so sehr du deine eigene Resonanz und Verantwortung hast, so sehr bist du auch mit allen anderen Wesenheiten und Energieformen vernetzt, die ihre je eigene Wahrheit leben. Du hast aber die Kontrolle darüber und damit auch die Verantwortung dafür, in welchem Bewusstseinzustand du dich in der Hauptsache aufhältst.

Schauen wir doch, welche Chakren aktiv, vielleicht gar ein wenig überstrapaziert sind – und schauen wir, ob deine Erdung tatsächlich *deine* Erdung ist. Es kann nämlich sehr gut sein, dass du dich an die Erdung anderer angeschlossen hast, unbewusst oder sogar bewusst, und damit deinen eigenen Kraftstrahl vernachlässigst. Gerade wenn du gern für andere da bist oder dich selbst nicht gut nährst, kann das leicht passieren. Es geschieht immer dann, wenn du in ausgetretene Pfade trittst, ohne genau zu überprüfen, ob sie tatsächlich zu deinem Weg gehören oder nicht, weil du dir Sicherheit erhoffst. Du erdest dich über den finanziellen Erfolg der Firma, für die du arbeitest, obwohl sie nicht deiner eigenen Frequenz entspricht und dich krank macht. Du erdest dich über das Erbe deiner Eltern, obwohl du dafür deine Träume aufgeben musst. Du erdest dich über deinen Partner und bürdest ihm damit die Verantwortung für deine Versorgung mit Erdkraft auf. Immer dann, wenn du nicht in deiner eigenen Kraft stehst, hältst du dich womöglich an der Kraft eines anderen fest und lebst sein Leben, zumindest zum Teil.

Wenn sich das, was du tust, gut anfühlt und dir entspricht, dann ist es völlig in Ordnung. Es ist sehr sinnvoll, einen bereits vorhandenen Erdungsstrahl zu teilen – wenn er dir entspricht. Der synergetische Effekt verstärkt deine eigene Erdung und damit die Erdung der anderen und gibt dir Kraft, Mut und Sicherheit. Wenn du aber aus Angst am Strahl eines anderen hängst, dann schwächst du nicht nur dich selbst, sondern auch diesen Strahl. Gleichermaßen gilt es natürlich umgekehrt: Wenn du andere mit nährst, ihnen deinen Strahl zur Verfügung stellst, dann überprüfe sehr genau, ob du das aus Liebe tust und wirklich willst oder ob du dir eine Art Energieschmarotzer eingefangen hast. Das Wort »Schmarotzer« klingt sehr negativ, und das ist es auch, denn auf die Dauer tötet der Schmarotzer den Wirt. Andernfalls wäre es eine Symbiose, und das ist natürlich völlig in Ordnung, das fühlt sich kraftvoll und gut an, eng verbunden, auch abhängig voneinander, aber im Fluss und stärkend. So überprüfe deinen Erdungsstrahl auf gesunde und nährende Symbiosen und auf ungesunde und energieraubende Schmarotzer. Überprüfe insbesondere dich selbst. Bei wem hängst du am irdischen Tropf? Es ist nicht deine Erdung, du verlierst immer mehr Kraft und Eigenverantwortung, und deshalb wirst du abhängig, wenn du dich zu lange von der Energie eines anderen nährst.

Diese falsch verstandene Erdung kann auch durch ein Suchtmittel geschehen. Essen ist ein beliebtes Erdungsmittel, und auf gewisse Weise funktioniert es auch. Essen hält tatsächlich Leib und Seele zusammen – deshalb die transzendenten Erfahrungen beim Fasten. Wenn du dich aber in der Hauptsache über das Essen erdest, dann wirst du süchtig und verpasst deinen eigentlichen Erdungsstrahl.

Die folgenden inneren Reisen führen dich in deine Chakren und in deine Erdung.

 Energieausgleich für deine Chakren

Geh in deiner Vorstellung durch ein Tor, das dich in eine zauberhafte Landschaft führt. Du gehst ein wenig spazieren, ruhst dich aus, kommst an in dieser Bewusstseinsebene. Du weißt, dass du Energiezentren hast, die dich mit jeder Dimension verbinden, wie Sternentore, durch die du in jeder dir zugänglichen Dimension Erfahrungen sammeln, Energie austauschen, Verbindungen knüpfen kannst. Jedes Chakra kann Energie abgeben und aufnehmen. Es gibt Energiezentren in dir, die dir sehr vertraut sind, die rasch reagieren, andere dagegen liegen womöglich ein wenig brach, obwohl sie dir viel Energie zur Verfügung stellen könnten. All das wird dir bewusst.

Du entdeckst nun in einiger Entfernung eine Lichtsäule. Vielleicht fällt ein Lichtstrahl durch das dichte Blätterdach, falls du in einem Wald bist. Vielleicht schaust du dich gerade in einer Höhle um und bemerkst, dass ein funkelnder Sonnenstrahl seinen Weg in diese Höhle gefunden hat. Vielleicht entsteht die Lichtsäule auch einfach so inmitten der wunderschönen Natur. Dir wird klar, dieser Lichtstrahl kommt direkt aus dem Kraftfeld deiner eigenen Seele.

Du gehst auf ihn zu und spürst seine unbändige Kraft, das Vibrieren und innere Summen dieses Lichtes. Unwiderstehlich zieht es dich in dieses Licht hinein und du betrittst mutig diese Lichtsäule. Augenblicklich durchströmt dich die Kraft deiner eigenen Seele. Du erkennst viele schimmernde Lichttore über dir, unter dir und in deinem Körper, wie eine Kette aus Lichtperlen reihen sie sich aneinander. In jedem dieser Lichtzentren erlebst du die Dinge auf eine andere Weise, denn jedes Lichttor hat ein eigenes Bewusstsein, zeigt eine bestimmte Facette dessen, was ist.

Nun erlaube dem Lichttor, das dir am meisten vertraut ist, sich bemerkbar zu machen. Jenes Chakra, das zuerst reagiert, wenn du eine Entscheidung zu treffen hast, wenn dir etwas begegnet, wenn du etwas nach außen geben willst. Erlaube deinem Körper, an dieser Stelle zu summen, zu ziehen oder sich auf andere Weise bemerkbar zu machen. Fühle dich hinein in dieses Energiezentrum und erkenne, auf welche Weise du unmittelbar und unwillkürlich reagierst, wie du das, was geschieht, zunächst wahrnimmst, und welche Reaktionen dieses Energiezentrum in dir hervorruft. Vielleicht liegt es auch außerhalb deines Körpers, über dir oder tief in der Erde – je nachdem, ob du in erster Linie als geistiges oder als irdisches Wesen fühlst, wahrnimmst und agierst.

Vielleicht erkennst du, dass dieses Energiezentrum ein wenig strapaziert ist, müde, weil es dir immer wieder die gleichen Erfahrungen beschert und immer auf die gleiche Weise reagiert. Sicher hat es dir sehr lange gedient, und es war genau richtig für dich, dein Leben in der Hauptsache über dieses Chakra zu leben.

Nun erlaube, dass sich jenes Zentrum zeigt, das du am wenigsten nutzt, dessen Kraft in deinem Leben vielleicht oft fehlt. Erlaube deinem Körper, deine Aufmerksamkeit auf das Lichttor zu lenken, das intensiver wirken möchte, das dir Kraft geben will, das du vielleicht noch zu wenig in Anspruch nimmst.

Auch dieses Zentrum liegt womöglich außerhalb deines Körpers. Vielleicht liegt es dem oft genutzten Zentrum gegenüber, vielleicht liegt es genau daneben. Erlaube diesem Chakra, dir seine Energie zu zeigen, so, dass du sie wirklich einmal ungefiltert und ohne Bewertung spüren kannst. Auch diese Kraft gehört zu dir und will dir für dein Leben zur Verfügung stehen, und weil sie zu dir gehört, darfst du sie auch nutzen. Lass dich stärker durchströmen von der Kraft des vergessenen Chakras, es hat vielleicht genau die Energie, die du so oft in deinem Leben vermisst hast. Nimm sie wahr, lass sie durch deinen Körper fließen.

Und dann leg tatsächlich oder in Gedanken eine Hand auf das oft genutzte, die andere auf das wenig genutzte Chakra – so, wie es dir am bequemsten ist. Stell dir nun vor, dass zwischen diesen Lichttoren ein Lichtstrahl entsteht, eine Verbindung, vielleicht auch eine Stromleitung, die durch deinen Körper hindurchgeht – so, wie du es dir am besten vorstellen kannst. Nun beginnen sich die Energien dieser beiden Chakren auszugleichen, sie nähren und stärken sich gegenseitig, stützen sich und geben sich Kraft.

Du erkennst vielleicht, dass du einige Aspekte deiner eigenen Wahrheit nicht deutlich genug wahrnehmen konntest, weil das dazugehörige Chakra zu schwach reagierte. Du fühltest dich deshalb vielleicht als Opfer oder warst in deiner Abgrenzung zu stark, spürtest zu viel Mitgefühl mit anderen und nahmst deine eigenen Selbstbehauptungskräfte nicht in Anspruch – oder du fühltest dich zu schnell angegriffen, die Selbstverteidigung stand, doch die umfassende, liebevolle Sicht der Dinge, die dir erlaubt, Frieden zu finden, fehlte. Es gibt unzählige Möglichkeiten, wie sich das Ungleichgewicht auswirken konnte – doch nun spürst du mehr und mehr, wie die Energien in Balance kommen, in jene Harmonie, die dir und deiner Seelenkraft entspricht, sie stärkt, nährt und ihr Ausdruck verleiht.

Bleib in der Lichtsäule, die durch deine eigene Seelenkraft gebildet wird, stehen und weise deine Zellen an, ihre Schwingung mehr und mehr auf die Schwingung dieser Seelenkraftsäule auszurichten. Bleib so lange da, wie es sich für dich gut anfühlt. Dann bleib weiter da und komm gleichzeitig mit deiner Aufmerksamkeit in den Raum zurück, in dem du dich physisch befindest.

Deine Seelenkraftsäule gehört untrennbar zu dir, und du darfst von nun an mit ihr in engstem Kontakt stehen, dich immer wieder hineinstellen, wenn dich die Umstände erneut doch aus deiner inneren Mitte werfen. Du brauchst dich nur zu entscheiden, diese Kraftsäule zu betreten und von hier aus zu agieren, wahrzunehmen, zu fühlen und zu handeln, dann kommst du immer wieder in deiner Mitte an.

Es kann sein, dass du dich zu oft wie ein Engel fühlst und keine Möglichkeit siehst, dich abzugrenzen und dich und deinen Raum zu bewahren – weil du in Wahrheit alles verstehen kannst und voller Mitgefühl auf die anderen schaust. Wenn du dich darin erkennst, ist dein Engelchakra zu aktiv und dein Erdzentrum, das auf deine physische Kraft achtet, kann helfen. Vielleicht ist dein Willenszentrum enorm aktiv und du kontrollierst das Leben, indem du sehr rasch und zielgerichtet handelst. Du dachtest vielleicht bislang, das wäre deine zu starke männliche Seite. Zugleich fehlt womöglich die Fähigkeit, die Dinge auch mal geschehen zu lassen und voller Vertrauen auf das zu warten, was zu dir kommen möchte – das Chakra der Hingabe und des Vertrauens ist geschwächt.

Die Chakren wissen schon selbst, auf welche Weise sie ideal zusammenarbeiten können, denn auch sie sind Teil des Kosmos, der Ordnung und somit immer bestrebt, dich im bestmöglichen Gleichgewicht zu halten, wenn du deine Kontrolle über dein eigenes bestmögliches Gleichgewicht aufgibst und die Ordnung in dir wirken lässt. Du kannst diese Ordnung auch Selbstheilungskraft nennen, denn sie wirkt in jeder Hinsicht, auf jeder Ebene und bringt dich in jenes einzigartige Gleichgewicht, das deiner Seelenkraft entspricht.

Übung: Dein Erdungsstrahl

Lies dir diese Übung durch, dann mach es dir bequem und komm zur Ruhe. Atme dich aus der Vergangenheit und aus der Zukunft in deinen Körper, in den jetzigen Moment. Es gibt nichts zu tun, als hier zu sein, mit all deiner Energie hier in diesem Augenblick anwesend zu sein.

Eine Lichtsäule entsteht vor deinem inneren Auge, eine Lichtsäule, die so strahlend hell und funkelnd ist, dass sie wie klares, diamantenes Wasser wirkt. Du trittst hinein in diese Lichtsäule, und es fühlt sich tatsächlich an, als würdest du vom klarsten Wasser durchspült, das du dir nur vorstellen kannst, reiner als jeder Bergbach, volle Lebensenergie und Freude. Du erlaubst diesem Licht, dich zu reinigen und dich mit neuer Energie zu versorgen.

Tief in dir gibt es einen Seelenmagneten, der dir deine volle Selbstbestimmung wiedergibt. Du nimmst diesen Seelenmagneten in dir wie einen Kristall wahr, er hat eine ähnliche Schwingung wie die Lichtsäule, in der du dich befindest. Weil das so ist, aktiviert die Lichtsäule nun diesen inneren Seelenmagneten – wenn du es erlaubst. Dazu braucht es dein laut oder leise ausgesprochenes Ja.

Hast du dieses Ja ausgesprochen, strömt nun unbändige Lebenskraft in deinen Kristall, und er beginnt, sich zu drehen. Energiebänder strömen aus ihm heraus, und der Seelenmagnet fängt an, mithilfe dieser Energiestrahlen all deine Seelenkräfte durch Raum und Zeit und durch alle Dimensionen hindurch zu dir zurückzuziehen. Auch die verlorenen Anteile, auch die durch Flüche, Verträge, Urteile oder Selbstverurteilung gebundenen Seelenkräfte werden frei. Dieser Kristall ist stärker als jede, wirklich jede Vereinbarung, egal, in welcher Dimension, Schwingung, Inkarnation und in welcher Absicht du sie getroffen hast, seien sie dir bewusst oder nicht. Er zieht deine Energie zu dir zurück, durch alle Zeiten hindurch. Er gibt dir deine volle Kraft zurück. Vielleicht spürst du sie zum ersten Mal. Die Lichtsäule wird immer stärker und mehr und mehr durchströmt dich pure Lebenskraft, Freude und Freiheit. Du kommst im jetzigen Augenblick an, bist mit all deinen Energien im Hier und im Jetzt, in diesem Augenblick, bist voll und ganz präsent.

Von hier aus nun bitte die Erde, dir deinen Erdungsstrahl zu schicken, dir tief aus ihrem Herzen heraus genau jene Erdkraft zur Verfügung zu stellen, die deiner Seelenkraft entspricht. Das war bislang vielleicht nicht möglich, weil deine volle Kraft nicht spürbar und damit für die Erde nicht erkennbar war. Doch jetzt, weil du in deiner Seelenkraft stehst, kann sie dir einen dir und nur dir entsprechenden Erdungsstrahl schicken, der gerade jetzt in diesem Moment durch Resonanz entsteht oder seit Urzeiten auf dich wartet. Ganz so, wie du es wahrnimmst, ist es für dich richtig.

Dieser Erdungsstrahl fließt nun von unten in die Lichtsäule ein und erfüllt sie mit Erdkraft, mit genau der Erdschwingung, die du brauchst, um voll und ganz im Körper anzukommen, während du gleichzeitig genauso voll und ganz in der Kraft deiner Seele stehst. Eine Nabelschnur entsteht, eine Versorgungsleine, ein Kraftstrom, der in deine Füße oder in dein Wurzelchakra einfließt und dich sicher und stabil, dabei frei und leicht zugleich zur Erde zieht, dir Halt gibt und dir Vertrauen und Kraft schenkt. Während das geschieht, löst sich dein bisheriger Erdungsstrahl auf, passte er doch sowieso nie ganz zu dir. Alle, die daran hängen und sich von dir nähren ließen, fallen automatisch ab, und du wirst frei, ganz neu zu wählen, ob du jemanden versorgen möchtest oder nicht. Solltest du selbst noch irgendwo an der Erd-Nabelschnur eines anderen hängen, so zieht dein Seelenmagnet nun auch diese Anteile sanft zu dir und verbindet sie auf der Stelle mit deiner eigenen Erd-Versorgungsleine.

Du spürst nun sehr deutlich, ob es jemanden gibt, der deine Erdkraft braucht, weil du zum Beispiel schwanger bist oder ein krankes Kind versorgst, und ob du sie ihm geben willst. Wenn ja, dann erlaube ihm, sich an deine Versorgungsleine zu hängen, erlaube ihm, sich von dir nähren zu lassen. Du kannst diese Verbindung jederzeit wieder lösen. Ein einfaches inneres Nein genügt. Wenn du jemanden nicht nähren willst, dann bitte die Erde, einen Strahl zu schicken, mit dem sich derjenige, der dich zu brauchen glaubt, verbinden kann. Ob er das tut oder nicht, ist nicht deine Verantwortung. Du hast darauf nur wenig Einfluss.

Du spürst immer mehr, wie angenehm dich die Erde hält und stabilisiert, wie viel Kraft sie dir gibt, um aktiv zu werden und um das, was du auf Erden verwirklichen willst, mutig und freudig zu tun. Auf die für dich ideale Weise verbindet sich deine Seelenkraft mit der Erdkraft, die du brauchst, und du spürst, wie angenehm und wärmend es ist, von der Erde genährt zu werden. Dein Seelenmagnet bleibt aktiv, er steht dir immer zur Verfügung, wenn du doch Kräfte abgegeben oder gar verloren hast. Das kann passieren, auch das gehört zu den Erfahrungen, die du als Mensch erleben kannst. Ganz leicht kannst du dir nun deine Anteile wieder zurückholen und dich in den jetzigen Moment bringen, indem du deinen Seelenmagneten nutzt.

Bleib noch ein wenig in der Lichtsäule stehen, bis sich dein Gefühl stabilisiert hat. Komm dann in den Raum zurück, in dem du dich befindest. Jederzeit kannst du dich durch einfaches Atmen in das Hier und Jetzt holen, deine Seelenkräfte aus der Vergangenheit und aus der Zukunft in den jetzigen Moment bringen. Hier, im Jetzt, herrschen Frieden und innere Ruhe, du entspannst dich und bist einfach da.

Der kategorische Imperativ

🍎 Immanuel Kant sagte: »Handle nur nach derjenigen Maxime, durch die du zugleich wollen kannst, dass sie ein allgemeines Gesetz werde.« Das bedeutet, die Grundlage all deiner Handlungen sollte eine Absicht, eine innere Haltung sein, die, würde sie zum universalen Gesetz erhoben, zum Wohle aller beitragen würde. Die zehn Gebote sind zum Beispiel so eine Handlungsgrundlage. Wendest du diesen kategorischen Imperativ auf dich und dein Leben an, so kannst du dich nie wieder herausreden. »Wenn ich es nicht mache, dann macht es ein anderer« ist so ein Satz, mit dem sich viele gern aus der Verantwortung stehlen. Ja, das kann sein, aber du hast die Verantwortung für dich und für deine Handlungen. Deine Absicht wirkt, sie strahlt in den Kosmos hinaus, und sie zieht im Kollektivbewusstsein Kreise und Wellen.

Je höher und reiner also deine Handlungsgrundlage ist, desto mehr folgst du diesem kategorischen Imperativ. Das bedeutet nicht, dass jeder alles so machen sollte, wie du es machst. Das bedeutet, dass deine innere Haltung so sein sollte, dass sie für alle angewandt werden könnte. Es lässt keinen Raum für eigensinnige, verantwortungslose und selbstsüchtige Motive und Einstellungen.

All unser Streben, immer besser, freier, glücklicher und »energetisch wertvoller« zu werden, bedient den kategorischen Imperativ, denn diese Absicht, als Handlungsgrundlage für alle angewandt, könnte die Welt durchaus zum

Positiven verändern. Was aber, wenn du dich in diesem unglaublich hohen Anspruch verfängst? Was, wenn du perfektionistisch wirst, wenn du aus lauter Angst vor dem Scheitern und der wie auch immer gearteten göttlichen Bestrafung aufhörst, frei und glücklich zu sein und stattdessen kontrollsüchtig und verbissen wirst? Was, wenn der Anspruch, dass die eigene Handlungsgrundlage als allgemeingültige Maxime tauge, völlig überzogen und zumal ziemlich arrogant ist? Woher weiß ich, ob das, was ich im Inneren beabsichtige, für den Lauf der Welt wichtig ist? Das Fortbestehen des Lebens unterstützt? Ist es nicht total überheblich zu glauben, ich wüsste, welche innere Einstellung dem Leben dient? Und was, wenn ich selbst immer wieder an meinen eigenen hohen Idealen scheitere?

Selbst dann könnte Kant etwas dazu sagen, denn wenn ich unglücklich bin über meine zu hohen Ideale, dann kann das Streben nach Erfüllung dieser zu hohen Ideale nicht die Basis für ein allgemeines Gesetz werden. Was hilft es der Welt, wenn ich mich in meinen eigenen Ansprüchen verfange: Ich könnte besser sein. Ich könnte mehr Yoga machen. Weniger Zucker essen. Mich mehr bewegen. Ich könnte dünner sein. Ich könnte mehr Spaß haben. Ich könnte weniger wertend und beurteilend sein. Ich könnte glücklicher, freier und lebenslustiger sein. Ich könnte entspannter sein.

Ist die Grundlage meiner Handlungen wirklich Liebe? Oder nicht doch eher die Angst, nicht gut genug zu sein? Und wenn ja, was heißt das, »nicht gut genug zu sein«, wofür? Und, wenn wir ganz genau hinschauen, stimmt es nicht einfach auch oft genug? Aber was bedeutet das, nicht gut genug zu sein, wie kann ich nachsichtig, freundlich und entspannt mit mir selbst umgehen? »Nicht gut genug sein« wird oft mit »sich selbst abwerten« gleichgesetzt, aber das stimmt nicht. Ich bin nicht gut genug, um eine komplizierte Yogaposition zu halten. Das ist einfach so, ich kann es üben, aber vielleicht wird mein Körper das nie können. Nicht gut genug zu sein ist durchaus eine erlebbare Tatsache, machen wir uns nichts vor.

Aber »nicht gut genug sein« hängt immer vom Ziel ab, das du erreichen willst. Wie also gehen wir damit um? Was ist wichtig, wo sollten wir wirklich unser Bestes geben und in welchen Bereichen dürfen wir loslassen und einfach auch mal Fünfe gerade sein lassen? Zu erkennen, du bist nicht gut genug, um eine bestimmte Aufgabe zu lösen, spornt dich entweder an, wenn du eben diese Aufgabe erledigen willst, oder lässt dich demütig werden, auf gute und gesunde Weise. Ich weiß nicht, welche Energiepolitik sinnvoll ist. Ich vertraue tatsächlich den Experten, die nach bestem Wissen und Gewissen forschen und handeln, und ich habe das tiefe Vertrauen, dass es sie gibt und dass sie Lösungen finden.

Was aber, wenn dich diese Erkenntnis, nicht gut genug zu sein, lähmt statt anspornt? Was, wenn sie nicht stimmt? Was, wenn du nicht unterscheiden kannst, ob du dich mehr anstrengen oder loslassen solltest? Der Rat anderer ist in dieser Hinsicht nicht hilfreich, außer, der andere führt genau das Leben, das du gern haben willst. Es nutzt mir nichts, wenn mir jemand sagt: »Hey, entspann dich doch mal, morgen ist auch noch ein Tag«, wenn derjenige von seinen Eltern, seiner Freundin oder dem Staat finanziell getragen und unterstützt wird. Ja, kann sein, für ihn stimmt das, aber ich habe andere Ziele. Genauso wenig nutzt es mir, wenn mir jemand sagt: »Hey, streng dich an, du kannst besser werden, sieh, was ich erreicht habe«, wenn sein Ziel nicht meines ist. Also müssen wir unsere Ziele kennen, dann können wir entscheiden, wohin unsere Kraft und unser Einsatz fließen wollen.

Schon sind wir beim nächsten Thema: Woher weißt du, dass deine Ziele dem Leben dienen, richtig sind, dich wirklich erfüllen? Am Ende haben wir nichts, außer unserem inneren Gefühl. Denn egal, wie sehr du versuchst, deine Handlungsgrundlage zu überprüfen, es wird immer andere geben, die genauso innig ernst zu nehmende andere Handlungsgrundlagen haben. Für die einen zählt es, individuell, frei und dennoch mit anderen verbunden zu handeln. Für andere ist die Gemeinschaft heilig und der Einzelne steht hintan, dient dem großen Ganzen, der eigene Wille zählt nicht, wird gar nicht wahrgenommen, findet nicht statt. Wir finden in unserer riesigen menschlichen Gemeinschaft viele verschiedene Maximen, die alle für sich und ernst genommen stimmig sind und passen. Wir sind nicht alle gleich, wir erforschen viele verschiedene Lebensweisen. Auch in der Natur gibt es die unterschiedlichsten Lebensweisen und »Verträge«, vom Schmarotzerdasein über eine Symbiose bis hin zu echten Einzelgängern ist alles vertreten, in der Pflanzen- und in der Tierwelt. Wir wissen nicht, welche Schuhe das Schicksal deinem Nachbarn hingestellt hat und was deshalb für ihn richtig und stimmig ist. Wenn wir dann noch daran glauben, dass wir spirituelle Wesen sind, die Bewusstsein entwickeln, dass wir Karma haben, dass wir geistige Gesetze in ihrer Umsetzung und Anwendung erforschen, dann gibt es beinahe keine Grundlage mehr, auf der wir noch urteilen und bewerten könnten, auch uns selbst nicht.

Entspannen wir uns und nehmen wir das alles nicht allzu ernst, sondern üben uns in Gelassenheit und geben gleichzeitig unser Bestes. Mehr haben wir nicht. Ich weiß, dass wir das oft nicht umsetzen können. Aber Näherungswerte zählen auch. Unser inneres Wissen bildet unsere Basis. Ich weiß genau, ob ich mich gerade unsinnig antreibe oder ob ich tatsächlich in die Handlung kommen sollte. Ich habe einen inneren unbestechlichen Anzeiger, eine innere Wahrheit. Wenn ich mir nichts vormache, dann weiß ich schon, wo ich »besser« werden und wo ich die überzogenen Ansprüche gelassen hinnehmen darf, ohne sie zu bedienen. Ich muss nur wirklich ehrlich sein, auch wenn es mir sehr, sehr schwer fällt. Ehrlich zu sein, bedeutet: Du hast keine Ausreden mehr, du musst in die Handlung kommen oder eben deine Unzufriedenheit aushalten.

Um wirklich aufrichtig werden zu können, solltest du alle Urteile, die je über dich gefällt wurden, loslassen, damit du dich selbst spürst. Dann spürst du auch deine eigene Wahrheit, und nur diese zählt. Denn du und nur du trägst schließlich die Konsequenzen deiner Handlungen und Nichthandlungen.

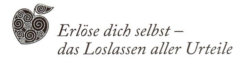

Erlöse dich selbst – das Loslassen aller Urteile

(Diese Meditation bietet dir das gleiche Werkzeug wie »Die Erlösung der Ahnenreihe« an. Nutze diesen Kreis am Feuer für alles, was du loslassen willst, und fülle dieses sehr kraftvolle Werkzeug immer wieder neu mit Leben.)

Erlaube dir, dich zu entspannen, es gibt nichts für dich zu tun, lass alles in dir sein, wie es gerade ist, folge deinen inneren Bildern und Gefühlen. Vertraue dem, was du in dir wahrnimmst. Stell dir ein Tor vor, das kann ein Steintor sein, vielleicht ein goldener Lichtbogen, ein natürlich gewachsenes Tor aus Bäumen. Du gehst hindurch und befindest dich auf einmal in einer anderen Welt, einer Welt, in der die Dinge eine tiefere Bedeutung haben. Vor dir liegt ein Weg, und du entscheidest dich, ihn zu gehen.

Ein Wesen erscheint, es ist der Hüter deiner Seele, er begleitet dich. Sicher und geborgen gehst du den Weg weiter und bemerkst auf einmal ein großes Feuer. Um dieses Feuer herum sitzen sehr viele Wesenheiten.

»Das sind deine vergangenen Inkarnationen«, sagt der Hüter deiner Seele, »das sind Anteile, Aspekte von dir, all diese Energien gehören zu dir. All das bist du in den verschiedensten Formen und Bewusstseinsstufen.«

Ein großes, machtvolles Wesen führt dich an einen freien Platz und du setzt dich ans Feuer. Alle, die schon dort sitzen, all deine verschiedenen Anteile und Inkarnationen, verneigen sich vor dir. Du spürst eine feierliche Stimmung. Das große Wesen, das dich willkommen geheißen hat, sagt: »Seit Anbeginn der Zeit trägst du eine besondere Aufgabe, um Bewusstsein zu entwickeln. In jedem Leben hast du Erfahrungen gemacht, die mit diesem schmerzlichen Lebensthema zu tun haben, in immer neuen und unterschiedlichen Farben und Schattierungen. Heute nun wirst du von all dem, was das Leben dir zugemutet hat, was du erleben musstest, um dieses Bewusstsein auszubilden, erlöst, wenn du dazu bereit bist. Denn du hast es nun ausgebildet und damit darfst du dieses Thema verabschieden.«

Du spürst in dich hinein, lässt dir Zeit, um zu erkennen, wo sich in deinem Körper dieses ganz besondere Thema aufhält, und auf einmal erkennst du, es stimmt. Vielleicht war dir bislang nicht bewusst, was du trägst, oder die Energie ist dir so vertraut, dass du dachtest, das Leben ist einfach so. Du bist jetzt bereit, sie loszulassen.

Lass die Energie, die du schon so lange mit dir herumträgst, jetzt wie einen Ball in deine Hände fließen, und dann, wenn all das, was du im Moment loslassen kannst, aus dir herausgeströmt ist, gib den Energieball an dich selbst in vergangenen Inkarnationen weiter, damit auch deine anderen Aspekte hier am Feuer ihrerseits loslassen können. Immer weiter geben deine verschiedenen Anteile diesen Energieball zurück, reihum im Kreis, und jeder deiner Aspekte lässt hineinfließen, was noch nicht erlöst ist.

Jede Verabredung, die du auf der seelischen Ebene getroffen hast, um Bewusstsein zu entwickeln, darfst du nun ins Feuer werfen, wenn sie nicht mehr stimmig sind. All die magischen Verstrickungen, durch wen auch immer sie erschaffen wurden, darfst du wie Fesseln und schwarze Bänder aus dir herausziehen und ins Feuer werfen.

Ganz besonders aber verbrenn alle Urteile, die jemals über dich gefällt worden sind. Vielleicht trägst du diese Urteile bündelweise mit dir herum, vielleicht füllen sie eine ganze Bibliothek. Dann nimm eine Fackel und brenne diese Bibliothek ab. Auch die Urteile, die in Stein gemeißelt wurden oder die durch bestimmte Handbewegungen und Rituale gefällt und besiegelt wurden, verbrennen, verglühen jetzt, werden null und nichtig. Jedes Todesurteil, jede Verurteilung, die dich in irgendeiner Weise von deiner Kraft, Würde, Schönheit und der Fülle des Lebens trennte, verlischt, verbrennt, wird gelöscht.

Das Urteil, das Paris über die drei Göttinnen gefällt hat, indem er den Apfel weitergab, verlischt, verbrennt, wird gelöscht, falls es für dich eine Rolle spielt. Jedes Urteil, das jemals über dich, besonders über dein inneres Kind, gefällt wurde, verbrennt. Und jedes Urteil, das du selbst über dich gefällt hast, verbrennt. Wirf alles ins Feuer, erlaube, dass das Feuer all diese Urteile zunichtemacht. Auch die Urteile, die du über andere gefällt hast, verglühen nun, werden gelöscht. Die Folgen deiner Urteile und Verurteilungen werden wie ein Faden aus dem Gewebe deines Karmas herausgezogen. Vieles löst sich, wenn die Urteile gelöscht werden, vieles in dir wird frei. Alle Seelenaspekte, die durch die Urteile abgespalten wurden, alles, was unmöglich wurde, all das nicht gelebte Leben strömt in dich zurück, während die Kraft der Urteile mehr und mehr schwindet. Immer freier wirst du.

Auch all die anderen Aspekte deines Selbst werfen die Urteile, die über sie gefällt wurden und die sie selbst gefällt haben, über sich und über andere, ins Feuer. Wenn du willst, dann verbrenne auch all die Urteile, die über das weibliche Kollektiv gefällt worden sind und gefällt werden. Nimm dir aber Zeit und tu nicht alles auf einmal.

Du spürst, wie die Energie sich ändert, wie dein Licht seinen Weg zurück zu dir findet. Weiter und weiter geben deine früheren Inkarnationen die Energiekugel zurück, lassen alles, was sie tragen, hineinfließen, bis sie irgendwann am Ursprung angekommen ist ... Und das geschieht jetzt.

Der Hüter deiner Seele nimmt diese nun sehr schwere Last, verneigt sich vor euch allen und wirft sie ins Feuer. Augenblicklich lodert das Feuer hoch auf und augenblicklich verbrennt die Last. Augenblicklich wird die gebundene Energie wieder frei. All die Liebe, das Leben, das Glück, die Erfüllung, die es euch gekostet hat, damit ihr alle diese Erfahrungen machen konntet, fließt nun in die ganze Reihe zurück. Besonders die verlorenen

Seelenanteile, die dunklen, vergessenen, verschwiegenen Teile deiner Selbst kommen in die Reihe zurück, finden ihren Platz, reihen sich ein, nehmen am Leben teil. Das Glück und das Leben strömen überall dahin, wo sie fehlen.

Deine Inkarnationen werden frei und lichtvoll, Karma löst sich. Alle Seelenaspekte, für die es jetzt Zeit ist zu gehen, verlassen das Feuer, gehen nach Hause. Seelenaspekte, die wegen des schweren Schicksals verloren gingen und abgespalten worden sind, können jetzt zurückkehren, einfließen, in das Kraftfeld deiner Seele, in deine vergangenen Inkarnationen und in dich, wie du heute am Feuer sitzt. Du spürst auf einmal Frieden, Frieden mit dem, was ist. Immer freier wirst du, immer lichtvoller. Vieles von dem, was du aus Angst vor Verurteilungen vermieden hast, darf nun geschehen, darf sich entspannen, aufatmen.

»Du bist jetzt frei, ein neues Leben zu führen, du bist jetzt frei, in Erfüllung, in Glück, in Freude zu leben«, scheint dir deine Seele zuzuwispern.

Du bist tief bewegt und dankbar, dass du dir selbst diesen Dienst erweisen durftest. Es kann sein, dass du noch ein paar Mal ans Feuer zurückkehren darfst, vielleicht gibt es verschiedene Aspekte, die nach und nach erlöst werden wollen.

Irgendwann stehst du auf, verlässt das Feuer, du bemerkst ein zweites Tor. Du weißt, wenn du durch dieses Tor hindurchgehst, betrittst du ein anderes Leben, ein Leben, in dem Liebe, Erfüllung, Freude und Glück auf eine ganz andere Weise möglich sind, als du das bisher erlebtest und kanntest.

Dein Leben voller Freiheit und Schöpferkraft wartet auf dich. So durchschreite dieses Tor, tritt ein in ein neues Leben voller Freiheit, Frieden und Schönheit, voller Würde und Freude.

Führe diese innere Reise mehrmals durch, denn es gibt sicher sehr, sehr vieles, das erlöst werden will, für dich, für deine Ahnen und für das Kollektiv. Selbstverständlich kannst du diese Meditation auch nutzen, um das Männliche zu erlösen.

Nachwort

Ich hoffe, liebste Frauen, ich konnte euch dienlich sein. Vielleicht hat dich, liebe Leserin, das eine oder andere in einem Bereich deines Lebens berührt und dir eine andere Sicht der Dinge geschenkt, dich genährt, dich ermutigt weiterzumachen oder dir die Kraft gegeben loszulassen. Am Ende möchte ich dir tröstliche Liebe und die Anerkennung der geistigen Welt vermitteln, denn vermutlich geht niemand so hart mit sich ins Gericht wie du selbst.

Der nachfolgende Text entstand, als ich etwas für das *Engelmagazin* schrieb. Es ist eine Durchsage der geistigen Welt, der Engel. Weil sie mir so passend erscheint und weil sie so viel Mut macht, möchte ich sie dir anstelle eines von mir verfassten Nachwortes anbieten – damit du Freude und Kraft findest, immer wieder weiterzugehen.

Wir möchten euch achten, ehren und tief anerkennen. Wir möchten die Gelegenheit nutzen, euch zu danken. Ihr habt keine Vorstellung, was euer Bewusstsein, euer Durchhaltevermögen, eure tiefe Liebe und eure Tatkraft hier bei uns auslösen. Die Erfahrung »im Körper auf der Erde zu leben« ist so viel grundlegender und weit reichender, als wir uns alle das vorgestellt haben. Die Gesetze, die auf der Erde wirken, auch die geistigen, in Form gebrachten Gesetze sind so zwingend, dass wir nicht ermessen können, wie es euch oft gehen muss. Deshalb von uns den innigsten Dank und das innigste Mitgefühl, soweit wir mit euch

fühlen können – denn ihr macht diese Erfahrungen, nicht wir. Wir stehen euch immer zur Seite, wir sind so viel näher, als ihr glaubt.
Und so möchten wir euch etwas Grundlegendes mitgeben. Immer wieder erleben wir eine Verschiebung der Sicht auf das Menschsein, wenn Seelen in unser Reich zurückkommen. Alles, was auf Erden so wichtig war, wird auf einmal unwichtig. Es zählt tatsächlich für euch, wenn ihr die Erde wieder verlasst, nur eines: Wie viel Liebe habt ihr auf Erden verwirklicht? Ganz persönlich, ganz individuell. Ob ihr spirituelle Arbeit leistet oder nicht, ob ihr in einem schicken Haus oder in einer dunklen Wohnung wohntet, all das spielt keine Rolle mehr. So teilen es uns die Seelen mit, die ohne den irdischen Ballast – und wir wissen genau, dass dieses Wort nicht stimmig ist, für uns Engel fühlt es sich so an, aber wir werden damit der Erde nicht gerecht – in unser Reich nach Hause kommen. Das Einzige, was zählt, ist die Liebe, die ihr verwirklicht habt. Verwirklichen heißt: zeigen, ausdrücken, in Form bringen, sichtbar und fühlbar werden lassen. Ihr werdet nicht am Grad der Liebe gemessen. Ihr werdet gar nicht gemessen. Ihr selbst messt euch. Ein erfülltes Erdenleben scheint eines zu sein, in dem ihr so innig und offen wie möglich geliebt habt. Wen oder was spielt dabei gar keine Rolle.
Erfolge, Geld, all das – es ist ganz sicher sehr wichtig für euch, weil es euer Leben auf der Erde ermöglicht, weil ihr durch die Umstände und die Energie, die euch zur Verfügung steht, erst in der Lage seid, das zu tun, was ihr tun wollt. Der Seele aber ist das gleichgültig. Die Seele probiert sich selbst aus, die Seele liebt und verwirklicht ihre heiligste Kraft, die Liebe. Nun, hier fehlt die konkrete Anleitung,

hören wir euch sagen, wie sollen wir das machen? Ist die Welt nicht oft ein liebloser Ort? Nein, das ist sie nicht. Nicht von hier aus. Die Erde, vom Reich der Engel aus gesehen, ist ein Ort, eine Dimension, in der auf so unfassbar tapfere, eindeutige und kraftvolle Weise Liebe verwirklicht wird, dass wir uns – bildlich gesprochen – darum prügeln, wer von uns euch auf der Erde unterstützen und damit einen Hauch eurer Energie teilen darf. Ihr ruft uns und es drängt euch nach Hause? Uns drängt es zu euch. Ihr habt eine Schwingung, die euch für uns unwiderstehlich macht, eine Erdschwingung von Liebe, die wir nicht haben, eine gelebte, in Form, in die Tat umgesetzte Liebe.
Wir bitten euch, ruft uns, damit wir bei euch sein können und teilhaben dürfen an der täglich gelebten Liebe. Wir besorgen euch gern Parkplätze, wenn das hilft, die Liebe zu erhöhen – und das tut es, denn je geführter ihr euch fühlt, je geborgener und getragener, desto freier und offener seid ihr, um Liebe zu verwirklichen.
So ist unsere Botschaft für heute folgende: Liebt.
Aber, und das ist wichtig: Schaut genau hin. Liebe ist eine Kraft, eine innere Haltung, eine unermesslich starke, summende und brausende Energie. Liebe hat nichts, aber auch gar nichts zu tun mit dem, was ihr oft dafür haltet: nicht bewerten, immer die Verantwortung für sich selbst übernehmen, Spiegelgesetze beachten, sich selbst hinterfragen. All das tut ihr, damit ihr ein Bewusstsein ausbildet, es ist eher eine Forschungsreise. Liebe aber drückt sich anders aus, sie ist unmittelbar, sie muss nicht entwickelt werden, sondern steht als Strom immer zur Verfügung. Liebe fließt aus dem Herzen, nicht aus dem Kopf, nicht aus dem Bewusstsein, nicht aus dem Verstehen.

Liebe ist, wenn du dich selbst, deine Fürsorge, deine Wärme, dein Lachen, deine Trauer und das, was du bist, mit einem anderen Wesen teilst. Liebe ist, wenn du im Herzen berührt wirst und dich im Herzen berühren lässt.
Ihr könnt sehr bewusst und geistig hoch entwickelt sein und dennoch nicht lieben. Ihr könnt genauso ohne jedes Bewusstsein über geistige Zusammenhänge und euch selbst sein und dennoch so tief in Liebe schwingen und leben, dass ihr von hier aus gesehen strahlt, heller als jeder Stern. Wir können von hier aus nicht erklären, wie ihr Liebe verwirklichen könnt, deshalb seid ihr ja auf der Erde. Wir sehen aber diesen unendlichen Strahl, diese Kraft, die heller leuchtet als alles andere, und sie hat nichts mit dem zu tun, was ihr in vielen Texten lest. Liebe ist in die Tat und in das Gefühl umgesetzte Einheit. Worte können es nicht beschreiben. Unterscheidet zwischen dem Verstehen, dem Bewusstsein, dem, was ihr erforscht und ausbildet, den geistigen Gesetzen, die ihr so meisterhaft studiert und ausprobiert – und dem unmittelbaren, spontanen und überwältigenden Gefühl von Liebe.
Und so lautet die Bitte an euch: Liebt. Sorgt dafür, dass es etwas in eurem Leben gibt, das ihr lieben könnt. Es ist wirklich das Einzige, was zählt. Es ist egal, was ihr liebt. Unzählige Seelen, die nach ihrem irdischen Tod in unser Reich zurückkehren, berichten alle das Gleiche. Verwirklicht den heiligsten, kraftvollsten Strom, den es gibt, und liebt bewusst, nehmt wahr, dass ihr liebt, und heiligt diesen Moment.
Wir sind immer für euch da, bitte ruft uns, lasst uns teilhaben.

Ich verstehe diese Engelbotschaft für mein Leben so: Natürlich ist letztlich alles Liebe. Aber wir können auch aus Angst, aus Kontrollsucht, aus vielen möglichen Gründen Bewusstsein entwickeln wollen und die geistigen Gesetze studieren. Spontane, offene, aus dem Herzen herausbrechende Liebe, die gar nicht anders kann als zu fließen, aber ist das, was unser Leben ausmacht, das, was am Ende übrig bleibt. Die Liebe, die ich dann fühle, ist diese spontane, tiefe Liebe zum Leben selbst. Über alle inneren Grenzen, über sogenannte Vernunftgründe und Ängste hinweg tue ich, was meine Liebe zum Leben will. Das, was am Ende zählt, ist das, was ich auf meinem Totenbett für wesentlich halte.

Frage die Alte in dir, frage die, die dieses Leben gelebt hat, und folge ihr. Sie weiß, worauf es ankommt. Finde heraus, was für dich Liebe ist, und liebe. Schau immer wieder ans Ende deines Lebens und frage dich von dort aus: Habe ich getan, was mich erfüllt, habe ich die Liebe gelebt, die ich fühlte, bin ich der Liebe gefolgt? Vergiss deine sogenannte Würde, dein Selbstwertgefühl, dein Ansehen – all das ist letztlich nur Kontrolle. Vergiss aber nicht deine wahre innere Stärke, die durchaus massive Grenzen setzen kann. Denn Liebe hat nichts mit Selbstaufgabe zu tun, sondern im Gegenteil: Liebe meint, dich selbst, das, was du wirklich aus dem Herzen und nach bestem Wissen und Gewissen tun willst, in die Tat umzusetzen und der Angst eine Absage zu erteilen. Liebe birgt kein Risiko. Es ist nicht gefährlich zu lieben, und Liebe macht dich nicht verletzlich. Offenheit, Nähe zulassen, das schon, ja. Aber Liebe trägt dich.

Und ja, das klingt sehr einfach. Ist es auch. Die Umsetzung ist das Schwierige, aber deshalb sind wir ja hier.

Gemeinsam werden wir herausfinden, wie man tagtäglich in Liebe und in Einheit mit sich selbst und den inneren Göttinnen lebt, oder?

Anhang

Über die Autorin

Susanne Hühn, geboren 1965, ist ausgebildete Lebensberaterin und ganzheitliche Physiotherapeutin. Sie gilt als eine der beliebtesten Autorinnen spiritueller Lebenshilfe, gibt Lebensberatung, Channelings sowie Meditationskurse für Erwachsene und Kinder. Seit mehr als fünfundzwanzig Jahren begleitet sie Menschen auf dem Weg der Gesundung. Mit dem Schreiben begann sie vor achtzehn Jahren. Mittlerweile hat sie zahlreiche erfolgreiche Sachbücher und CDs publiziert.

www.susannehuehn.de
Besuchen Sie Susanne Hühn auch auf Facebook!

*Bücher und Meditations-CDs
von Susanne Hühn (Auswahl)*

Die kleine wilde Frau
Schirner Verlag 2008

Die kleine wilde Frau
(Doppel-CD)
Die Meditationen
Schirner Verlag 2011

Die Heilung des inneren Kindes
Sieben Schritte zur Befreiung des Selbst
Schirner Verlag 2008

Die Heilung des inneren Kindes
(Kartenset)
Sich im Herzen berühren lassen
Schirner Verlag 2009

Die Heilung des inneren Kindes
(Doppel-CD)
Die Meditationen
Schirner Verlag 2009

Dein inneres Kind (CD)
Meditationen zum Abnehmen
Schirner Verlag 2007

Dein inneres Kind (CD)
Meditationen zur Heilung der Seele
Schirner Verlag 2007

Weihnachten für das innere Kind (CD)
Meditation für Fülle und Erfüllung
Schirner Verlag 2009

Ich lasse DEINES bei dir
Co-Abhängigkeit erkennen und lösen
Schirner Verlag 2010

Königin im eigenen Reich
Die sieben Schlüssel zu einem
Energiefeld erfüllter Liebe
Schirner Verlag 2006

Königin im eigenen Reich
(Doppel-CD)
Die Meditationen
Schirner Verlag 2008

Was dir Kraft gibt
Kleine Rituale für das tägliche Glück
Schirner Verlag 2004

Was dir Kraft gibt
(Doppel-CD)
Die Meditationen
Schirner Verlag 2012

Schatz, ich muss dir was sagen ...
Wenn die Liebe ein Wunder braucht
Schirner Verlag 2011

Ich seh dich dann im Licht
Emotionaler Frieden und Heilung
nach Fehlgeburten und Abtreibungen
Schirner Verlag 2012